Tabaco en la periferia

"*Tabaco en la Periferia* va a disfrutar de una nueva y bien merecida vida futura. La obra de Jean Stubbs es una contribución muy bienvenida a los estudios sobre Cuba. Este volumen contribuye en gran medida a colmar una de las lagunas más conspicuas de la bibliografía y constituye un modelo de investigación cuidadosa y erudición juiciosa. Será un libro de referencia sobre el tema por muchos años venideros."
   Louis A. Pérez, Jr. (University of North Carolina)
   Autor de *Cuba: Between Reform and Revolution*

"La historiografía cubana ha tratado tradicionalmente la siembra y manufactura de tabaco bajo la larga sombra del azúcar. *Tabaco en la periferia* se convirtió en una investigación importante de Jean Stubbs que colocó el tabaco en un lugar destacado de la historia cubana. Este volumen excelente, de la pluma de la principal historiadora del tabaco en el Caribe, documenta a fondo los cambios en el proceso de trabajo, las relaciones de género, los sindicatos y la concentración de la propiedad industrial y agrícola del ramo."
   Juan José Baldrich (Universidad de Puerto Rico)
   Autor de *Smoker Beyond the Sea: The Story of Puerto Rican Tobacco*

"Al fin tenemos esta nueva edición, un tributo merecido a una carrera que ha abarcado tantas décadas fructíferas y productivas. Escrita con la autoridad que viene de un profundo conocimiento del tema, Jean Stubbs nos ha hecho a todos un gran favor. Una nueva generación ahora tendrá fácil acceso a una obra que demuestra cómo en los países latinoamericanos, hasta hoy en día, la exportación de una sola mercancía puede tener consecuencias profundas para todos que viven en esas sociedades."
   Victor Bulmer-Thomas (University College London)
   Autor de *The Economic History of Latin America since Independence*

"Una oportuna reimpresión de una historia magistral y muy leíble, que supera todas las otras historias académicas publicadas sobre el tabaco en Cuba. Con su estilo humorístico y a veces cáustico, Jean Stubbs demuestra que el tabaco, en particular el Habano, tuvo y tiene grandes consecuencias socioeconómicas, culturales y políticas dentro y fuera de Cuba. A pesar de la actual protesta mundial contra el consumo de tabaco y el bloqueo norteamericano, el cultivo y sus productos finales siguen prosperando en la medida que aumentan las inversiones extranjeras y la demanda para el tabaco cubano. Basada en raras fuentes de archivo originales y multilingües, historias orales y descripciones etnográficas ejemplares, esta reedición también enumera las otras múltiples y perspicaces publicaciones en inglés y español de Stubbs, que ruegan que los estudiosos centralicen la mercancía para entender el tabaco en la periferia. Esta lista bibliográfica también nos advierte que la investigación sobre el tabaco tal vez sea tan adictiva como el propio producto."
   Kathinka Sinha-Kerkhoff (Internationaal Instituut voor Sociale Geschiedenis)
   Autora de *Colonising Plants of Bihar (1760-1950). Tobacco betwixt Indigo and Sugarcane*

"La obra de Jean Stubbs ha supuesto un antes y un después en el estudio del tabaco en Cuba. Sigue siendo un clásico hoy en día. Sus avances en el conocimiento del proceso de industrialización y en la configuración del obrerismo industrial siguen siendo un punto de referencia y de estímulo para seguir profundizando en estos temas. Sus principales propuestas nos llevan más allá de Cuba para establecer una perspectiva transnacional en los estudios del tabaco en el mundo contemporáneo."
Vicent Sanz Rozalén (Universitat Jaume I)
Co-editor de *Grandes vicios, grandes ingresos. El monopolio del tabaco en los imperios ibéricos, siglos XVII-XX*

"Esto es un estudio hábilmente escrito del tabaco como una mercancía que ha sido una fuente de debate político y cultural por décadas. La autora ofrece los lectores una comprensión interseccional de la política de los campesinos y obreros del tabaco, y las formas diferentes de sindicalismo a través de los años confrontando el cambiante papel del estado y el capital dentro de las transformaciones mercado global. Combinando la historia con una profunda etnografía, este libro ofrece una guía perspicaz para los investigadores que estudian las mercancías en otras partes del mundo."
Ratna Saptari (Universiteit Leiden)
Co-editora de *Labour in Southeast Asia: Local Processes in a Globalised World*

"Cuando comencé a escribir mi tesis doctoral sobre la historia de los trabajadores urbanos en Cuba, me encontré con una historiografía sobre el tema que era imprecisa y casi siempre teleológica en su argumentación. En cambio, el libro de Jean Stubbs, *Tabaco en la periferia*, abría una perspectiva Thompsoniana, en que la producción material de la hoja de tabaco, y su manufactura en los centros urbanos, incluyendo las condiciones de trabajo y las luchas obreras, eran la base argumental, hasta enlazar bien con la etapa post-1959. Su enfoque es riguroso y actual. *Tabaco en la periferia* es un estudio tan preciso y sólido, que es de lectura obligada para entender la historia de la manufactura y de las luchas de los trabajadores tabacaleros cubanos."
Joan Casanovas (Universitat Rovira i Virgili)
Autor de *Bread, or Bullets! Urban Labor and Spanish Colonialism in Cuba, 1850-1898*

"Es un alto honor para mi poder dedicar unas palabras para la edición de *Tabaco en la periferia*, de Jean Stubbs – gran amiga y excelente investigadora, quien en su incansable bregar en el universo de la cultura tabacalera ha regalado al mundo una prolífera obra, antológica, del arsenal bibliográfico sobre el tema. Este libro, en particular, constituye una joya de la historiografía de la industria del tabaco en Cuba, exponente de la identidad nacional, por el análisis documentado y profundo de la información que reúne, centrada fundamentalmente entre las últimas décadas del siglo XIX hasta 1958. Sus consideraciones son hitos de revisión obligada para amantes y estudiosos de estos asuntos quiénes lo agradecerán encarecidamente."
Zoe Nocedo Primo
(Directora, Museo del Tabaco, La Habana, 1999-2018)

Tabaco en la periferia

El complejo agro-industrial cubano y su movimiento obrero 1860-1959

Nueva edición

Jean Stubbs
con un *Prólogo* por Oscar Zanetti Lecuona

Copyright © 1985, 1989, 2023 Jean Stubbs

Todos los derechos están reservados. Ninguna parte de este libro puede ser reproducida en cualquier forma, o utilizando cualquier media electrónica o mecánica, incluyendo los sistemas informáticos de almacenamiento y recuperación, sin el permiso por escrito del editorial, con la excepción de la citación de breves pasajes.

ISBN 978-1-914278-08-2(tapa blanda)
ISBN 978-1-914278-09-9 (tapa dura)
ISBN 978-1-914278-10-5 (eBook)

Originalmente publicado en inglés por Cambridge University Press, 1985

Originalmente publicado en español por Editorial de Ciencias Sociales, 1989

Originalmente traducido del inglés por Pedro Pérez Sarduy

Esta edición © 2023 Amaurea Press

Imágen de portada: Frédéric Mialhe, 'Aduana de La Habana', mostrando fardos de tabaco, litografía 1839

Diseño de portada, libro y composición tipográfica por Albarrojo

Publicado por Amaurea Press
Londres, Reino Unido
www.amaurea.co.uk

A Pedro, Ilmi y Sahnet

De la producción agraria e industrial de esas yerbas prodigiosas saldrían los intereses económicos que los mercaderes extranjeros habrían de torcer y trenzar durante siglos en nuestra patria para ser hilos de su historia, motivos de sus personajes y a la vez sostenes y ataduras de su pueblo. El tabaco y el azúcar son los personajes más importantes de la historia de Cuba…

Fernando Ortiz. *Contrapunteo cubano del tabaco y el azúcar*

Índice

Testimonio gráfico	xiii
Estadísticas	xv
Siglas	xvii
Prólogo, *por Oscar Zanetti Lecuona*	xix
Prefacio a la nueva edición	xxi
Prefacio a la edición original	xxvii
Introducción: La economía tabacalera mundial en Cuba	**1**
Primera Parte: Un desarrollo torcido	**15**
1. Don Tabaco, 1817-88	17
2. La penetración del capital monopolista, 1888-1902	29
3. Legado de una pasada prosperidad, 1902-24	37
4. Mecanización y recesión, 1925-33	49
5. Un nuevo trato para el tabaco, 1934-58	59
6. El modo de producción periférica	71
Segunda Parte: Relaciones de producción tabacalera	**85**
7. Campesinado y proletariado	87
8. ¿Aristócratas del trabajo?	101

Tercera Parte: Tabaco, nación y clase — 115

9. Militancia y el crecimiento de los sindicatos — 117
10. Inicios del reformismo y anarcosindicalismo — 131
11. Nacionalismo revolucionario a la vuelta del siglo — 149
12. Los torcedores a la defensiva — 161
13. El león despierta — 169
14. La unidad sindical de 1936-48 — 187
15. La máquina y el asalto a los sindicatos — 201

Epílogo: Una nueva vuelta — 217

Apéndices — 229

A. Gráficas — 229
B. Tablas — 231
C. Biografías tabacaleras — 283
D. Documentos de archivo — 287

Notas — 309
Bibliografía — 325
Índice temático — 335

Publicaciones sobre el tabaco por Jean Stubbs — 341
Sobre la autora — 345

Testimonio gráfico

Zonas tabacaleras de Cuba, 1944	xxxiv
Fábrica de cigarros La Honradez	19
Máquina de cigarros Susini	20
Jaime Partagás	21
Gustav Bock	22
Henry Clay y Bock & Co., La Habana	26
Habilitaciones de Partagás y H. Upmann	28
Habilitación de La Legitimidad	30
Fábrica de tabacos La Carolina, La Habana	36
Habilitación de Cifuentes	43
Habilitación de Romeo y Julieta	44
Habilitaciones de La Competidora Gaditana, El Cuño y Exquisitos	45
Habilitación de Calixto López	46
Fábrica de tabacos La Escepción, La Habana	48
La Corona, La Habana	58
Fábrica de tabacos Partagás, La Habana	63
Publicidad de tabacos Partagás	63
Fábrica de tabacos Trinidad y Hnos, Ranchuelo	64
Estación Experimental, San Juan y Martínez	70
Habilitaciones de Manuel López	73
Torcedor casero	81
Sellos de garantía	84
Canarios en el tabaco, Caibaiguán, 1920	88
Canarios en el tabaco, Ciego de Ávila, 1919	89

Recibiendo el tabaco en la fábrica	91
Mojando y sacudiendo el tabaco	92
Trabajador chino y vendedores callejeros del tabaco	93
Seleccionando la hoja	95
Escogedores de tabacos	96
Anilladoras de tabacos	97
Fileteadores	99
'El Tabaquero'	102
Maestro tabaquero	103
El tabaquero de hoy y ayer	106
Despalilladoras	109
Maquinistas de cigarros	110
Portada de *Revista Tabaco*	114
Primera edición de *La Aurora*, 22 octubre 1865	133
Enrique Roig San Martín	135
Caricaturas de *la lectura*	136-7
El lector en la fábrica de tabacos	138
José Martí con los tabaqueros en Ybor City	151
Por Larrañaga cartel de huelga	172
Caricatura en el *Boletín del Torcedor*	175
La protesta de La Corona	182
Lázaro Peña	188
Inocencia Valdés	192
Manifestación de 1944	197
Protesta de Romeo y Julieta, 1946	202
Gonzalo Collado, Secretario General de la FTN	207
Llamada sobre La Corona	208
Protesta de Cuban Land and Leaf	211
Protesta en Camajuaní	212
La autora con Alejandro Robaina	345

Estadísticas

Gráficas — 229
Exportaciones tabacaleras de Cuba, 1904-58 — 229
Producción de tabaco torcido en Cuba, 1904-58 — 230
Movimiento registrado en la materia prima, 1904-46 — 230

1. Producción y comercio — 232
Tabla 1: Producción de tabaco en Cuba, 1841-59 — 232
Tabla 2: Exportación de tabaco de Cuba, 1840-59 — 233
Tabla 3: Exportación de tabaco torcido de Cuba, 1866-92 — 234
Tabla 4: Exportación de tabaco, 1859 y 1890 — 235
Tabla 5: Producción de tabaco torcido en Cuba, 1904-58 — 236
Tabla 6: Producción de cigarrillos en Cuba, 1904-58 — 238
Tabla 7: Producción de tabaco en rama en Cuba, 1904-58 — 240
Tabla 8: Valor de exportaciones anuales de tabaco, 1904-58 — 242
Tabla 9: Movimiento registrado en la materia prima, 1904-46 — 244
Tabla 10: Principales mercados de exportación, 1931-58 — 246

2. Vegas y Fábricas de tabaco — 247
Tabla 11: Vegas de tabaco en partidos, 1800 y 1862 — 247
Tabla 12: Vegas de tabaco (P. del Río y Sta Clara), 1899 y 1929 — 248
Tabla 13: Valor de producción según tamaño de vega, 1945 — 249
Tabla 14: Valor de producción según tenencia de tierra, 1945 — 250
Tabla 15: Fábricas de tabaco en las jursidicciones, 1862 — 251
Tabla 16: Fábricas de tabaco en los municipios, 1945 — 252

Tabla 17: Fábricas de tabaco en Cuba según trabajadores, 1945 254
Tabla 18: Producción de fábricas de cigarrillos, 1930 255
Tabla 19: Producción de cigarrillos por fábrica, 1930 y 1958 256
Tabla 20: Producción mecanizada de tabacos por fábrica, 1953 257
Tabla 21: Producción y exportación de TCSA, 1951-58 257
Tabla 22: Producción de las principales fábricas, 1958 258

3. Fuerza de trabajo agrícola e industrial 259
Tabla 23: Fuerza de trabajo agrícola en el tabaco, 1862 259
Tabla 24: Operarios de tabaco en 1861 y 1862 260
Tabla 25: Tabaqueros y cigarreros (sexo y provincia) 262
Tabla 26: Operarios de tabaco (sexo, raza y nacimiento) 263
Tabla 27: Operarios de tabaco (sexo y ciudadanía) 264
Tabla 28: Inmigración, 1902-1907 266
Tabla 29: Ocupaciones tabacaleras (sexo y raza), 1943 267
Tabla 30: Cuadro ocupacional del tabaco, 1944 269
Tabla 31: Formas de trabajo tabacalero, por raza, 1943 269

4. Salario, Desempleo y sindicalización 270
Tabla 32: Pago diferenciado por oficio, 1860-1955 270
Tabla 33: Alfabetismo en la industria tabacalera, 1899 y 1907 271
Tabla 34: Desempleo en la industria tabacalera, 1945 272
Tabla 35: Desempleo entre tabaqueros, diciembre 1945 272
Tabla 36: Subempleo en la fábrica La Corona, 1949 273
Tabla 37: Sindicalización en la industria tabacalera, 1944 274

5. Población económicamente activa y la sindicalización 276
Tabla 38: Ocupaciones varias, 1899-1943 276
Tabla 39: Población económicamente activa, 1943 y 1953 277
Tabla 40: Población activa en las principales industrias, 1952 278
Tabla 41: Sindicalización por rama, 1944 279
Tabla 42: Federaciones nacionales obreras, 1952 280

Siglas utilizadas

AFL	Association of Free Labour
ANAP	Asociación Nacional de Agricultores Pequeños
ANC	Archivo Nacional de Cuba
ATC	American Tobacco Company
BANFAIC	Banco de Fomento Agrícola e Industrial de Cuba
BAT	British-American Tobacco Company
BPP, BB	British Parliamentary Papers, Blue Books
BRAC	Buró para la Represión de Actividades Comunistas
CNOC	Confederación Nacional Obrera de Cuba
CNPDTH	Comisión Nacional de Propaganda y Defensa del Tabaco Habano
CON	Comisión Obrera Nacional
CONI	Comisión Obrera Nacional Independiente
CTC	Confederación de Trabajadores de Cuba
DECAI	Departamento de Crédito Agrícola Industrial
FTN	Federación Tabacalera Nacional
FNT	Federación Nacional de Torcedores
FOH	Federación Obrera de La Habana
INRA	Instituto Nacional de Reforma Agraria
ITC	Imperial Tobacco Company
PCC	Partido Comunista de Cuba
TCSA	Tabacalera Cubana SA

Prólogo

El tabaco, oriundo de las Américas, fue conocido por los europeos en Cuba, según lo atestigua el Diario del primer viaje de Cristóbal Colón. Considerado por cierto tiempo un producto demoníaco – aunque se ignoraban sus propensiones cancerígenas – terminó, por ganar espacio en el consumo 'occidental', abastecido en buena parte desde la mayor de las Antillas. Cuando los fumadores se aficionaron a la hoja torcida, la manufactura cubana asentó su primacía haciendo del *habano* una de las primeras y más prestigiosas denominaciones 'de origen'. Desde entonces, y por mucho tiempo, el tabaco sería el segundo rubro entre las exportaciones de una economía que desde siempre ha estado volcada al exterior.

Sin dejarse atrapar por el vicio del cigarro, Jean Stubbs escogió el tabaco como tema de su doctorado y residió en Cuba, cuando en la isla, después de años de efervescencia revolucionaria, se definía un nuevo modelo económico. Resultado de aquella tesis doctoral, *Tabaco en la periferia* tuvo su primera edición inglesa en 1985. Cuatro años después aparecería en La Habana la versión en español, que ampliaba algunos detalles y, sobre todo, se enriquecía con un mayor número de tablas estadísticas y otros anexos. Al cabo de cuatro décadas se realiza esta nueva edición, actualizada, aunque debe advertirse que nada de lo plasmado en la versión inicial ha perdido validez.

En el extenso lapso transcurrido desde la 'edición príncipe' han aparecido otras obras sobre el tema tabacalero, algunas de indiscutible trascendencia, como la monografía de Enrique López Mesa *Tabaco, mito y esclavos* (2016) que desmontó la pertinaz tradición en la historiografía cubana de que el tabaco había sido un cultivo sin esclavos. El erróneo fundamento de dicha tesis ya lo había advertido, por cierto, Jean Stubbs en breves apuntes de los capítulos 6 y 7 de este libro. Si me detengo a señalar dicho detalle, es porque creo importante avisar al lector, sobre todo a quien se acerque a esta obra con afán de estudio, que en su texto abundan observaciones y sugerencias que pueden dar pie a nuevas investigaciones.

La síntesis histórica que recogen estas páginas se desarrolla en un bien definido marco temporal. Su objeto abarca desde la abolición del estanco colonial del tabaco en 1817 hasta el triunfo de la Revolución Cubana en 1959. Quedan por tanto fuera de su espectro analítico los inicios del cultivo de la hoja y su monopolización por la Corona española, así como la evolución contemporánea del negocio del *habano*. No obstante, en el Epílogo se resumen los acontecimientos más relevantes de las décadas de 1960 y 1970, panorama que el Prefacio de esta nueva edición extiende hasta la actualidad de manera muy sucinta.

En ese espacio de siglo y medio la autora examina los diversos aspectos de la economía tabacalera; tanto los altibajos de la producción y la evolución de su tecnología, como la variedad de formas en que se materializó – desde el monopolio hasta el chinchal – su organización empresarial; sin que falten referencias al cultivo de la hoja. El examen de esos procesos presta especial atención a sus condicionantes externas, pues orientada principalmente hacia el mercado exterior la producción tabacalera cubana debió ajustarse a los imperativos del comercio internacional, esfera de la cual procedieron los capitales extranjeros que durante varias décadas llegaron a controlarla. Particular atención se presta en tal sentido al papel desempeñado por los Estados Unidos en el desenvolvimiento de la economía tabacalera, pues con su régimen arancelario, sus inversiones e intereses políticos, la potencia vecina ha ejercido un influjo que se extiende hasta el presente, ahora por oposición. Con igual esmero se despliega el análisis de la vertiente social en la historia del tabaco, trazando el perfil de sus protagonistas en las vegas y en las fábricas. Pionero del sindicalismo cubano, el movimiento de los obreros tabacaleros es seguido desde sus orígenes, examinando tanto su evolución organizativa como sus proyecciones políticas e ideológicas.

A la riqueza de esta obra contribuyen significativamente sus anexos, entre estos un nutrido material estadístico que incluye datos sobre producción, exportación, vegas en explotación y fábricas activas, fuerza de trabajo y otros detalles, algunos de la cuales han servido de base para representaciones que sustentan e ilustran diversos análisis a lo largo de la obra. Al anexo estadístico se suman otros que reproducen piezas legislativas, documentos y demás recursos complementarios, incluyendo ilustraciones extraídas del riquísimo material gráfico que la industria tabacalera ha acumulado a lo largo de su historia.

Como recurso investigativo *Tabaco en la periferia* posee una manifiesta utilidad, no solo por el alcance de sus pesquisas y sus sugestivas proposiciones, sino también por la cuantiosa relación de fuentes que la avalan, en particular las publicaciones periódicas y los fondos documentales existentes en archivos cubanos.

Con tal diversidad de atributos, entre los cuales destaca una escritura accesible y elegante, la lectura de esta obra no solo resultará amena, sino también provechosa por el alcance de sus pesquisas y sus sugestivas proposiciones.

Oscar Zanetti Lecuona
Academia de la Historia de Cuba

Prefacio a la nueva edición

Hacia finales de los años 1960, me atrajo investigar el tabaco cubano y su historia obrera antes de la Revolución de 1959, influenciada por las obras de dos historiadores británicos: Eric Hobsbawm sobre rebeldes y trabajadores, y E. P. Thompson sobre la formación de la clase obrera inglesa. Escribiendo mi tésis doctoral, en que se basó este libro, bajo la tutoría de Hobsbawm, adopté un enfoque semejante al del historiador cubano Manuel Moreno Fraginals, cuya obra sobre el azúcar es hoy día clásica. También abrí con una cita tomada del etnógrafo cubano Fernando Ortiz, aunque ya me fue muy evidente que su afamado contrapunteo del tabaco y el azúcar no siempre estaba acorde con la historia.

Mucha mitología ha permeado la historia del tabaco cubano, y con el tiempo he llegado a cuestionar más facetas de la obra de Ortiz y la de otros, incluyendo la mía. Al profundizar más sobre las intersecciones de clase, raza y género, y nación, mi enfoque inicial fue indagar más detalladamente sobre los procesos que socavaron los oficios y el sector manufacturero en el período antes de 1959 y las transiciones de la grandes fincas y la aparcería y el arrendamiento en el cultivo antes de 1959 a las granjas estatales y cooperativas agrícolas de post-1959.

La creciente preocupación sanitaria mundial en torno al tabaco – una planta otrora celebrada por sus propiedades espirituales y terapéuticas – sembró incertidumbres para el futuro. Sin embargo, el renacer global de los puros en medio de la crisis en Cuba durante la década de los 1990 – una crisis provocada por la implosión de la Unión Soviética, su principal socio comercial en aquella época – me llevó a enfocar más sobre la nación y la migración en las complejidades de un proceso por el cual El Habano – ese lujoso puro torcido a mano – fuera catapultado a una nueva prominencia nacional e internacional.

Sin duda, una de las ironías de la historia tiene que ser cómo el Habano resultara tan central para Cuba a finales del Siglo XX y principios del XXI como lo había sido a finales del Siglo XIX y principios del XX. Historias familiares se torcieron de nuevo. El bloqueo comercial de Estados Unidos sobre Cuba en la década de los años 1960, que sigue vigente hoy en día, fue como una repetición de la década de 1890. En la década de 1990, vegueros y fabricantes cubanos emigrados empezaron a ejercer una fuerte competencia, ya no tanto en Cayo Hueso y Tampa como hacia finales de los 1800 y principios de los 1900 sino desde la República Dominicana, Nicaragua, Ecuador, Brasil y las Islas Canarias.

En 1994, se creó Habanos SA para la exportación de puros como un subsidiario de Cubatabaco, la empresa estatal para la manufactura del tabaco que se había fundado en 1962 al nacionalizar la industria. Ese mismo año de 1994, Cuba abrió a la inversion extranjera de Tabacalera, la compañía paraestatal española heredera de la Compañía Arrendataria de España de finales del Siglo XIX. Hubo otras inversiones extranjeras en menor escala por parte de distribuidores extranjeros que se asociaron con Habana SA a cambio de tener exclusividad sobre las importaciones de Habanos en sus territorios, tales como Hunters & Frankau para el Reino Unido, Habanos Nordic para Escandinavia y el Báltico, y Pacific Cigar para la región Asia Pacífica.

En 2000 Habanos SA se transformó en empresa mixta con Altadis, una compañía creada por Tabacalera y Seita, la paraestatal francesa, que compró 50% de las acciones. Altadis también adquirió marcas rivales para el mercado global y sobre todo el mercado estadoudinense, que estaba vetado para Cuba. In 2008 Imperial Brands compró Altadis, que recientemente vendió a un consorcio de inversores incorporado en Hong Kong.

El interés nacional e internacional en el tabaco cubano y sobre todo El Habano fue acompañado en Cuba por un proceso de recampesinación, celebrando los conocimientos de los vegueros. Alejandro Robaina, un veterano veguero de origen canario, pudo lanzar su propio puro Vegas Robaina; la antigua tradición obrera del lector en las fábricas cobró nueva vigencia; y torcedores a mano de puros de gran calidad recorrieron el mundo demostrando su destreza en el oficio.

Explorando todo esto, asentado en circuitos transnacionales de personas y conocimiento del tabaco a través del globo, empecé a cuestionar los binarios del enfoque centro/periferia, con su corolario de partes del mundo siendo avanzadas/atrasadas y desarrolladas/subdesarrolladas, y el mismo concepto de 'desarrollo'. También he tenido que cuestionar la noción de un proceso sistemáticamente 'deformador' que deja una estructura 'arcaica' en el cultivo y la producción, dado que fue ésta la que, paradójicamente, ayudó a Cuba trazar un camino hacia el Siglo XXI.

No obstante, aunque mis investigaciones empíricas y mi pensar conceptual me han llevado en direcciones nuevas, a la vez se han eregido sobre éste, mi estudio original. Me es muy grato verlo reimpreso y en formatos digitales en nuevas ediciones en inglés y español, y le agradezco a mi editor, Jonathan Curry-Machado, un excelente historiador él mismo, por su empeño en impulsarlo y llevarlo a fruición.

Casi 40 años han transcurrido desde que Cambridge University Press publicó la edición en inglés y 35 desde que la Editorial de Ciencias Sociales en Cuba publicó la edición en español. Muchas ilustraciones y tablas estadísticas se incluyeron en la edición en español que no estuvieron en la edición original en inglés, y las nuevas ediciones son híbridas. Reproducen el texto original con la adición de ilustraciones y tablas, más una lista de todos mis trabajos sobre el tabaco publicados hasta la fecha, incluyendo dispersos artículos en revistas y capítulos en colecciones editados, algunos de los cuales se incluyeran en una edición acompañante ya prevista.

He tenido muchos momentos memorables durante mi periplo en el tabaco. En Cuba, uno de ellos fue lo que narré en mi Prefacio original, cuando a principios de los años ochenta un viejo torcedor me dio las gracias a mí, la historiadora, por volver a hablar con los obreros sobre mis investigaciones. Él fue uno de un grupo de jubilados que solicitó a los trabajadores donar fotos y documentos viejos en aras de diseminar más información acerca de su historia. Otro de aquellos momentos, casi dos décadas después, fue cuando el mismo Robaina, al que acababa de entrevistar, me torció un puro con su propia hoja. Se tomó una foto y, aunque nunca he fumado, una imagen de repente se lanzó como si yo fuera fumadora de puros.

Podría contar muchos más momentos en otras partes del mundo, desde las Américas a las Islas Canarias, y hasta Indonesia, pero lo que quiero destacar aquí es un aspecto que sólo se menciona de pasada en mucho de mi trabajo y que está pidiendo a gritos que se le preste atención, que es la necesidad de vincular de forma más integral la historia económica, política y sociocultural con la historia médica y medioambiental.

Esto resuena alto y claro al escribir estas líneas, dado el persistente impacto de la pandemia de Covid-19 que durante un tiempo casi paralizó a Cuba al igual que a gran parte del mundo; la soga del bloqueo apretada aún más globalmente a partir de enero 2021 cuando Cuba fue añadido a la lista estadoudinense de los estados patrocinadores de terrorismo; y los estragos del Huracán Ian en septiembre 2022 en Pinar del Río, la provincia occidental que es tabacalera por excelencia.

Ian llegó antes de que hubiera tabaco en los campos, pero las fincas y las casas de cura quedaron arrasadas y los servicios interrumpidos cuando vientos de 200 kilómetros por hora y lluvias torrenciales azotaron la provincia, ocasionando enormes pérdidas, entre ellas unas 10.000 casas de cura (alrededor del 90% del total en la región) y 11.000 toneladas de hoja seca. Una de las principales prioridades fue secar la mayor cantidad posible de hoja que se pudiera, dado que, de las 41.000 toneladas producidas en el país, 33.000 toneladas se produjeron en la provincia. La siembra se retrasó inevitablemente y se tomó la decisión de extenderla hasta finales de enero de 2023.

A medida que se acercaba el huracán, los vegueros pudieron protejer 650 toneladas de capa para unas exportaciones previstas de 50 millones de puros. Sin embargo, el huracán fue mucho peor que los Huracanes Isidore y Lili, que causaron tantos estragos en 2002. Calificado como el peor huracán que se recuerda en la memoria viva, fue un nuevo golpe para un sector que, según estadísticas oficiales, constituía la cuarta fuente de ingresos para Cuba y empleaba unos 200.000 trabajadores, 250.000 en el tiempo pico de la cosecha.

Antes del huracán, la producción ya había caído de 32.000 toneladas en 2017 a 25.800 en 2020, y de enero a junio de 2022 se produjo menos de la mitad del tabaco planificado. Ello se debió en parte a la decisión de reducir en un 10 por ciento la superficie cultivada por falta de insumos básicos y contratiempos logísticos y de otra índole, cuyos efectos ya se dejaban sentir en la escasez del tan codiciado Habano en los mercados internacionales.

Poco antes del paso del huracán, el momento cumbre de una gala de gran perfil para celebrar el 55 aniversario del Cohiba, con unos 650 invitados de todas partes del mundo, fue la subasta de humidores de lujo que alcanzó millones de euros, cuyo importe se destinó a la salud pública cubana. Según las cifras de Habanos SA, en 2021 se mercadieron 27 marcas de gran calidad hechas a mano – como Cohiba, Montecristo, Partagás, y Romeo y Julieta – por un valor de 568 millones de dólares, un incremento de 15 por ciento sobre los 507 millones del año anterior. Mientras los principales mercados únicos fueron China y España, el Habano se vendió en más de 150 países através del mundo: Europa (59%), Asia (16%), las Américas (14%), y Africa y el Medio Oriente (11%). En muchos, aún antes del huracán, la oferta ya no no podía satisfacer la demanda.

A finales de febrero y principios de marzo de 2023, distribuidores, vendedores y aficionados de através del mundo se reunieron en La Habana para el XXIII Festival del Habano, un evento que había sido anual y fue reanudado en vivo por primera vez después de la brecha causada por Covid. Se lanzaron nuevas líneas de Montecristo, Bolivar y Partagás, y se subastaron seis humidores de lujo por un total de más de 11 millones de euros, destinados, como siempre, a la salud pública. Fue un lujoso humidor de Cohiba que alcanzó la cifra más alta de más de 4 milliones de euros por una apuesta asiatica; y dos nuevas Ediciones Regionales fueron anunciadas para la región Asia Pacífica, que se reportó llegar a un 19,3% de las ventas globales del Habano.

La situación en Cuba, sin embargo, fue preocupante. Un mes después del Festival, fue concedido en la prensa cubana que Pinar del Río enfrentaba posiblemente la peor cosecha en tiempos recientes, mayormente debido a los efectos del Huracán Ian, arrasando la mayoría de las casa de cura. De no poder reconstruir todas con tiempo para la cosecha, y citando el mayor problema siendo la falta de materiales de construcción, Tabacuba, la compañía estatal sucesora de Cubatabaco, anunció que había priorizado a las vegas de alta calidad para poder cumplir con la demanda de exportación y los esfuerzos se dirigieron principalmente a la capa de la cual había particular escasez. Esto resultó en que algunas vegas habían podido recuperarse bien, mientras que otras menos, si acaso. El plan había sido de sembrar alrededor de 11.000 hectáreas de tabaco para la cosecha de 2022-23, pero parecía que sólo sería la mitad de eso. Hasta principios de abril, solamente 5.510 hectáreas se habían sembrado, y cosechar la hoja requeriría unas 4.000 casas de cura cuando solamente se habían reconstruidos 1.400.

El cuadro no será completo, desde luego, sin referirse a la producción de cigarrillos, que son los que más se fuman en el mercado nacional. En los primeros meses de 2022, la producción de cigarrillos bajó a sólo 47% de lo planificado, debido en gran parte a la falta de suministros importados de papel y envases, los contratiempos de transporte y contractuales de ultramar, los apagones nacionales, y las averías de las máquinas, que paralizaron la producción de las fábricas en los meses de enero, marzo y mayo. Según Tabacuba, Brascuba Cigarrillos SA – una empresa mixta cubana-brasileña creada en 1996, que produce los cigarrillos H. Upmann, Popular, Rothman, Dunhill y Cohiba – alcanzó el 86% de su producción planificada. Sin embargo la producción de la fábrica de Holguín, que fue muy afectada por las ausencias laborales debido a Covid y que en agosto de 2022 veía sólo funcionar una de sus cuatro máquinas, cayó al 50%. Del mismo modo, la fábrica de Villa Clara fue paralizada por Covid en febrero, junio y julio. La escasez general resultante y el aumento vertiginoso de los precios en el mercado informal condujeron, por primera vez en muchos años, a la reintroducción nacional del racionamiento de cigarrillos.

Cuando Cuba se sumió en su crisis de los 1990, pocos pudieron haber previsto cómo el tabaco volvería a ser un actor tan clave, y con un colchón privilegiado de inversiones internacionales. Sin embargo, al igual que Cuba entera, el sector está otra vez en apuros. En este contexto espero que estas nuevas ediciones, junto con mis otros trabajos, puedan ayudar a dar sentido no sólo a la historia sino también a cómo pudieran ser los años venideros para el sector, quienes trabajan en él, y su codiciado Habano.

Jean Stubbs
Londres, abril 2023

Prefacio a la edición original

Desde que inicié este estudio hace ya unos 20 años, he tenido momentos muy gratos en mis contactos con los hombres y mujeres del sector tabacalero en Cuba. Sin embargo, uno de los más gratos fue en el verano de 1983 cuando un viejo tabaquero me expresó su regocijo e interés de que yo, siendo historiadora, haya vuelto a los obreros con el fruto de mi investigación. Él formaba parte de un nutrido grupo que en la actualidad está enfrascado en un vasto proyecto sobre la historia del movimiento obrero, el cual no existía cuando realicé la mayor parte de mi trabajo. Ese proyecto se comenzó a iniciativa del XIII Congreso de la Central de Trabajadores de Cuba (CTC) en 1973, cuando se propuso a los diferentes sindicatos nacionales que formaran comisiones que se dieran a la tarea de reunir recortes, publicaciones, fotos y testimonios orales necesarios para empezar a documentar la historia de la clase obrera cubana. El resultado ha sido un armario repleto de fotos en espera de ser clasificadas, así como una buena documentación que ya ha dado un folleto introductorio y un esperado primer volumen de esta ambiciosa obra. Esto, más que todo, fortaleció mi fe en los años dedicados a mi propia investigación, ya que fue muy conmovedor ver lo que un colectivo de trabajadores está logrando con su propio esfuerzo.

Aquéllos familiarizados con la historia del movimiento obrero sabrán que existe un problema constante con las fuentes de materiales. Este problema se agravó en un país como Cuba donde el represivo sistema político del pasado garantizó que gran parte de la documentación obrera fuera destruida, especialmente en la década del cincuenta a raíz de la guerra gubernamental anti-comunistas y anti-obrera desatada en 1947-48. La falta de documentación sobre los tabacaleros fue realmente frustrante dada la importancia de este sector en la historia de la clase obrera cubana y de la nación en sí. En cierto sentido, fue esta laguna la que encauzó mis investigaciones por caminos nuevos. En lo que pude, entrevisté a los obreros, muchos de los cuales me mostraron sus materiales escritos y fotográficos, aunque yo sola no podía acometer una empresa semejante a gran escala. No obstante, descubrí suficiente información como para plantearme varias incógnitas acerca del cultivo y de la manufactura del tabaco, del campesinado y proletariado tabacaleros, de sus luchas así como de su conciencia nacional y de clase. A la vez me surgieron otras preguntas, quizás hasta más fundamentales, sobre el papel histórico de Cuba, como país productor y exportador dentro del sistema de producción y consumo mundial del tabaco, estructurado alrededor de Europa, Estados Unidos y los grandes monopolios tabacaleros.

Me adentré en un mundo tumultuoso en el cual – como consecuencia de la gran revolución técnica que tenía lugar en los países capitalistas desarrollados y el surgimiento del imperialismo – coexistían, al mismo tiempo, las grandes fortunas amasadas por los monopolios, y las miserias de los pequeños países tabacaleros. Mientras investigaba la deformación sistemática de un sector completo de la economía y sociedad cubanas, y todo lo que esto implicaba para la lucha de clases, comenzó a perfilarse un estudio muy diferente del que me había propuesto en un inicio.

Esta es la historia del tabaco cubano, cuyo desarrollo agrícola e industrial fue hábilmente torcido como un habano por los intereses comerciales de ultramar; habla pues, de la oligarquía, del campesinado y proletariado tabacaleros y hurga en la base socioeconómica de la acción e ideología de clase, ya sea reformismo, anarcosindicalismo, nacionalismo revolucionario, socialismo o comunismo.

Lógicamente, esta obra enfoca más a los tabaqueros mejor documentados, aunque siempre trata de hacer apuntes sobre otros sectores menos documentados, en especial, aquéllos en los que trabajaba un gran número de mujeres y niños. Para completar este estudio, hubiera sido importante hurgar más en el desarrollo tabacalero de Estados Unidos hacia fines del siglo XIX y principios del XX, sobre todo en Cayo Hueso y Tampa, que formaron parte de un singular universo tabacalero 'cubano', y también en el periodo revolucionario. Pero, en algún punto debía detenerme, encima de que cada uno de estos dos temas ya de por sí es un estudio solo.

Un punto de partida inapreciable para mi investigación fue el Archivo Nacional de Cuba (ANC) y su valiosa, aunque no clasificada colección de documentos catalogada como Comisión de Propaganda y Defensa del Tabaco Habano (CNPDTH). Esta contiene poco de la Comisión en sí (creada en 1927) y menos aún sobre la industria en general, pero sí conserva muchos expedientes de la Tabacalera Cubana, SA, antiguo sucursal de la American Tobacco Company que fueron adquiridos por el Archivo después del triunfo de la Revolución. Los expedientes están incompletos, pero incluyen mucha correspondencia de las compañías, informes, estadísticas y documentación en general entremezclado con recortes de periódicos. El Registro Mercantil de La Habana, perteneciente al Archivo, y que data desde 1880, comprende una colección de volúmenes catalogados y relativamente bien conservados, donde todos los negocios tenían que ser registrados, según lo estipulaba la ley. En el caso de algunas compañías, esto era un verdadero tesoro de información sobre cuándo fueron fundadas, quién puso el capital, la cantidad y hasta las modificaciones posteriores. Una buena parte del Archivo de Seguro Social del antiguo Ministerio del Trabajo, clasificado por sector y por firma, me proporcionó datos muy útiles acerca de la fuerza de trabajo. Materiales más escasos fueron hallados en otras secciones del Archivo Nacional, tales como el Fondo Especial, el Fondo de Donativos y Remisiones, el Fondo de Audiencia y Miscelánea.

Pasé algún tiempo en el Archivo de Santa Clara, aunque los datos de La Habana constituyen el grueso de las fuentes de documentación para este estudio. Revisé diarios y publicaciones periódicas, tanto de fabricantes como de obreros, así como fuentes secundarias en la Biblioteca Nacional José Martí, las bibliotecas de la antigua Sociedad Económica de Amigos del País, el Instituto de Historia de la Academia de Ciencias de Cuba y la empresa estatal CUBATABACO. Al igual que en los archivos, en estas bibliotecas hallé folletos que obviamente nunca antes habían sido trabajados con relación al tema.

Para el siglo XIX las series estadísticas fueron contadísimas y las del siglo XX dejaban mucho que desear. A partir de 1927, la CNPDTH compiló estadísticas tabacaleras anuales, algunas de las cuales se remontaban a los principios del siglo, pero no siempre eran confiables y dejaban algunos vacíos. Para el siglo XIX hubo balances comerciales y oficiales para ciertos años, aunque por otro lado tuve que apoyarme en datos y fuentes secundarias, incluyendo informes consulares británicos que consulté en el Museo Británico de Londres. Otros datos estadísticos sobre los trabajadores, así como de la sindicalización provienen de los censos oficiales, además de tablas elaboradas por la CTC, expedientes del Ministerio del Trabajo, el Archivo Nacional y algunas fuentes secundarias. En donde las cifras no existían, logré perfilar un recuadro bastante general utilizando para ello entrevistas y otros materiales descriptivos.

Al consultar fuentes tabacaleras en Gran Bretaña pude verificar algunos puntos, sobre todo los referentes a la estructura mundial del tabaco, los cuales apenas había podido juntar en La Habana. Aunque existen estudios sobre determinadas compañías tabacaleras en varios países, era interesante constatar que no existía, a mi entender, ningún trabajo serio sobre los cambios operados en la estructura de la producción mundial. Tampoco parecía que hubiera ningún trabajo de fondo sobre los tabaqueros en otros países, tal vez con la excepción de Holanda y Alemania (para lo cual el idioma constituye una barrera) y las muchas biografías de San Gompers (tabaquero) de la Federación Norteamericana del Trabajo (AFL). Desde entonces he descubierto una incipiente 'red' tabacalera, con estudios de peso sobre los tabaqueros en Estados Unidos, y en particular, los cubanos en Tampa y Cayo Hueso, y en Puerto Rico. También tengo conocimiento de estudios sobre el tabaco en México, Colombia y Brasil, además de trabajos encaminados en Cuba, y yo misma he retomado el tema en el contexto de la migración tabacalera a Jamaica hacia finales del siglo XIX, principios del XX.

La versión original del actual libro se presentó en forma mucho más extensiva como tesis de doctorado para la Universidad de Londres en 1975. Esta es la traducción de una versión más sintetizada publicada en inglés por la editorial Cambridge University Press, Gran Bretaña, en 1985, pero incluye tablas estadísticas e ilustraciones que no aparecen en aquella versión.

Estoy lógicamente en deuda con muchas personas. El trabajo de campo a principios de la década de 1970 fue realizado bajo los auspicios del entonces Instituto de Historia de la Academia de Ciencias de Cuba y de su director, el doctor Julio Le Riverend. Tuve absoluta cooperación de varios archivos y bibliotecas. Evelio Lugo, entonces al frente de la división industrial de CUBATABACO en La Habana, y Marisabel Dueñas, de la delegación de Las Villas, me posibilitaron entrevistas con tabaqueros, tanto en La Habana como en muchos pequeños pueblos tabacaleros.

Los historiadores cubanos Manuel Moreno Fraginals, José Luciano Franco y Jorge Ibarra pusieron a mi disposición su conocimiento e intuición al igual que lo hizo el ya fallecido demógrafo cubano, Juan Pérez de la Riva. Mis colegas del Instituto de Historia, particularmente Jesús Chía y Fe Iglesias me brindaron consejos y sugerencias. El profesor Jurgen Kuczynski y la doctora Helga Nussbaum, del Institut für Wirthschaftgeschicht de la República Democrática Alemana me animaron mucho en un crítico período de la redacción. Mi tutor, el profesor Eric J. Hobsbawm, de la Universidad de Londres, donde se inició la investigación en forma de tesis doctoral, sirvió de mentor y me dio su ayuda esencial para perfilar una abundante narración y compilación de estadísticas a fin de extraer los puntos analíticos necesarios.

Todos mis amigos y familiares mostraron paciencia para que el trabajo saliera adelante, pero sólo mi compañero, Pedro Pérez Sarduy – quien no sólo se ocupó de responsabilidades extra-laborales, sino que también me ayudó a querer y comprender a su país tanto como él – sabe cuánto se debe a su aliento la conclusión de este libro, que también tradujo del inglés.

La responsabilidad de la exposición y los argumentos básicos es enteramente mía. Si ellos están lo suficientemente bien formulados como para que sirvan a manera de contribución útil a ese gran proyecto de la historia del movimiento obrero, la recompensa será suficiente.

Jean Stubbs
La Habana, julio 1987

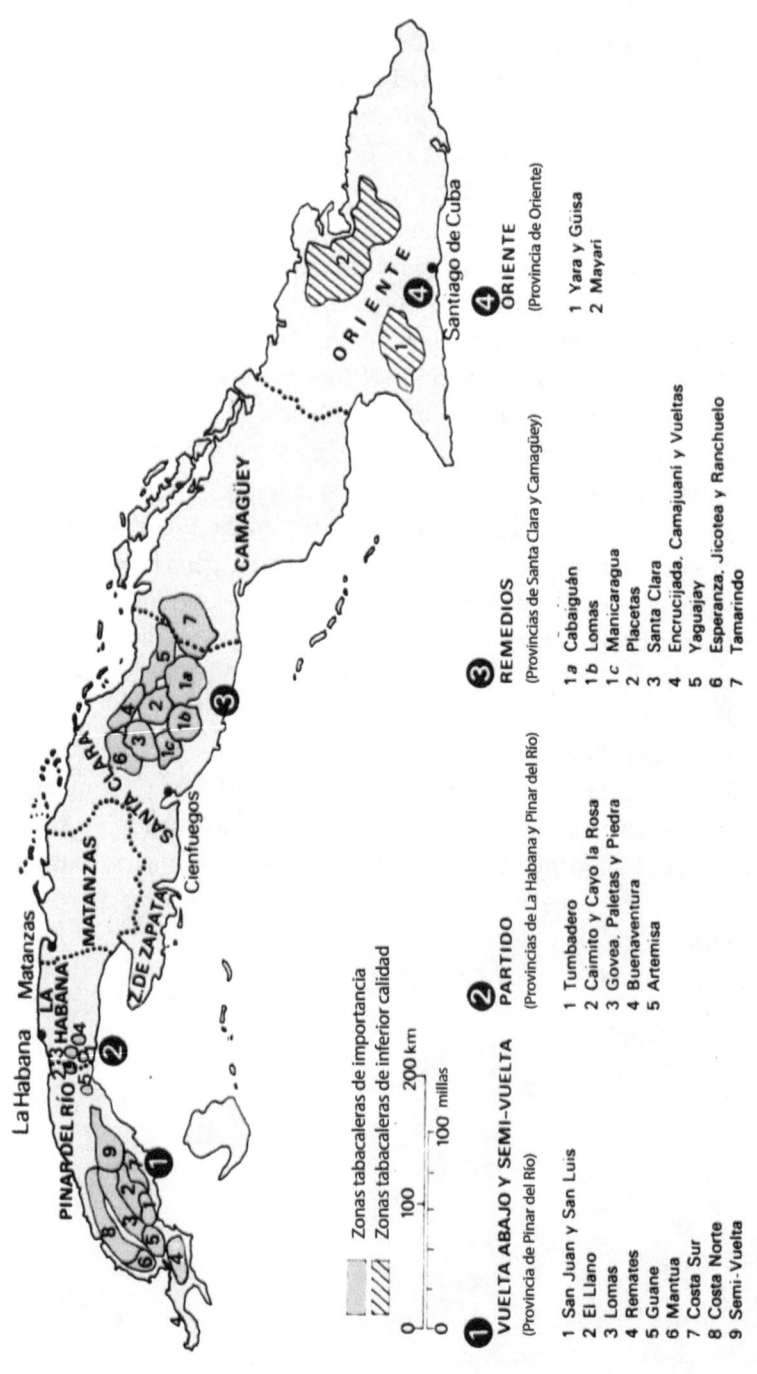

Zonas tabacaleras de Cuba, 1944
Fuente: *Anuario del tabaco* (Havana, 1944), p.54

Introducción:
La economía tabacalera mundial en Cuba

Me complace ver a los que elaboran y lo fuman no sólo en un plano de concordia, sino también en un vasto dominio de democracia donde convergen personas de todas las clases, razas y credos que encuentran en la picadura, el andullo, el puro o el cigarrillo un lazo de simpatía y comprensión, además de un punto de contacto de intereses comunes y amplia confraternidad. Me complace igualmente contemplar el negocio de producir y el placer de consumir esta enaltecida planta como un verdadero reino poblado de almas afines y gobernado únicamente por las más bondadosas emociones humanas que el humo de estas fragantes hojas aviva en el corazón del hombre...

Carl Avery Werner. *Tobaccoland* (1922)

Por una de esas ironía de la historia fue en 1933 – cuando la industria tabacalera cubana estaba en bancarrota – que a Doris Duke se le conocía como la muchacha más rica del mundo. Ella era la hija de James B. Duke, quien al fallecer en 1925 dejó una fortuna cuyo valor fue calculado entonces en más de cien millones de dólares. Al cumplir los 21 años de edad, en 1933, Doris heredó una tercera parte de la herencia, la cual incluía un palacio evaluado en un millón de dólares, que su padre construyó en un terreno de más de mil hectáreas, en las cercanías de Somerville, Nueva Jersey y donde se dice que invirtió 2 millones de dólares más. En 1924, James B. Duke había puesto un fondo de valores de 4 millones de dólares a beneficio del Trinity College, Durham, Carolina del Norte, pero con la condición de que se le cambiara el nombre por el de Duke University. Esto le granjeó el apelativo de gran filántropo cuya obra estaba en función de la humanidad.[1]

Detrás del filántropo había en realidad un gran hombre de negocios calificado en 1905 como el *Creso del tabaco*, un hombre que para amasar una multimillonaria fortuna tabacalera fomentó despiadadamente la ruina de otras compañías y países tabacaleros, incluyendo a Cuba.

La complejidad de este proceso forma parte de una relación histórica aún más compleja entre las áreas desarrolladas y las subdesarrolladas del mundo, cuyas implicaciones económicas, sociales y políticas apenas comienzan a comprenderse cabalmente.

Mientras que Europa era escenario de una revolución técnico-industrial a finales del siglo XVIII y principios de XIX, y posteriormente Estados Unidos al concluir este último siglo, en el resto del mundo las economías relativamente atrasadas podían apenas resistir el empuje de los nuevos centros de riqueza, industria y comercio. En el caso de las colonias, no había alternativa; inclusive, aquellos países políticamente independientes a menudo no eran lo suficientemente fuertes como para rechazar el papel asignado por los centros manufactureros. El continente latinoamericano en su conjunto, especialmente luego de la ruptura con España y Portugal, dio un vuelco casi total hacia la dependencia económica de Gran Bretaña. Los hacendados estaban dispuestos a enriquecerse sobre la base de la exportación de materias primas y la importación de productos manufacturados. Únicamente surgieron conflictos cuando existieron fuertes intereses manufactureros locales.

Durante las últimas décadas del siglo XIX, las características del capitalismo mundial cambiaron fundamentalmente. La concentración de producción y capital se desarrolló en los países avanzados a tal punto que dio origen a los monopolios, los cuales comenzaron a desempeñar un papel decisivo en la vida económica. Esta transformación fue uno de los fenómenos más importantes – por no decir el más importante – de la economía capitalista de los últimos tiempos, con implicaciones trascendentales para la ya establecida división entre las áreas avanzadas y atrasadas del mundo. Mientras existió la vieja competencia, los manufactureros se disputaron entre sí un mercado en gran medida desconocido, pero la concentración de la producción dio lugar a estimados de fuentes de materia prima. Sobre la base de estos estimados les fue posible apropiarse de las nuevas fuentes reales y potenciales a través del mundo. Enormes sumas de capital fueron exportadas hacia los países atrasados, áreas de materia prima barata. Mientras se incrementaba la exportación de capital y se expandían las esferas de influencia de los grandes monopolios, se hicieron inevitables las transacciones internacionales entre corporaciones con el fin de formar cartels.

Con estos cartels internacionales se produjo el reparto del mundo, lo que dio por resultado el imperialismo de nuestros días. Se lo repartieron proporcionalmente con el capital y el poderío, sentando la división del trabajo creada entre los centros industriales y los países productores de materias primas en su periferia, socavando aún más las posibilidades de estos últimos para un desarrollo económico e industrializado más diverso. Los monopolios garantizaron mejor sus fuentes de materias primas y sus ganancias cuando este reparto implicaba la pérdida de la independencia política, aunque surgieron nuevas formas de dependencia económica y política en países que en términos formales eran políticamente independientes.

Las innumerables sacudidas 'periféricas' a finales del siglo XIX y principios del XX fue otra faceta del extraordinario crecimiento de los monopolios en productos hasta entonces poco explotados. El tabaco era uno de ellos.

El impacto inicial del tremendo desarrollo que se operaba en Europa y Estados Unidos durante el siglo XIX fue la apertura de mercados para el tabaco. Durante la primera mitad del siglo, se hicieron muy populares la picadura y el tabaco (o puro) en Inglaterra; el tabaco en Holanda, Alemania y España; el rapé y el tabaco en Francia e Italia; y el andullo y el tabaco en Estados Unidos. En todos estos países existía una creciente industria para tales productos, aunque también importaban en grandes cantidades. Para satisfacer estas demandas, al igual que los mercados domésticos, se desarrollaron industrias manufactureras de rapé, andullo y tabaco (particularmente éste último) en muchos países de las áreas subdesarrolladas del mundo en los que se cultivaba la rama – tales como Brasil, Indonesia, Filipinas, México, Cuba, Turquía y muchos otros. Algunos de estos países producían también otra forma de fumar, el cigarro (o cigarrillo). Mientras que el cigarro ganaba aceptación (aunque liado toscamente) este nuevo hábito de fumar era considerado como algo vulgar por la más 'refinadas' clases de las áreas avanzadas.[2]

Ya por la última mitad del siglo XIX muchos países avizoraban inquietantes tendencias en el comercio tabacalero. Protegida por tarifas arancelarias, la manufactura del tabaco empezó a desarrollarse a tal paso en Alemania, Holanda, Francia, España, Italia, Inglaterra y finalmente Estados Unidos que los que fueron grandes importadores de tabaco manufacturado no solamente se autoabastecían, sino que además se convirtieron en exportadores de esos productos. Ya en 1890 Alemania producía unos 6.500 millones de tabacos y 1.100 millones de cigarrillos, mientras que Estados Unidos unos 4.900 millones de tabacos y 3.750 millones de cigarrillos anualmente.[3]

Fue durante las últimas décadas del siglo XIX cuando el hábito de fumar cigarrillos se refinó, en parte mediante el descubrimiento en Virginia del *flue-cure* para el tabaco rubio o *Bright*,[4] pero además a consecuencia de la invención de una máquina para hacer cigarrillos que producía con mayor eficiencia a un costo mucho más bajo un producto mejor acabado. No se puede sobreestimar de ninguna manera hasta qué punto esta máquina revolucionó toda la industria del tabaco.

La primera máquina de la cual se tiene noción – y que bien puede ser la desarrollada por Susini en Cuba – fue comentada por un observador inglés durante la Exposición Comercial de París en 1867: 'su extrema complicación conspiraba contra toda acción satisfactoria. Es una primera máquina, y como todo primer intento, deja mucho que desear, abriendo solamente el camino para algo mejor...'[5] Las máquinas posteriores eran en su mayoría de origen norteamericano: la Hook (1872), la Emery (1879) y la Bonsack (1881). Fue precisamente una Bonsack perfeccionada que liaba entre 750 y 1.000 cigarrillos por minuto, la que junto a otras máquinas mejoradas para la fabricación, envase y demás procesos de la industria, sentó las bases para las primeras enormes corporaciones tabacaleras. Los costos de producción se redujeron a la mitad. Las pequeñas firmas fueron absorbidas por empresas mecanizadas mayores y más rentables, que en gran medida sustituyeron el trabajo masculino con una mano de obra femenina más barata.

Estados Unidos abrió el camino con su característico estilo 'fronterizo'. Cuando se descubrió el *flue-cure* poco antes del estallido de la Guerra Civil norteamericana, el cordón tabacalero rubio de Durham se desarrolló en un gran centro manufacturero de cigarrillos que ganaban cada vez mayor popularidad. Washington Duke era un pequeño granjero que había almacenado tabaco rubio del tipo *Bright* antes de que fuera reclutado y posteriormente se estableció en el negocio tabacalero. W. Duke e Hijos y Cía. se lanzó a la producción de cigarrillos en 1881 y prosperó tanto como para que dos años después pudiera comprar los derechos exclusivos de una nueva máquina Bonsack. Duke se arriesgó a la producción mecanizada de un cigarrillo fino, a pesar de que en 1887 uno de sus rivales comentara: 'No lo consideramos como fabricante de cigarrillos: antes de que termine el año estará en quiebra....'[6] Hacia 1890 había rebajado tanto sus precios como para socavar las ventas y ganancias de sus competidores que se vieron impelidos a unírsele en una asociación llamada la American Tobacco Company, con Duke de presidente. Durante el primer año la ATC tuvo el 90% de las ventas de cigarrillos norteamericanos y recaudó más de 40 millones de dólares en ganancias. La mecanización le proporcionó tanta uniformidad de producción que ésta le permitió lanzar al mercado nacional marcas de cigarrillos subvencionadas por grandes sistemas nacionales de anunciantes y distribuidores. Cualquier competidor que apareciera podía ser y era comprado y absorbido.

En la década de 1890, Duke extendió el control de la ATC sobre las industrias anexas y todo producto tabacalero. Con las ganancias cigarreras respaldó hasta costosas guerras de precios comprando cuerpos políticos y legislativos, controlando los poderes judiciales, eludiendo la ley y aplastando cualquier competencia y política mercantil. Los primeros que sucumbieron ante el Tobacco Trust, como también se le llamaba a la ATC, fueron el andullo (1894-98) y luego el rapé (1899-1900). Sus intentos de incursionar en la industria del tabaco torcido (1901-02) fueron menos exitosos, en gran medida porque todavía era un negocio complicado y costoso, ya que no se habían inventado máquinas torcedoras. La American Cigar de la ATC perdió 3,5 millones de dólares en 1902, y aunque operaba con modestas ganancias desde 1904 apenas logró un 14% del mercado total.

Los Dukes de Gran Bretaña fueron los Wills, pioneros en obtener los derechos exclusivos sobre la Bonsack; en desplegar ampliamente el uso de marcas nacionales, anuncios y precios competitivos en los cigarrillos; y en amasar una considerable fortuna que permitió a Henry Overton

Wills III convertirse en benefactor, así como en el primer rector de la nueva Universidad de Bristol en 1909.

Ya desde 1894 a Wills le había preocupado el poderío de la ATC sobre el mercado estadounidense del tabaco en rama y había declinado cualquier posible fusión con la misma. Siendo la mayor compañía británica del tabaco, con más de la mitad de las ventas nacionales de cigarrillos, Wills no fue tan despiadado en sus métodos. Fue únicamente cuando Duke compró la Ogden, la segunda mayor compañía británica, iniciando así una guerra de precios y ofreciendo ventajas a los detallistas, que otros doce fabricantes se vieron presionados a una alianza con Wills para formar la Imperial Tobacco Company y entablar una guerra de represalias.

Después de una larga guerra sin cuartel, se alcanzaron acuerdos mediante los cuales la Ogden fue vendida a la Imperial mientras que la ATC y la ITC acordaron mantenerse cada una alejada del territorio de la otra. Cada una adquirió derechos comerciales en las marcas y patentes de la otra, pero por medio de la Ogden, fue la ATC la que adquirió una minoría sustancial de intereses en la Imperial y el derecho a nominar tres de sus directores. También tuvo el control de las dos terceras partes de las acciones de la nueva British-American Tobacco Company, creada con el propósito de comerciar en el resto del mundo exceptuando a Gran Bretaña, Estados Unidos, Cuba y Puerto Rico, considerándose estos dos últimos países territorios de la ATC.

La suerte para el siglo XX ya estaba echada. Ya en 1909 sólo la ATC controlaba intereses vitales en 250 compañías, 119 de las cuales formaban parte de la misma (86 en Estados Unidos, Puerto Rico y Cuba, y 33 operando en exclusivo en otros países del mundo). Se ha dicho que luego de su disolución en 1911 bajo la Ley (anti-trust) Sherman,[7] la antigua ATC perdió bastante de su importancia de antaño. Sin embargo, las mayores compañías que surgieron de aquella disolución – la American Tobacco, la Reynolds y la Liggett and Myers – no sólo mantuvieron su dominio en la rápida expansión del mercado interno y externo sino que en 1941 fueron acusadas de otras violaciones de la Ley Sherman. Aunque se ha sostenido que Wills había perdido mucho de su gloria pasada y aunque mucho se ha hablado de la 'competencia' entre Players y Wills,[8] estas dos fueron, no obstante, las mayores compañías en aquella enorme sociedad, la ITC.

No caben dudas de que las corporaciones británicas y norteamericanas se han quedado afianzadas en términos mundiales hasta nuestros días.

BAT, la última creación de la ATC y la ITC, fue catalogada a finales de 1960 como la mayor de todas.[9] En la mayoría de los países europeos se formaron también grandes monopolios tabacaleros. Muchos de ellos, incluyendo empresas tabacaleras estatales como la Compañía Arrendataria de España y la Régie Francaise des Tabacs, formaban parte del engranaje de corporaciones transnacionales. Entre todas ellas operaban en casi todos los países abiertos a la empresa privada.[10]

Todas se dedicaban principalmente al tabaco en rama y/o al cigarrillo. Esto de por sí ya es significativo. Con el advenimiento de la máquina, el cigarrillo se convirtió en el primer derivado del tabaco en ser producido para un mercado masivo, convirtiéndose de hecho en el producto tabacalero por excelencia del siglo XX. Los cigarrillos lograron un 90% del total de venta de las mayores compañías y hacia mediados de la década de 1920 se le atribuía bien más de la mitad del total de la producción de países como Estados Unidos y Gran Bretaña. Es muy a propósito de esto que uno de los libros más esclarecedores acerca del tabaco en Estados Unidos se haya titulado precisamente *The American Cigarette Industry*, La Industria Cigarrera Norteamericana.[11] Hoy día, los gigantes cigarreros están completamente mecanizados. Los acondicionadores de tabaco prensado inyectan aire, agua y vapor en el tabaco, los barriles se abren y el tabaco se esparce en la correa alimentadora que va a dar a los grandes cilindros de rotación en los cuales el tabaco es posteriormente humedecido y picado para mezclarlo después en los silos. Las paletas rotantes transportan la mezcla hacia las máquinas trituradoras, después de lo cual se seca en otras tamboras rotantes. Esta mezcla final de tabaco es entonces rolada en máquinas electrónicamente controladas de las cuales cada una produce 2.500 cigarrillos por minuto. Después, los cigarrillos son encajetillados a máquina, y algunos se someten a pruebas de laboratorio en complejos equipos que comprueban desde su consistencia hasta la eficacia del filtro y la calidad.

Al lado del cigarrillo, el andullo y el rapé murieron de muerte natural, y la picadura no se quedó muy atrás. El tabaco torcido se mantenía como una bocanada lujosa, pero con todo y eso, tenía un mercado mucho más limitado, aun cuando la ATC pudo lanzar la primera máquina torcedora realmente eficaz en 1929 y producía grandes cantidades de puros hechos a máquina.

Duke nunca perdió su esperanza en una máquina torcedora ni en la posibilidad de una producción uniforme y abrir así nuevos mercados.

Demoró bastante, pero cuando llegó fue casi tan significativa como la anterior máquina cigarrera; valdría la pena considerarla con más detenimiento.

El hombre que perfeccionó dicha máquina fue Rufus Lenoir Patterson, presidente de la American Machine y Foundry Co. de la ATC. Lógicamente, una máquina presupone una materia prima uniforme. Para ello, la máquina cigarrera trituraba el tabaco bien fino. Sin embargo, el tabaco tenía que hacerse con tripa que consistía en grandes pedazos de hoja en millones de formas y tamaños diferentes, envueltos en una capa de una sola pieza grande. No hay dos hojas de tabaco que presenten igual forma, tamaño, grosor, fuerza, elasticidad, textura y todos los demás atributos que desempeñan un papel importante en la fabricación del tabaco torcido. En un principio se inventó una máquina de bonchear la tripa, pero la capa todavía era enrolada a mano. The Fresh Work Cigar Machine de principios de la década del veinte fue de gran trascendencia por combinar el bonche y el rolado de capa. Aun existían deficiencias, pero fueron sus principios básicos los que se incorporaron a máquinas posteriores. Hubo dos variantes: la máquina de tripa corta y la máquina de tripa larga. En términos sencillos la máquina pasa la tripa por una correa alimentadora hacia las planchas roladoras sobre las cuales se colocan el capote y después la capa para efectuar el rolado alrededor de la tripa que ya ha adoptado la forma de puro.

La ATC dejó a otras compañías que probaran primero la máquina alquilándola. Los *connoisseurs* juraron que nunca se dejarían engañar por los tabacos hechos a máquina, pero lo estaban siendo a diario. Finalmente, en 1929 'luego de ocho millones de dólares y 20 años de penas', según la revista norteamericana *Fortune*, George Washington Hill de la ATC lanzó en grande la máquina de Patterson y los tabacos confeccionados en ella. Introdujo su famosa campaña de la 'no spit' (no saliva) para los tabacos de a cinco centavos: 'No hay saliva en mis tabacos Creme', era la consigna, haciendo referencias al viejo (y ya obsoleto) método de sellar el tabaco torcido. 'Estos son puros. Mi máquina se encarga de eso.'[12]

Meses atrás, Patterson había comentado: 'Si hubiera tenido la menor idea de los problemas que esta máquina me causaría, nunca se hubiera hecho.' No obstante, sus ventajas fueron pronto evidentes. Hacia 1930, mucho más de la mitad de la producción de tabacos torcidos en Estados Unidos fue hecha a máquina, y la recién creada sucursal de la ATC, la

International Cigar Machine Company, estaba obteniendo considerables ganancias por el arriendo de la misma. Parejo con otras máquinas para despalillar y escoger la hoja, la máquina torcedora facilitó la expansión de importantes corporaciones, tales como la General Cigar Company, la Consolidated Cigar Company y la Bayuk Cigar Inc., al igual que el estrangulamiento de muchas otras pequeñas empresas de torcido a mano. Es así que de 22.150 tabaquerías y fábricas de tabaco que existían en 1910 ya en 1936 sólo quedaban 5.292. Una mano de obra calificada y relativamente bien pagada se redujo en un 60% en el torcido y en un 15% en el despalillo. Los tabaqueros, como los cigarreros antes, solían ser reemplazados por una mano de obra femenina más barata.

La producción de tabaco recobró su vigor, pero las posibilidades de mercado todavía eran limitadas en comparación con la de los cigarrillos. Según *Moody's*, en el periodo 1929-60 (es decir, después de la introducción de la máquina) el consumo de cigarros se cuadruplicó (de 122 a 507 mil millones). Hacia finales de los años cincuenta, el consumo de tabacos había alcanzado apenas los niveles de 1929. Era con los cigarros que se estaban haciendo las grandes fortunas.

En términos mundiales, Estados Unidos – principal productor de tabaco rubio – tenía en su haber a finales de la década del veinte el 29% de la producción global, controlando más del 40% del total del comercio de la hoja. La posición de Estados Unidos se consolidó durante las siguientes dos décadas como el mayor productor mundial de tabaco en rama, a la vez que se convertía en el mayor fabricante de cigarrillos del mundo. Los otros grandes países productores hacia finales de la década de 1950 fueron la Unión Soviética y Japón, seguidos por Gran Bretaña y Alemania Federal, cuyas industrias domésticas habían sufrido considerablemente durante la Segunda Guerra Mundial. En cuanto al menos rentable mundo del tabaco torcido, Estados Unidos estaba sólo marginalmente a la cabeza hacia los años cincuenta, con Alemania Federal en segundo lugar, seguidos por Italia, Holanda y España.

Tanto en el tabaco torcido como en los cigarrillos, el volumen de producción de muchos otros países productores de tabaco se fue reduciendo cada vez más. El enorme crecimiento de la producción monopolista de cigarrillos y de las grandes naciones productoras de éstos que tanto reestructuró el cultivo, la producción y la distribución a nivel mundial, tenía que acarrear igualmente tremendas consecuencias para la industria doméstica de esos países. Ya por los años sesenta apenas había un país del mundo capitalista que no estuviera afectado por estas grandes corporaciones. El concepto de 'economía mundial comprende economías nacionales que comprenden industrias que comprenden firmas' fue totalmente invertido por el capital monopolista. El tabaco y las economías tabacaleras no fueron excepciones.

Hacia finales del siglo XIX y con el incremento de la manufactura del tabaco en los países avanzados se dejaba sentir una división del trabajo (con excepción de Estados Unidos) entre los países cosechadores y los manufactureros del tabaco, según la cual estos últimos importaban cada vez menos cantidades de productos manufacturados y cada vez mayores cantidades de la hoja. Los países productores más pequeños tenían un tabaco de cualidades especiales. Mayormente era tabaco negro, como el aromático cubano de alta calidad, utilizado tanto en la confección del tabaco torcido como en el cigarrillo, pero sobre todo en el primero; el tabaco de Puerto Rico y Filipinas, algo inferior; y el fuerte tabaco turco y griego. El tabaco de Sumatra era elástico y singularmente bueno para capa. Durante la última mitad del siglo XIX la industria estadounidense se basó en una mezcla de todos estos tipos de tabaco con el suyo propio.

Antes de que se consolidaran los monopolios tabacaleros, la relación entre los centros manufactureros y los productores de materia prima era en gran medida mercantil, con tarifas arancelarias en los países avanzados que desempeñaban un papel importante en proteger la industria doméstica. Con el crecimiento de los monopolios tabacaleros todo esto cambió. Compañías como la ATC, la ITC y la BAT empezaron a penetrar directamente los países productores, como fue el caso de la ATC en Puerto Rico y Cuba, la ITC en Rhodesia[13] y la BAT en Sumatra, u operaban por medio de corporaciones monopolistas que controlaban el mercado internacional del tabaco en rama desde Holanda.

Es significativo que la penetración del capital monopolista en los pequeños países productores de tabaco fuera principalmente en lo tocante al tabaco en rama. Para elevar las ganancias al máximo y consolidar su posición monopolista, las corporaciones tabacaleras necesitaban garantizar no sólo sus propias fuentes en materia prima sino controlar a todas las demás. Controlar la materia prima implicaba controlar el surgimiento o no de otras industrias competidoras.

En país tras país el mero poderío de los monopolios y el proteccionismo y el intercambio desigual establecidos por ellos inclinaron la balanza hacia la exportación de la rama en detrimento de la manufactura. Cualquier aumento en la industria manufacturera era en gran medida de productos inferiores destinados al mercado interno, que solía considerarse de importancia secundaria tal y como para dejarlo a discreción de las pequeñas empresas locales.

A finales de los años veinte, el cambio en la producción mundial hacia cigarrillos suaves, comenzó a producir una baja en la demanda mundial y en el precio de la hoja producida por los pequeños países tabacaleros. Con las mejores tierras del tabaco en manos de los monopolios extranjeros, los cosechadores locales se quedaron con los riesgos de un mercado en decadencia, luchando contra el problema constante de la sobreproducción y el de mantener los precios a flote.

Pequeños países tabacaleros – especialmente aquéllos que se habían convertido demasiado dependientes de un solo mercado, sobre todo del de Estados Unidos – encontraron que sus posibilidades para el desarrollo estaban cada vez más limitadas. La Comisión Nacional de Propaganda y Defensa del Tabaco Habano, de Cuba, publicó una serie de informes de mercado en 1931 en los cuales trajo a colación algunos de estos aspectos.[14] La hoja de Sumatra había sido utilizada casi exclusivamente por la industria norteamericana a principios del siglo XX. Las corporaciones de Estados Unidos se abastecían por medio de los monopolios en Holanda. Ya por 1925, nueve de estas corporaciones registradas en Amsterdam controlaban el 93% del cultivo de Sumatra. Especialmente idónea para los tabacos a máquina, la hoja de Sumatra se mantuvo mejor que muchas otras, pero la manufactura de ese país sufrió considerablemente. Muchos de los cientos de tabaquerías se vieron obligadas a cerrar. La única industria de importancia estaba centrada alrededor de seis modernas fábricas de cigarros, incluyendo la de la BAT, pero éstas utilizaban la hoja importada, sobre todo la *Bright* de Estados Unidos.

Filipinas había llegado a suministrar de forma similar a Estados Unidos con cantidades considerables de tabaco de cierta calidad. Ya por los años veinte sus exportaciones hacia Estados Unidos estaban descendiendo rápidamente y el archipiélago quedó con un sobrante de producción. Una caída de la demanda del tabaco torcido y de los cigarros hechos con la hoja cosechada en el país puso en crisis la producción nacional por lo cual las fábricas pasaron a manufacturar a base del tabaco suave. Encima de esto, el incremento de las importaciones de cigarrillos norteamericanos desde finales de los años veinte en adelante constituyó una feroz competencia para la industria local.

En 1949, la Comisión Caribeña divulgó un estudio sobre el comercio del tabaco en el área.[15] De sus ocho mayores conclusiones, tres de ellas vienen muy al caso: 1) a mediados de los años treinta, el tabaco en rama constituía el 80% de las exportaciones de tabaco, el único incremento en los productos manufacturados provenía directamente del estímulo temporal de las condiciones anormales en tiempos de guerra; 2) el incremento en los precios de exportación había sido relegado por el de los precios de importación; y 3) los países manufactureros avanzados, especialmente Estados Unidos, mantenían una posición preponderante en el comercio. En el periodo 1935-46, las importaciones de cigarrillos norteamericanos se duplicaron y Estados Unidos alcanzaba un promedio del 90% del total de las importaciones tabacaleras.

No incluida en el marco de dicha Comisión, Cuba presentaba un comercio muy similar. Afamada desde el siglo XIX sobre todo por la calidad superior de su tabaco torcido – nombres como La Corona, H. Upmann y Partagás se habían convertido en palabras familiares para la aristocracia en Europa y Estados Unidos – la manufactura con destino a la exportación había aumentado rápidamente. Sin embargo, con el crecimiento de la manufactura en Europa y Estados Unidos, los que una vez fueron importadores de tabaco torcido cubano se convirtieron en importadores de la hoja cubana.

Tanto el tabaco en rama como el Habano de gran calidad, fueron los que motivaron a la American Tobacco Company a que especulara con los años críticos de la Segunda Guerra de Independencia cubana (1895-98) y la depresión mundial de 1890, a fin de controlar la producción y la exportación. Como resultado de la crisis económica y política (y del acuerdo con los intereses británicos anteriores), la ATC pudo comprar tierras y negocios. Solamente algunos fabricantes fueron a duras penas capaces de resistir, pero únicamente para encarar la caída de los mercados mundiales del siglo XX. Cuando la ATC finalmente retiró su producción de tabaco de alta calidad a Estados Unidos en 1932, entre ellos, los 'habanos' más baratos elaborados en Nueva Jersey y los tabacos de a cinco centavos hechos a máquina, se llevó gran parte de lo que quedaba del otrora mercado cubano.

El Habano se convirtió en un afamado producto de lujo que tenía un pequeño 'nicho', como lo señaló *Fortune*,[16] en el gran mercado de consumo del siglo XX. Retuvo su fama y calidad, su precio también; pero sus mercados se resintieron. Al mismo tiempo, los tabacos torcidos de a cinco centavos estaban mezclados con tabaco más barato. Esto trajo por consecuencia una sobresaturación de la rama cubana en el mercado mundial y todos los problemas concomitantes de la caída del precio y un exceso de producción doméstica. Si bien Cuba retuvo su imagen de 'tierra del mejor tabaco del mundo', ya a mediados del siglo XX era un país productor de tabaco muy atribulado.

Las implicaciones sociales, políticas y económicas de esto para Cuba conforman este estudio. El desarrollo de la industria cubana del tabaco fue refrenado de tal forma como para que mantuviera una estructura arcaica en el cultivo y la producción. En sí mismo, lo anterior llevó a cambios considerables en cuanto a la naturaleza y composición de los cosechadores y fabricantes de tabaco, así como respecto a la fuerza de trabajo en la industria. A lo largo del siglo XX hubo un sector desproporcionado de chinchales y torcedores particulares, y un número creciente de trabajadores temporales e irregulares, muchos de los cuales eran mujeres, en las escogidas y los despalillos. La antigua, aunque pequeña, aristocracia del trabajo que torcía los lujosos tabacos se hallaba casi completamente destruida y daba paso a una nueva aristocracia en el único sector en franca expansión, es decir, la producción de cigarros para el consumo interno.

La inseguridad económica, tanto de los fabricantes como la de los trabajadores, se hizo patente en sus luchas y en su ideología. Hubo considerables divergencias entre las grandes fábricas y los chinchales, así como entre los distintos oficios. El carácter fluctuante e irregular del trabajo, en gran parte de la industria, redundó en el lento crecimiento de los sindicatos en general y en las divisiones dentro de éstos. Pero también dio lugar a una militancia que transmitió vida a tempranas, si bien todavía débiles, ideologías más radicales como alternativa al reformismo.

Mientras la estructura del movimiento obrero aseguraba a los aristócratas y sus representantes más influencia que a las amplias masas de trabajadores, el reformismo pudo temporalmente consolidarse en ese sector. Pero, aún así, tenía sus limitaciones, a medida que la dependencia dejaba caer su pesada carga sobre los hombros más infelices.

La ideología de clase se entremezcló con la ideología nacional de forma muy particular en esta industria. La que mayormente se asentó con capital español, en cuyos mejores puestos predominaron inmigrantes españoles y en cuyos peores el trabajo esclavo y bajo contrata, y la que en fecha temprana se sometiera al capital norteamericano, todo esto, conllevó a que la industria tabacalera se convirtiera en primer escenario de conflictos cuyas ramificaciones ideológicas abarcaban el anexionismo, el abolicionismo, el nacionalismo, el anarquismo, el anarcosindicalismo, el socialismo y el comunismo. Las fábricas que una vez fueron españolas y después cayeron en manos del Trust norteamericano se convirtieron en focos iniciales para el descontento y la organización de los obreros y en verdaderos campos de batalla para la ideología. Pero desde finales del siglo XIX hubo mayores perturbaciones y una radicalización política que a menudo estuvieron al margen de los gremios establecidos. A medida que maduraron las condiciones para una expansión de la organización obrera en otras áreas y otros oficios, este radicalismo se consolidó en un movimiento obrero a nivel de sector. Los obreros del tabaco estuvieron muy activos en la defensa no sólo de sus propios intereses sino también los de la clase obrera cubana en su conjunto.

PRIMERA PARTE

Un desarrollo torcido

1

Don Tabaco, 1817-88

Hubo un período en el siglo XIX cuando Cuba pudo haberse desarrollado como un país manufacturero por si mismo. Los primeros intentos de elaborar la hoja (principalmente como rapé) habían sido seriamente restringidos por el monopolio de la corona española. Bajo la Real Factoría (1717), la Real Compañia de Comercio de La Habana (1739) y la Nueva Factoría (1761),[1] la manufactura estuvo prohibida en Cuba, adquiriéndose todo el tabaco a un precio fijo y exportándolo a Sevilla para su posterior confección.

De modo creciente, la cada vez más poderosa oligarquía del siglo XVIII pasó del tabaco al azúcar que demostraba lo lucrativo que era en las demás islas del Caribe. No obstante, se comprobó en aquel ímpetu de la expansión azucarera de finales del siglo XVIII que había un área que no se prestaba para el cultivo de la caña de azúcar. Esta era la de Vuelta Abajo, en la provincia de Pinar del Río, que resultó tener una combinación especial de suelos y condiciones climáticas idóneas para el cultivo de la fragante hoja de tabaco. Esta hoja serviría como capa muy fina para el tabaco torcido que se adaptaría bien a un tabaco más fuerte para tripa procedente de un área que se extendía entre las provincias de Las Villas y Camagüey conocida como Vuelta Arriba.

Este tabaco y el puro que se hacía con aquél fueron muy codiciados en los mercados de ultramar que se abrían con las transformaciones técnicas e industriales de Europa: simbólicamente, el primer gran mercado para los habanos iba a ser Londres. A la vuelta del siglo, los agentes extranjeros comenzaron a operar en La Habana; se ha argumentado que la Factoría llegó a ser tan mal administrada que los propios funcionarios precipitaron su ruina por vender las existencias de hojas a fabricantes que operaban ilegalmente. A Arango y Parreño, principal vocero de la pujante y nueva oligarquía, no le quedó otro remedio que ubicarse como asesor de la Factoría y preparar un informe tan elocuente sobre los abusos del monopolio causante del estancamiento de la producción tabacalera, que lograra levantar un clamor tal que hiciera inevitable su abolición.[2]

Puesto que el puro y la rama para su confección fueron la fuerza motriz para la abolición de la Factoría y el consiguiente desarrollo del tabaco cubano, en cierta forma era paradójico que el cigarrillo fuera lo que motivara las primeras innovaciones y lo que más se fumara en Cuba. Ningún viajero abandonaba Cuba, sin referirse a su popularidad. 'A donde quiera que se vaya en Cuba, se encuentra el cigarro con más frecuencia que el tabaco. En las tranvías, durante los entreactos de las funciones de ópera, en los labios de bonitas mujeres, entre plato y plato de las comidas y aún en los portales de las iglesia, encuentra uno el delicado y fragante cigarro de papel,' escribió uno de los más célebres viajeros.[3]

Hacia mediados de la década de 1860 ya existían las importantes fábricas de cigarros de Bernat Rencurrell, José Mendoza y José Susini y Rioseco. En 1863, la fábrica La Honradez, de Susini, anunciaba un volumen de producción diaria de 3 millones de cigarros, lo que significaba el 10% de la producción de La Habana (un 5% del total de la Isla) y abastecía a las casas reales de Europa. Para su época, la fábrica era enorme, empleaba unos 2.500 trabajadores en total. Es más, Susini se había empeñado en una revolución técnica en Cuba al inventar una compleja máquina cigarrera. Como resultado de esta máquina expuesta en la Feria Comercial de París en 1867, el renombre de la fábrica se extendió por toda Europa. La máquina y otros procesos innovadores, tales como el líquido especial aromatizado a través del cual pasaban el papel y el tabaco del cigarro, la organización general de la fábrica, incluyendo su refinado departamento litográfico, en pocas palabras 'la magnificencia', la hizo acreedor de 'símbolo del progreso industrial de

Dibujo de Fábrica La Honradez, siglo XIX

la Isla'. Se la describía como 'un establecimiento industrial de primera categoría, tal vez la más importante de las posesiones españolas de ultramar y una de las más grandiosas del mundo manufacturero.'[4]

Inevitablemente, la máquina de Susini contribuyó a incrementar la exportación de cigarros – principalmente hacia Suramérica, pero también hacia Europa y Estados Unidos – de apenas 9 a 40 millones de cajetillas durante el periodo 1859-90. Sin embargo, en este mismo período la producción cigarrera cubana fue rápidamente sobrepasada por los acontecimientos mundiales del tabaco y en lo interno se fundió con la manufactura del tabaco torcido que rápidamente la eclipsó.

No caben dudas que la manufactura de tabacos durante el siglo XIX fue la industria cubana *par excellence*. Para abastecer a un mercado de exportación en pleno crecimiento desde comienzos del siglo, también existieron una industria y muchas empresas en pleno crecimiento.

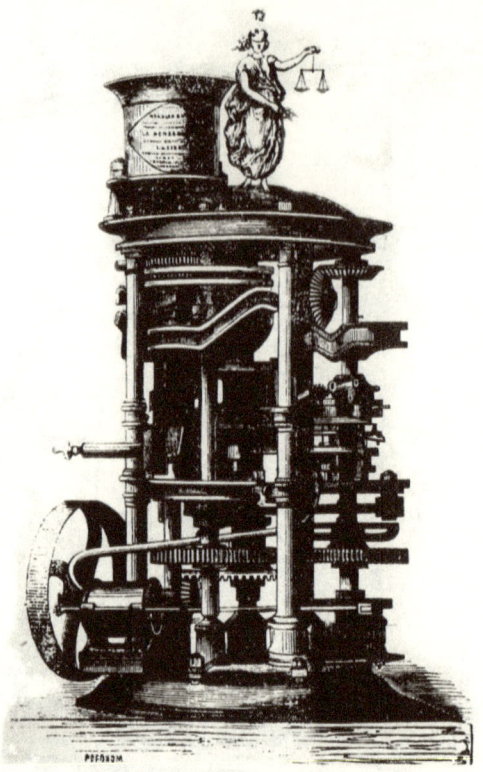

Máquina de cigarros Susini, que se llevó a la Feria Internacional de París en 1867

Se dice que la primera tabaquería de cierta relevancia fue la de Hijas de Cabañas, fundada por Francisco Cabañas en 1810 – aunque él había estado fabricando tabacos desde 1797. Se le atribuye el primer Habano en el mercado londinense, donde, hacia la década de 1820, los Habanos de alta calidad torcidos a manos tenían una sólida reputación. Por aquella época también, La Habana era célebre por tener un total de 400 tabaquerías y estaba llamada a convertirse en 'la ciudad del tabaco'. Jaime Partagás (1827) y Ambrosio de Larrañaga (1834) consolidaron sus tabaquerías en La Habana; los precios que en 1828 oscilaban en Londres entre 2 y 12 pesos el millar de Habanos, según su vitola y clase, ya en 1832 eran entre 5 y 20 pesos, y en 1847 alcanzaron entre 12 y 36 pesos el millar.

Sujeto a fluctuaciones anuales, las exportaciones aumentaron de casi 140 millones en 1840 a 360 millones, aproximadamente, en el año cumbre de 1855, con altas demandas en Alemania, Dinamarca y Francia, así como en Inglaterra, y en menor escala en Estados Unidos y España. Algunas de las principales fábricas de tabaco de hoy día datan de la década de 1840 – La Madama, de H. Upmann (1844) y La Corona (1845) figuran entre ellos. H. Upmann aportó el primer capital de inversión directo alemán en el tabaco cubano, seguido en la década de 1860 por Gustav Bock con su fábrica Águila de Oro.

El crecimiento de la industria durante este período fue realmente fenomenal. Según el informe estadístico de 1861, de un total de 1.217 tabaquerías a lo largo y ancho de la Isla, 516 se hallaban en La Habana, y de ellas, 158 estaban registradas como de primera clase, es decir, con 50 o más operarios.[5] En algunas, la cifra llegaba a cientos, como la fábrica de Cabañas que tenía 300 operarios. Datos similares de Hacienda en 1862,[6] señalan un total de 1.300 tabaquerías para toda la Isla, de las cuales 500 se encontraban en La Habana.

No obstante, si a mediados de siglo esta pequeña isla del Caribe había ganado reputación por fabricar el mejor y más preciado tabaco del mundo, esto tenía su contrapartida. A pesar de las fluctuaciones y del hecho de que las exportaciones eran extremadamente altas en 1855, a partir de aquel año el mercado para la exportación comenzó a decrecer

Jaime Partagás

Gustav Bock

a largo plazo llegando a oscilar durante la mayor parte de la segunda mitad del siglo entre 100 y 200 millones de tabacos al año. La recesión en el comercio europeo de finales de la década de 1850 constituyó un factor que incidió sólo temporalmente. Más importante fue que, para los años de 1859-70, los mayores mercados para el tabaco cubano, Alemania y Francia, redujeron sus importaciones en dos terceras partes uno y en la mitad el otro. Solamente Inglaterra continuó importando tabacos sistemáticamente, en vez de confeccionarlos.

Estas tendencias fueron ampliamente opacadas por el hecho de que aquéllos fueron años en los cuales el mercado norteamericano estaba en rápido ascenso, debido en gran parte al recién despegue industrial posterior a la Guerra de Secesión culminada en 1865. Durante la década de 1870, Estados Unidos se había convertido en el mayor importador de Cuba, y hacia los años de 1880 estaba manejando virtualmente todas las importaciones de Habanos. Cuando las importaciones norteamericanas comenzaron a declinar en la década de 1890, las cifras totales de la exportación cubana se encontraban aproximadamente a la mitad del nivel de 1850.

Fue muy significativo que anterior a 1855 las exportaciones de la hoja habían aumentado más o menos en proporción con las del tabaco manufacturado, aunque en cantidades muy superiores a las utilizadas para esa industria. En el período que va de 1855 a 1890, en contraste con la caída de las exportaciones de tabaco, hubo un 30% de incremento en las exportaciones del tabaco en rama hacia Alemania, otros países europeos y Estados Unidos. Ya por la década de 1870, Estados Unidos recibía la mayor parte de las exportaciones, pagando precios tan altos que logró reemplazar al mercado alemán. Según el informe de 1878 sobre comercio y embarque del Cónsul Británico en La Habana, Estados Unidos era por aquel entonces el único importador de categoría de tabaco en rama,[7] hecho éste que fue corroborado en las estadísticas oficiales para el año de 1890.[8] Además, el valor de las exportaciones estaba por consiguiente invertido: en 1859 el valor de las exportaciones de tabaco torcido era el doble que el de tabaco en rama, mientras que en 1890 el tabaco en rama duplicaba al tabaco torcido.

Muy a principios del siglo XIX los fabricantes norteamericanos estaban produciendo Habanos hechos totalmente con tabaco cubano y vendiéndolos al detalle cuatro o cinco veces superior al precio del tabaco de fabricación nacional. Durante los años de 1850, el calificativo de 'medio español' era muy apropiado para la industria global de Estados Unidos. El volumen de tabaco en rama cubano importado – sobre todo a través de Nueva York – llegó a ser casi igual al monto cultivado en toda Nueva Inglaterra, quedando bien consolidado que la hoja cubana era el *sine qua non* del buen tabaco. Los grandes almacenes en Cuba para exportar tabaco en rama se remontan a los años cuarenta y cincuenta. Uno de los más importantes fue establecido por el cosechero y financiero Juan Conill en 1840.[9]

Es muy posible que el éxito de Conill y la enorme importancia de los círculos gubernamentales y financieros tabacaleros contribuyera a enmascarar las grandes implicaciones de exportar el tabaco en rama en grandes cantidades. A partir de la década de 1830 no es menos cierto que en repetidas ocasiones se suscitaron problemas en cuanto a la imitación de marcas de puros fabricados en el exterior, lo cual condujo a que se hicieran ciertas peticiones para prohibir la exportación del tabaco en rama. A modo de respuesta a estas iniciales demandas, la Sociedad Económica de Amigos del País convocó a que se redactaran ensayos sobre el tema. El trabajo premiado correspondió al de Antonio Bachiller y Morales, quien combatió arduamente esa prohibición.[10] En

1851, un estudio más importante sobre el tabaco llegaría a comparar favorablemente las futuras y estables condiciones que ofrecía la industria tabacalera con las de otros productos de Cuba.[11]

No fue sino hasta finales de los años cincuenta que los más inteligentes de una nueva generación de la oligarquía tabacalera de La Habana comenzaron a manifestar su preocupación sobre el futuro de la manufactura en Cuba. Rivero Muñiz alude a Luis Susini (hijo de José Susini) quien en 1857 hizo una petición formal al Superintendente General de Hacienda, pidiendo la prohibición, reducción o en su defecto un tributo sobre el tabaco en rama. 'Muy pronto, por desgracia, se acabaría esa industria en el país, teniendo que apelar a comprar en el extranjero nuestro propio fruto,' escribió, 'o los nacionales que viven de esa industria tendrían que ir a esas mismas orillas extranjeras a buscar trabajo.'[12] No hay duda de que sus temores fueron tantos que ellos mismos lo llevaron un poco más tarde a emprender una infructuosa empresa de cigarros en San Sebastián, zona libre de impuestos en una región fronteriza entre Francia y España.

En una obra sobre la producción agrícola y comercial del tabaco en la Isla, escrita en 1862, Ramón de la Sagra se refirió a dos artículos publicados en el *Diario de la Marina*, el 11 y el 12 de diciembre de 1861, sobre el problema del aumento de las exportaciones del tabaco en rama y la baja en las exportaciones de puros:

> Su autor se hace cargo de estas notables y expresivas diferencias y atribuye la baja en la importancia del torcido al desarrollo de la fabricación similar extranjera… Laméntase con este motivo que los productos de la rama de la Isla, elaborados fuera de ella, compiten con los cubanos en los puntos de consumo y no será posible, añade, que viésemos también, si la decadencia continúa y el sistema arancelario lo permite, que salga por los puertos de este país, lo que necesitamos para producir para volver a introducirse por ellos, lo que necesitamos en nuestro consumo, después de haberse elaborado en el extranjero.[13]

La medida en que las tarifas, especialmente las norteamericanas podían golpear a la industria habanera tuvieron un buen ejemplo en las introducidas en Estados Unidos en 1856, cuando las exportaciones cubanas se redujeron en más de un 30%. Rivero Muñiz argumenta que fue a consecuencia de esto que algunos de los primeros fabricantes se trasladaron hacia Cayo Hueso y Nueva York. Durante las siguientes dos décadas, los altos aranceles constituyeron un problema constante para los fabricantes en Cuba. 'El recargo de 19 por 100 impuesto en la entrada del tabaco torcido en los Estados Unidos,' continúa el articulo del *Diario de La Marina* citado por Ramón de la Sagra, 'acrecienta en el día los temores de los faricantes cubanos con que en todas partes está gravado su artefacto, cuando no absolutamente prohibida, estancada su venta.'

Los fabricantes cubanos rápidamente se encontraron en la posición anómala de una dependencia política de España, cuyos intereses recaían en la protección de sus propios intereses manufactureros, y en la dependencia económica de Estados Unidos, con una industria incipiente que tenía trazado los mismos moldes proteccionistas.

En 1867, el Cónsul Británico en La Habana seguía reportando que el valor del tabaco había aumentado considerablemente durante los últimos cinco años y que la demanda de puros de marcas superiores excedía con creces a la oferta. No obstante esto, en 1878 pronosticó de la siguiente manera las sombrías perspectivas que se cernían sobre la industria cubana:

> Debido a los excesivos derechos de importancia en Estados Unidos, casi prohibitivos en lo que a puros concierne, han surgido 1.500 fábricas en el país para disfrutar de las ventajas proteccionistas importando el tabaco en rama y vendiendo a sus compatriotas puros de inferior calidad...
>
> No es menos cierto que hubo un tránsito en Estados Unidos de haber sido el mayor consumidor de puros a ser un productor de consideración, aunque no tan aparentemente como se podría esperar, debido, probablemente a las huelgas de los torcedores en ese país.[14]

No es sorprendente que tanto el movimiento anexionista como el independentista hayan encontrado entre los fabricantes de tabacos a algunos de sus más adinerados defensores y que existiera una constante corriente de fabricantes cubanos que emigraron hacia Estados Unidos por toda una gama de motivos políticos y económicos. La paradoja histórica consistió en que aquellos fabricantes que así lo hicieron, importaron el tabaco en rama cubano y obtuvieron las prerrogativas de vender sus productos sin derechos de importación adicionales, fueron precisamente los que se hicieron más prósperos. Tanto fue así que a fines de la guerra Julián Alvarez, propietario de la fábrica Henry Clay y entonces presidente del Gremio de Fabricantes de Tabacos, se lamentaba de la feroz

Edificio de Henry Clay and Bock & Co., La Habana

competencia levantada por los que habían emigrado. Julián Álvarez calculó su costo de producción por unidad en unos 65,7 pesos en comparación con 110 en La Habana. Las firmas en el extranjero mantenían los gravámenes pagaderos en Cuba según el peso del tabaco exportado a un mínimo, estableciendo despalillos en La Habana para así rebajar el peso de la hoja.[15]

Socavadas en lo interno y en lo externo, las condiciones en la industria fueron tales que llevaron a la bancarrota a muchos pequeños fabricantes que se habían quedado, creándoseles 'una situación casi insostenible', al decir del informe de los fabricantes en 1886. Hay testimonios de fines de la década de 1880 y principios de la de 1890 que quizás digan que en cada esquina de La Habana había una pequeña tabaquería. Sin embargo, una hojeada al Registro Mercantil de La Habana da fe de lo efímero de muchas de ellas, y tenían que haber existido muchas otras que nunca llegaron a registrarse.

Contra ese telón de fondo, la recuperación de las exportaciones norteamericanas permitió a los grandes fabricantes consolidar sus intereses. El resultado fue que hacia finales de los años ochenta se presenció una concentración de capital y una fusión de empresas sin precedente (al igual que duros conflictos industriales, huelgas y cierre de fábricas). Algunos pequeños fabricantes como Benito Celorio, Rafael García Marqués, Alfredo Nogueira, Juan Cueto y José María Galán, quienes resistieron durante los años de la guerra o se iniciaron en el negocio posteriormente, pudieron levantar sus propias empresas. La fábrica de Susini – llamada entonces La Legitimidad y propiedad de Prudencio (Marqués de) Rabell – todavía era una de las más importantes fábricas de cigarros, pero a escala mucho más reducida si se le compara con los años sesenta. Había sido sobrepasada por nuevas fábricas en expansión como La Corona, que empleó primero una máquina mejorada cubano-española y después una Bonsack importada.

Los gigantes que por entonces producían tanto puros como cigarros eran Cabañas y Carvajal, Henry Clay y Bock, La Corona, Gener, Partagás (en aquel tiempo en manos de la familia Bances, una de las mayores casas bancarias de la época y con numerosos negocios relacionados con el tabaco)[16] y Murías. Hacia finales de la década de 1880, los primeros tres estaban haciendo 12 millones de tabacos anuales para la exportación y empleaban entre mil y dos mil trabajadores. Su grandeza era la de 'palacios soberbios' que daban el tono de la arquitectura de la época. La Corona en el Palacio de Aldama, fue destacado en un folleto de 1890 por sus 'riquísimos artesanados, pinturas, excelsas, acuarelas y frescos notabilísimo' y apuntaba que 'con todo ese fabril movimiento que ahí se nota veréis los pisos de mármol limpios y brillantes, y el olor a cedro es el único que percibe nuestro olfato'.[17]

Para estos gigantes de la exportación, en la cumbre de su historia como fabricantes, los Habanos eran un negocio lucrativo.

Habilitaciones de Partagás y H. Upmann

2

La penetración del capital monopolista, 1888-1902

Fue a finales de la última década del siglo XIX cuando por primera vez el capital monopolista penetró en la industria tabacalera cubana. La estructura de la producción tabacalera mundial y las condiciones económicas y políticas de Cuba, al debilitar el potencial industrial del país, favoreció su penetración a gran escala y sentó las pautas para el futuro desarrollo de la industria en su conjunto.

En 1888, los intereses británicos comenzaron a invertir cuantiosas sumas de capital comprando firmas de tabaco, empezando por la Henry Clay and Bock y la Partagás, que se establecieron como compañías londinenses bajo esos mismos nombres. Bock, Álvarez y Bances fueron accionistas y gerentes; Bock y Bances eran los ejecutivos en La Habana.[1]

La penetración de capital británico estuvo fomentada por la política oficial británica en Cuba. En 1890, el Cónsul Británico cifró sus esperanzas en que el tabaco era una empresa fructífera para su país. 'Tanto los españoles como los cubanos lo verían favorablemente,' comentó, 'porque ellos entienden que los intereses británicos tienen exclusivamente un carácter comercial y su desarrollo puede, por lo tanto, propender solamente a promover el orden social y a la seguridad de la propiedad.' Los intereses en Partagás – que habían sido orientados en gran parte hacia sus propiedades agrícolas –[2] fueron liquidados en 1896. Sin embargo, dos años más tarde se fundó la compañía londinense de la Havana Cigar and Tobacco Factories, Ltd., incluyendo a Henry Clay and Bock Co. Ltd., y otra vez a Bock como ejecutivo en La Habana. Esta compañía llegó a controlar algunas de las mayores fábricas en La Habana, incluyendo el Águila de Oro, La Corona y La Legitimidad, así como unas 35 marcas de tabacos y 18 de cigarros.

Hasta este punto, las relaciones entre Estados Unidos y Cuba referentes al tabaco habían sido casi exclusivamente mercantiles. Esto cambió dramáticamente cuando en 1899, la Havana Commercial Company (financiada por H. B. Collins and Company, de Nueva York) compró una fábrica de cigarros y 12 de tabacos en La Habana, uniéndolas bajo una sola organización con la importante firma de tabacos en rama, F. García Hermanos y Compañía.

Fue esta compañia la que posteriormente facilitó la absorción de la industria tabacalera de La Habana por la American Tobacco Company. En 1901, la ATC entró en La Habana, agrupando unas 20 fábricas bajo la recién creada American Cigar Company y ya hacia 1902 había absorbido también a la Havana Commercial. Ese año se fundó una nueva sucursal, la Havana Tobacco Company (llamada luego a convertirse en la Cuban Tobacco) con el fin de consolidar todas las posesiones cubanas de la ATC.

Habilitación de La Legitimidad

Posteriormente la Havana Tobacco compró el capital en valores de dos importantes fábricas, la Marqués de Pinar del Río, e Hija de Cabañas y Carvajal. Su antiguo propietario Leopoldo Carvajal, Marqués de Pinar del Río, fue accionista y gerente. Es así como las fábricas de Henry Clay and Bock y la Havana Cigar and Tobacco quedaron oficialmente registradas como compañías británicas, pero el control financiero pasó a manos de la ATC.[3] La que se convertiría en la sucursal habanera más importante de la ATC, la Cuban Land and Leaf Tobacco Company (legalmente establecida en 1903), llegó a controlar escogidas, grandes despalillos e importantes vegas (que antes pertenenecían a Henry Clay, Cabañas y Carvajal, Havana Commercial y otras compañías). De esta manera llegó a controlar los suministros de la muy codiciada hoja de Vuelta Abajo, en la provincia de Pinar del Río.

El capital británico se dirigió primero hacia la que ya era una próspera industria de exportación. El período posterior en el cual el capital británico y norteamericano aseguraron el monopolio sobre el tabaco cubano, es significativo. La relativa prosperidad de la industria manufacturera a finales de la década de 1880 se tronchó cuando el proteccionismo norteamericano llegó a su punto más álgido con la Ley Arancelaria McKinley de 1890, incrementando los derechos de 2,50 a 4,50 dólares por libra de puros importados en Estados Unidos y manteniendo un 25% *ad valorem*. Se ha calculado que por cada 1.000 puros que pesaran 14 libras y valorados en 80 pesos, había que pagar 83 pesos en derechos aduanales e impuestos internos. El resultado de todo esto fue la emigración de todavía más fabricantes que, al importar el tabaco en rama, comenzaron a consolidar su posición en el mundo manufacturero de Estados Unidos. Las décadas de 1880 y 1890 fueron testigos del crecimiento no sólo de los grandes centros manufactureros del tabaco a todo lo largo de la costa atlántica sino también de toda un área virgen para el tabaco, es decir Tampa.

Fue en esta época que la Junta de Comercio de Tampa y el gobierno municipal, interesados en el desarrollo industrial de la región iniciaron una política para fomentar la industria tabacalera. Atraídos por la política de dicha Junta, los fabricantes cubanos ya en Estados Unidos y otros que llegaban directamente desde La Habana, se establecieron en Tampa. Entre los emigrados se encontraban Hidalgo Gato y Martínez Ybor, alrededor de cuya fábrica se fundó Ybor City. En lo adelante Tampa se desarrolló como un área importante en la fabricación de tabacos, llegando a producir una amplia gama de buena calidad hechos con la hoja cubana importada. Esta región escapó en cierta medida a la depresión de 1890, precisamente debido a la rápida prosperidad de la industria tabacalera.[4]

Para Cuba, inequívocamente 1890 representó un segundo viraje que inició un prolongado colapso de la industria de exportación de tabacos. El proteccionismo norteamericano manifiesto en la Ley McKinley de 1890 coincidía con la particular resistencia de las autoridades coloniales españolas para cualquier intento de negociar los impuestos internos o los términos en los cuales se estipulaban las tarifas norteamericanas. Un indicio de lo duro que fue golpeada la industria durante este período puede constatarse en la serie de informes preparados por importantes fábricas de tabaco en aquellos días en los que se proclamaba en 1891 que 'ante los rigores de la nueva tarifa norteamericana, que colocan el tabaco de la Isla en las más azarosas circunstancias, y que tienen además cerrado casi por completo el mercado de la Península, debe acudirse en ayuda de esta importante riqueza.' Sus recomendaciones – la inmediata supresión de los derechos de exportación y un nuevo tratado comercial con Estados Unidos – entroncaron con los pronunciamientos poco provechosos de Madrid, a tal efecto que 'el criterio del Gobierno se basaría en la necesidad de armonizar los intereses de Cuba con los de las regiones peninsulares principalmente favorecidos por la vigente legislación comercial de modo que resulte para éstas el menor perjuicio posible.'[5]

La Compañía Arrendataria de España estaba comprando en aquel momento sólo la mitad del tabaco estipulado, y la entrada del tabaco manufacturado en la Península estaba estrictamente limitado. Los impuestos sobre la manufactura del tabaco en Cuba subieron tanto que en 1893 los fabricantes entregaron un ultimátum al gobierno de Madrid en el cual se leía que 'si no se consigue en un término breve, derogar los nuevos impuestos y el aumento sobre los antiguos y dejar sin efecto la fiscalización por medio de agentes de autoridad, los Fabricantes de Tabacos se verán imposibilitados de poder seguir ejerciendo su industria.'[6]

Todo el dilema del tabaco fue nuevamente sacado a la luz en otro informe posterior de los fabricantes en aquel mismo año:

> ... el dato más alarmante y el que mejor demuestra la decadencia de la industria, es el de que á medida que disminuyen las exportaciones de tabaco torcido

aumentan las de tabaco en rama... Este aumento, en la exportacin de materia prima trajo, como es natural, una considerable disminución en la oferta y, como consecuencia lógica, la carestía del producto con daño para la industria de Cuba y beneficio para el de otras naciones: pues, si bien el precio de la materia prima es igual para todos, hay desventajas en lo que se refiere a otras condiciones, porque los derechos de importación con que en todas partes se grava el tabaco son mayores para el torcido que para la rama, y los de exportación que aquí se satisfacen tienen el mismo carácter; es decir, son superiores para el elaborado con lo cual concedemos gratuitamente una prima al industrial extranjero. Merced á eso se da el caso por demás extraño, de que un tabaco hecho en el extranjero con materia prima exclusivamente cubana, resulta más barato que uno elaborado en La Habana. A eso principalmente hay que atribuir el desarrollo de la industria tabacalera con rama de Cuba que se nota en Alemania y en los Estados Unidos... y el cierre sucesivo de talleres de tabaquería y cigarrerfa que se vienen observando... aqui.[7]

Estas elocuentes palabras cayeron en el vacío, mientras que el gobierno norteamericano emprendió medidas para aprovecharse de la situación. Y así lo reafirmó la Unión de Fabricantes:

Los hombres del gobierno, en los Estados Unidos, dotados de un espíritu práctico que les conduce a abordar con ahinco y actividad incesante todo lo que propenda el engrandecimiento de su país, observan paso á paso la rápida decadencia de la industria cubana y, ávidos de restarle fuerza hasta llevarle a su total desaparición, hacen las siguientes ofertas á los industriales cubanos ...[8]

Las ofertas incluían un edificio con tres plantas, de 60 pies de largo y un crédito de 100 mil pesos con un 7% de interés anual. El fabricante estaba obligado a producir 10 millones de tabacos durante tres años al final de los cuales se convertía en dueño legal de dichas propiedades. 'Estas, hechas á una industria casi agonizante,' clamaban los fabricantes cubanos, 'no pueden ser más tentadoras para la inmediata aceptación del que está á punto de ver que se aniquilan los intereses que luengos años ha podido crearse como compensación de sus constantes afanes.'

De nuevo el tabaco era un factor mayor en la Segunda Guerra de Independencia de 1895-98, por el cual sufrió calamitosas consecuencias. Las cifras globales para el cultivo del tabaco disminuyeron en un 20% hacia finales de la guerra, bajando hasta un 90% en algunas zonas tabacaleras de Pinar del Río. De acuerdo con el informe efectuado por

Bock en 1899 sobre la situación en Pinar del Río, la escasez de mano de obra en áreas rurales debido al reclutamiento del Ejército Libertador y una baja en la población total de un 60% en algunas zonas tabacaleras, encima de que el gobierno confiscara bueyes, arrasara tierras e interrumpiera los créditos, todo esto se traducía en la ruina de las vegas y su cultivo muy limitado a pequeñas zonas.[9]

Sin la cosecha, sin la materia prima, muchas fábricas de tabaco se vieron frente a insuperables dificultades económicas. Desde el punto de vista político hubo fabricantes que se vieron envueltos otra vez en la guerra con España y fueron una vez más objeto de persecuciones políticas. Otros, los que preveían que el futuro se auguraba nada prometedor, prefirieron seguir el ejemplo de aquéllos que les habían precedido y trasladaron sus industrias a Estados Unidos, desde donde apoyaron la lucha por la independencia, o sencillamente vendieron sus negocios.

Es así que la American Tobacco especuló con los años de crisis de lo que pronto se convertiría en la guerra Hispano-norteamericana-cubana y el tabaco llegó a ser el primer sector de la economía cubana en recibir la embestida del capital monopolista. Fue una guerra que marcó la primera gran ofensiva del imperialismo norteamericano cuyo resultado fue una esfera de influencia para las inversiones norteamericanas en toda la América Central. En Cuba, esto, más la consiguiente ocupación militar entre 1899 y 1902, consolidó intereses ya existentes además de nuevas operaciones financieras. Informes generales sobre las posibilidades inversionistas fueron el preludio a que grandes compañías norteamericanas, incluida la American Tobacco Company, entrarán en acción.[10]

Contrario a lo que pasó con otras ramas de la economía el tabaco cayó ante la embestida norteamericana sin ninguna rivalidad prolongada con intereses británicos anteriores.[11] Respaldado por el acuerdo con la ITC, la ATC compró tierras y fábricas que comprendían las grandes de La Corona, Cabañas y Carvajal, Henry Clay, Murías y La Legitimidad. Ya por 1902, controlaba el 90% de las exportaciones de Habanos y en efecto habia eliminado o asimilado a varios de los miembros más activos y más influenciales de la oligarquía tabacalera, a través de sus dos subsidiarias, la Cuban Land and Leaf y la Havana Tobacco, cuyo presidente era Gustav Bock. Por medio de la primera pudo garantizar sus insumos de tabaco en rama de calidad y por medio de la segunda inició un proceso de concentración de producción y modernización de la manufactura en La Habana.

Lo que motivó en Duke su política de comprar la industria habanera ha sido durante mucho tiempo tema de especulación aunque generalmente se supone que se excedió sobremanera. Casi todos los recuentos de la industria en ese periodo señalan dos cosas. Mientras que en 1902 el Trust abarcó el 90% de las exportaciones de tabaco, la cifra había disminuido hasta el 52% en 1904. De 1906 a 1922, la Havana Tobacco concluyó cada año (excepto 1920) con un déficit. Se dice que el fracaso de la compañía se debió a los altos costos de producción, tarifas arancelarias prohibitivas y trabajadores bien organizados y tradicionalmente bien remunerados, determinados a que las cosas siguieran así, y que protagonizaron en 1902, 1907 y 1908 algunas de las más grandes huelgas jamás vistas.

De cualquier manera y a la luz de los acontecimientos posteriores, a la larga la política de la ATC en La Habana puede ramificarse en cuatro vertientes: 1) comprar las mayores fábricas, 2) dinamizar la industria, 3) trasladar la producción (especialmente hacia Estados Unidos), mientras; 4) se garantizaba el tabaco en rama.

El resultado fue una mayor concentración de la producción. En 1904, a Bock se le atribuye un total de 23 fábricas.[12] Dentro del año quedaron solamente siete – Cabañas, Henry Clay, Manuel G. Alonso, La Intimidad, Águila de Oro, J. Murías y La Carolina. Las únicas que seguían en sus antiguos predios fueron Henry Clay, Manuel Alonso y La Intimidad. Las marcas de tabacos Cabañas, junto con las de Villar y Villar, Pedro Murías, Flor de lnclán, Flor de Cuba y Flor de Murías fueron trasladadas al nuevo edificio de la compañía en la calle Zulueta que acertadamente llamaban El Panteón, ya que todas las fábricas encontraban sepultura allí. La antigua fábrica Águila de Oro se transformó en un despalillo general y en un departamento de secado.[13] Con los años, este proceso continuó, y ya por la década de 1920 solamente quedaban la fábrica de Henry Clay (La Corona) en el Palacio de Aldama y la fábrica de Zulueta.

Pero con todo, la parte de la política de La Habana que tuvo menos éxito fue la modernización, por la obvia razón, desde luego, de que la máquina torcedora todavía no se había inventado, aunque también por otros motivos que explicaremos en capítulos posteriores. Con el advenimiento de la máquina norteamericana en la década de 1920 y la amplia oposición contra ella en Cuba, la ATC fue nuevamente capaz de sacar ventaja de los años de crisis a fines de esa década y principios de la del treinta y retirar así su producción de tabacos finos para la exportación.

En este proceso sólo dejó para la industria doméstica y para un segmento de la producción destinada a la exportación una fuerza laboral de 200 trabajadores de los cinco mil que hubo a la vuelta del siglo.

El hecho es que la estrategia de la ATC pudo ajustarse a una situación mundial que ella y otros monopolios tabacaleros habían ayudado a fomentar. Era una situación en la cual los industriales cubanos que sí pudieron resistir apenas eran capaces de afrontar. Sumamente orgullosos de su pasado y de la calidad de sus marcas, los 'independientes', como se les llamaba, entablaron una lucha frontal con el Trust pasando los próximos cincuenta años a la defensiva, peleando por tildes medidas que mantuvieran a flote a la vieja industria.

Fábrica de tabacos La Carolina, La Habana

3

Legado de una pasada prosperidad, 1902-24

Cuando terminó la ocupación militar norteamericana en 1902 y se estableció la primera república 'independiente' de Cuba, la industria tabacalera se hallaba en un verdadero atolladero. Los colosales edificios donde se habían asentado las fábricas de tabaco de La Habana permanecieron como un legado de la prosperidad del siglo XIX. Las fortunas amasadas entre sus paredes habían sido socavadas por la devastación de las guerras, la inversión y la competencia extranjeras, y el cierre de los mercados exteriores. Las promesas por parte del gobierno de ocupación norteamericano, de una futura prosperidad, apenas se cumplían y los fabricantes tabacaleros en Cuba se vieron amenazados por todas partes.

En 1900, Rafael García Marqués, propietario de la Real Fábrica de Tabacos Independientes, La Belinda, entonces presidente de la Unión de Fabricantes de Tabacos y Cigarros (excluyendo el Trust), escribió un elocuente *Recuento de la grave situación de las industrias tabacaleras, las causas de su decadencia y las medidas que se consideran necesarias para salvarlas de la ruina que las amenazan* para el presidente de Estados Unidos, W. H. McKinley. 'Excelentísimo Señor,' así comenzó el informe:

Cuando en 1º de Enero de 1899, el Mayor General John R. Brooke tomó posesión del gobierno de esta y anunció que el que él inauguraba se proponía, entre otras cosas, establecer la confianza alentando al pueblo para que volviera á sus ocupaciones de paz, fomentado los campos abandonados y el tráfico comercial, la Unión de Fabricantes de Tabacos y Cigarros, que tengo la honra de presidir, esperó confiado la realización de tales propósitos, porque en ellos creyó ver el deseo solemnemente manifestado de restaurar en breve plazo la riqueza del país, y concibió la esperanza de obtener, al fin, la eficaz protección oficial de que tanto necesitaban para su florecimiento las industrias manufactureras del tabaco. Pero ha transcurrido un año desde que aquellos propósitos fueron proclamados y el país no ha visto realizadas aquellas promesas.'[1]

En aquella época, el comisionado oficial, Honorable Señor Robert P. Porter, estaba estudiando las tarifas arancelarias en vigor. Por ese motivo, la Unión de Fabricantes había estimado que era oportuno exponer la precaria situación de la industria tabacalera 'con el fin de recabar las medidas de protección que necesitaban para librarse de la ruina que amenaza su existencia.' Durante los diez años anteriores, argumentaba García, la industria había declinado considerablemente, debido en gran medida a la guerra de 1895-98; a la competencia extranjera, especialmente la norteamericana, y a la falta de protección oficial. Pero, 'desgraciadamente les sucedió a todos,' escribió García, 'lo que al constructor de castillos en el aire':

... fuerte viento del *Norte* barrió despiadadamente con tan risueñas esperanzas; y ese *nortazo* fue el Bill de V. E., que produjo tal estrago en la industria fabril tabacalera, que en 1893 el número de fábricas de tabacos que habían cerrado sus puertas eran tantas que produjeron al Gobierno la baja de un veinte por ciento en la lista de contribuyentes por ese concepto... y que á partir de 1890 comienza a arrastrar una vida lánguida y azarosa que terminará, si no se acude pronto a remediarla, con la desaparición de tan valioso factor de nuestra riqueza pública.

La pérdida del mercado norteamericano se agravó más cuando, con la ocupación norteamericana, el gobierno español clasificó los tabacos cubanos como extranjeros, duplicando así los derechos de importación y cuando Cuba perdió sus mercados en México, Argentina, Brasil, Puerto Rico y otros países. El mercado británico era el único de importancia que quedaba – y aún asíparting , sus derechos de importación seguían aumentando con creces. 'Tal parece,' concluía García: 'que nuestra industria tabacalera está condenada, por inexcrutable designio providencial, á no salir jamás de la postración en que yace. Todas las calamidades se ciernen sobre ella. La asedian las desgracias.'

> Un tiempo fué que las industrias del tabaco enriquecieron á muchas personas. A su nombre se crearon grandes capitales y el país recibió el benéfico efecto de aquella era de prosperidad y florecimiento de unas industrias próximas hoy á la ruina. Entonces el obrero no se quejaba, no se declaraba en huelga solicitando mejoras de precios. El trabajo estaba bien retribuido, porque las necesidades se cubrían con pocos gastos. Había riqueza en el país y todo abundaba. Nadie regateaba un medio; se gastaba con prodigalidad, y el dinero ganado en los talleres de tabaquería y cigarrería, al entrar en el torrente circulatorio por la puerta del consumo, iba á dar vida al pequeño comercio y a las industrias menores. ¡Qué tiempos aquellos en que se levantaron fortunas tan valiosas como las que representan esas grandes manufacturas de tabaco y cigarros cuyos productos han recorrido triunfalmente todos los mercados del mundo, llevando de un confín al otro del Globo la fama imperecedera de nuestra rica solanácea! ¡Hoy todo es tristeza, abatimiento y ruina!

Para contrarrestar esta situación, la Unión de Fabricantes exigió la reducción de los derechos para el tabaco importado en Estados Unidos y territorios anexos, la total eliminación del derecho fijo de exportación sobre el tabaco manufacturado en Cuba y la renegociación de acuerdos comerciales recíprocos con otros países, particularmente Estados Unidos.

El *Recuento* de García sobre la situación de la industria y las medidas a emprender para su salvación apoyaron un informe preparado a principios de año por Abad, comisionado por la Asociación de Cosechadores y Comerciantes del Tabaco en Rama, la Unión de Fabricantes y otros intereses tabacaleros. Su planteamiento, sometido a finales de enero a la Comisión de Medios y Arbitrios de la Cámara de Representantes de Estados Unidos, argumentaba por una reducción del derecho de importación tanto del tabaco cubano manufacturado como el no manufacturado con destino a Estados Unidos. Se postulaba que la reducción beneficiaría a ambos países, aunque se le prestó particular atención a los beneficios considerables que redundarían en favor de Estados Unidos:

> Es un hecho patentizado por los exportadores de este país [EEUU] que el puro hecho con tabaco exclusivamente norteamericano es un artículo aceptable y

comerciable. La diferencia entre los dos productos es tan grande que el dinero hecho por el productor cubano no tiene comparación con el dinero hecho por el productor norteamericano, debido a la mezcla de una hoja pobre y sin aroma con otra, que no sólo es de superior calidad sino que es única en el mundo. El precio de producción para nuestro tabaco es alto y no competimos ni en la cantidad ni en el precio de nuestro cultivo, sino en la calidad. Como lo señaló el General Wood en el último informe del Departamento de Agricultura de Cuba, el costo del cultivo de nuestro tabaco de alto grado es más de doscientos dólares por acre y no tiene competencia con los precios de producción norteamericano.[2]

Un incremento mercantil en productos manufacturados de ninguna manera podría competir con la producción norteamericana y beneficiaría, por el contrario, los intereses comerciales de Estados Unidos.

Con respecto a la producción de puros y cigarros, nuestra producción es entre doscientos y doscientos cincuenta millones anuales; el consumo norteamericano es sobre seis mil quinientos millones. Actualmente, nuestra importación no sobrepasa los cuarenta millones de puros, o sea dos terceras partes del uno por ciento del consumo. Una gota de agua en el océano. Con una reducción de impuestos, el consumo de este artículo podría aumentar sin detrimento alguno de la producción interna y beneficiaría mucho el comercio norteamericano. Por cada centavo que ganan los fabricantes cubanos con sus puros vendidos en Estados Unidos, el comerciante norteamericano gana *tres*.

Tal y como lo hizo García anteriormente, Abad reflejó el sentimiento que imperaba entre los fabricantes cubanos de que: la única solución era abogar por un incremento del comercio con esa misma nación que tan rápido e irrevocablemente les estaba cerrando sus mercados. Es así que la Unión de Fabricantes, junto a la Asociación de Cosechadores y otros organismos, se convirtieron en el instrumento que situó las relaciones comerciales entre Cuba y Estados Unidos en una base de aranceles preferenciales. Estos fueron los primeros dictados en el Tratado de Reciprocidad Comercial firmado por el primer gobierno republicano de Estrada Palma en 1903. No obstante, la ya enorme diferencia en el potencial manufacturero entre los dos países y los términos del Tratado mismo significaba que Cuba era inevitablemente la parte desigual. En efecto, Cuba había abierto sus puertas anchas a las importaciones norteamericanas a cambio de sus productos primarios, el tabaco y el azúcar. El Tratado simplemente exacerbaba una tendencia que ya se había observado durante el pasado siglo XIX; es así que durante los siguientes cincuenta años, las relaciones del comercio exterior de Cuba estarían dominadas con saña por Estados Unidos.

A pesar de que entre las mayores razones para el Tratado estaban los supuestos beneficios para el tabaco cubano, las verdaderas características de tales 'beneficios' se hicieron pronto evidentes. Estados Unidos continuó importando grandes cantidades de tabaco en rama, pero no puros. Durante un breve periodo pareció como si el Tratado hubiera mejorado la situación en el sector del torcido: las exportaciones a Estados Unidos oscilaron entre 50 y 80 millones de puros entre 1902 y 1905. Sin embargo, en 1908, bajaron a 39 millones, menos que el volumen correspondiente a 1900. Las exportaciones totales de puros descendieron igualmente, mientras que las exportaciones de tabaco en rama aumentaron de 28 millones de libras en 1904 a 49 millones en 1909.

Fue en este marco que se desarrolló una singular rivalidad entre los independientes y el Trust, en el cual Gustav Bock se convirtió en una figura altamente controvertida. En 1904 Bock escribió un pequeño folleto titulado *La verdad sobre la industria del tabaco habano*, abogando que 'Durante el período de cuarenta y seis años de residencia en esta Isla, dediqué todo mi tiempo á descubrir hasta el más mínimo detalle, el mejor método para producir tabacos habanos de la mejor calidad' como son 'los tabacos fabricados bajo mi dirección personal en las 23 fábricas propiedad del Havana Tobacco Company y no pueden ser igualados en aroma, calidad y hechura por ningún otro tabaco del mundo.' Al año siguiente, los independientes publicaron una respuesta con el mismo titulo 'para poner las cosas en su lugar y demostrar al mundo entero que la pureza en la fabricación del tabaco habano, en la forma y por el sistema antiguo, que tanta fama dio a nuestra producción, sólo se conserva en las fábricas que no pertenecen al Trust y conocidas ya con el apelativo de independientes.' A Bock se le conoce 'como un activo, hábil é inteligente vendedor, que tiene le apreciable condición de conocer perfectamente todos los mercados europeos y americanos y de saber, por consiguiente, qué clase de tabaco y qué vitolas ha de ofrecer a cada uno; en lo demás, en lo que se refiere a la agricultura y a la industria es algo menos que una medianía'.

En 1909, un año antes de su muerte, Bock renunció. Por aquel entonces el Trust había empezado a trasladar la producción a Estados Unidos. Los fabricantes independientes se cobijaron en una coraza protectora, 'retrocediendo a su antigua reputación' donde desarrollaron cierto escandaloso *laissez-faire* en la manufactura, como se apuraron en comentar en Europa.[3]

Problemas internos de esta índole, junto a los problemas de exportación condujeron a que se formara una comisión nacional creada en 1909 con el fin de estudiar el estado del tabaco en general. Comprendía esta comisión los presidentes de la Sociedad Económica de Amigos del País, la Cámara de Comercio, la Unión de Fabricantes de Tabacos y la Liga Agraria, la cual elaboró un cuestionario para establecer las causantes y posibles medios de contrarrestar la decadencia de la industria. El texto fue distribuido entre cosechadores, almacenistas y fabricantes, y a base de las respuestas recibidas la comisión redactó su informe de 1910.

Se prestó mucha atención al hecho de que el gran aumento en las exportaciones del tabaco en rama no se había desarrollado sin las consecuencias adversas del propio cultivo:

> La actual situación del cultivo de la planta del tabaco en el territorio de la República, es de progreso, toda vez que ha aumentado considerablemente, habiéndose extendido en las diversas localidades o comarcas dedicadas al mismo; pero es indudable que ese cultivo extensivo redunda en perjuicio del crédito del tabaco cubano, en cierto modo, porque atendiéndose más á la cantidad que á la calidad del producto no siempre satisface las exigencias de los varios mercados consumidores.

Según el informe, la calidad del tabaco había decaído tanto, 'que no sólo tiene que venderse á precio bajo o ruinoso, sino que propende por su uso al descrédito del tabaco de Cuba, que hasta el presente ha considerado sin rival'.[4]

Para mejorar la calidad del tabaco se sugirió una serie de medidas – tales como la introducción de planes de irrigación, uso de fertilizantes y mayor divulgación de las nuevas técnicas agrícolas. Se prestó mucha atención a la necesidad de reducir los costos de producción, que habían subido considerablemente debido a 'las últimas huelgas de los tabaqueros, especialmente la conocida por la "de la moneda norteamericana", que encareció la mano de obra, haciendo elevar el precio de venta' y al hecho de que darían pasos especiales para establecer una corte de arbitraje entre el trabajo y el capital.

De cualquier manera, el mayor énfasis se puso en combatir la imitación de los tabacos en el extranjero y reducir los derechos de importación en el exterior pera responder 'al clamor general de los que temen la pérdida de la que, hasta el presente ha sido considerada segunda fuente de nuestra riqueza'.

Al igual que en la última mitad del siglo XIX, en este periodo había en la industria un elemento de prosperidad. Algunas compañías independientes relativamente grandes se las habían arreglado como para salir adelante tanto en la exportación como en el mercado interno. Muchas de ellas, incluso las que habían cambiado de dueño durante los primeros años de la República, seguían con capital español.[5] Es así como Ramón Cifuentes y Llano, que compró la fábrica Partagás en 1900, Ramón Argüelles y Busto, que tomó posesión de Romeo y Julieta en 1903, y Eustaquio Alonso, que se convirtió en gerente de Por Larrañaga (los tres de origen español) reconstruyeron sus negocios tabacaleros durante las

Habilitación de Cifuentes

Habilitación de Romeo y Julieta,

dos primeras décadas del siglo XX. Romeo y Julieta aumentó su producción total de 2 a 18 millones de tabacos al año en el periodo 1903-16. La producción total de Partagás permaneció constante alrededor de 18-20 millones de tabacos, aunque esto fue poco si se le compara con el volumen de finales del siglo XIX. Negocios menores como Canoy Hno. (fundada en la década de 1880), La Competidora Gaditana, de Rocha (1893) y La Belinda, de García Marqués, se las compusieron para acaparar una parte considerable del mercado, como lo hicieron algunas compañías nuevas que posteriormente serían de importancia, incluyendo la Fernández y Cía. (1905) y El Cuño (1907), de Rodríguez Menéndez y Cía.[6]

Significativamente, algunas de las viejas compañías – Partagás y Gener, por ejemplo – giraron hacia la producción de cigarrillos a escala mucho mayor y por la década de 1920 ya habían varias firmas produciendo para un creciente mercado interno. Sobre la base de esta producción y durante estos años, Calixto López, El Cuño, Partagás, La Excepción, La Competidora Gaditana y La Moda (de otra firma fundada por los españoles Villaamil, Santalla y Cía.) se convirtieron en grandes marcas de cigarrillos cubanos.

La mayor parte del capital nuevo, sobre todo durante la década de 1910-20, se dirigía hacia el sector de la hoja. Entre las más importantes

Habilitaciones de cigarros:
La Competidora Gaditana (arriba), y El Cuño y Exquisitos (abajo)

Habilitación de Calixto López

compañías de tabaco en rama establecidas durante esos años se encontraban la Menéndez y Cía (1910), que posteriormente compró la H. Upmann y la Díaz (1913), Junco (1916) y Toraño (1919).

Ninguna de estas compañías – ya sean de tabaco, cigarro o tabaco en rama – iban a sentir hasta la década de 1920 los efectos a largo plazo de la posición de Cuba frente a la industria mundial. De nuevo, probablemente fue esto, junto con la continua importancia política de los grandes fabricantes, almacenistas y exportadores de tabaco en rama durante este periodo, lo que continuó opacando tendencias muy inquietantes. El valor de las exportaciones de tabaco manufacturado fue, en total, mayor que el de las de tabaco en rama durante los primeros 15 años de este siglo (exceptuando las de 1903, 1904, 1909 y 1913). Sin embargo, las exportaciones del torcido, aunque se duplicaron durante los años de 1900 a 1904, bajaron drásticamente entre 1904 y 1924 de 215 a 84 millones. Solamente durante la anormal situación de demanda creada como resultado de la Primera Guerra Mundial, las exportaciones fueron reanimadas. Con la crisis de 1920-21, el mercado artificial se derrumbó y las exportaciones bajaron a poco más de 59 millones. La recuperación parcial de principios del veinte llegó a ser no menos efímera. Durante el mismo período los niveles de exportación del tabaco en rama se mantuvieron fluctuantes, pero con un promedio bastante estable alrededor de los 35 millones de libras. En términos de valor, las exportaciones de tabaco en rama eran durante la década de 1920 dos o tres veces mayor que las de puros.

Cifras como estas contrastaron considerablemente con aquéllas del siglo XIX. En la década de 1920, el total de las exportaciones de puros no fue sino un tercio de lo que había sido hacia finales de 1880. Las exportaciones del tabaco en rama fueron dos veces mayor. Por otra parte, si se toma exclusivamente el período de 1904-24, el porcentaje del tabaco en rama – si bien en decadencia debido al incremento de la producción local de tabacos y cigarros – permaneció alto, la mayoría de las veces alrededor del 50% o más, mientras que el porcentaje de tabacos exportados se redujo a menos de la mitad, de 54% en 1904 a 21% en 1924.

La fabricación para la exportación estuvo en una posición considerablemente débil aún antes de la depresión mundial de finales de los años veinte y principios de los treinta.

Fábrica de tabacos La Escepción, La Habana

4

Mecanización y recesión, 1925-33

Se ha dicho que: 'No se puede concebir como una gran contribución al desarrollo de Cuba que, al cabo de un cuarto de siglo de participación del capital norteamericano, la industria tabacalera cubana se encuentra como al principio.'[1] A decir verdad, en muchos aspectos estaba peor.

La industria exportadora de tabaco entró en su tercera y más decisiva crisis en el período de 1925-33. Legislación gubernamental, tratados comerciales y campañas publicitarias, todo esto sumaba un intento ineficaz de apuntalar la ya pasada posición mundial del tabaco habano. El 'boom' cigarrero de la década de 1920 en Europa y Estados Unidos y la invención de la máquina para hacer tabacos baratos se unieron a la embestida de la depresión mundial de 1929 para conllevar a la paralización a gran parte de la industria.

En diciembre de 1925, Cortina, líder liberal, propuso la creación, junto a la Comisión Nacional del Azúcar, de la Comisión Nacional de Propaganda y Defensa del Tabaco Habano (CNPDTH), la cual emprendería estudios de mercado y promovería el habano en otros países del mundo mediante exposiciones comerciales, catálogos de información, tratados comerciales y otros. Cortina veía el futuro de la industria con bastante optimismo. 'El tabaco cubano ha sido favorecido por los cambios sociales que se vienen produciendo en la humanidad,' fue así como introdujo sus propuestas a la Comisión:

> Las clases ricas o pudientes se aumentan constantemente, los obreros tienen salarios altos y la industria aumenta la clase media que puede permitirse satisfacciones materiales... Cuando se viaja por el extranjero se observa que el mundo ha dado al tabaco cubano un monopolio absoluto. No se celebra ninguna fiesta suntuosa en el Universo sin que como un producto selecto no se ofrezca el tabaco de La Habana. Tenemos el más original monopolio que existe en el mundo sobre un artículo de consumo creciente y de gran importancia.[2]

Este criterio fue ampliamente reflejado en la prensa. 'El tabaco es ... la segunda riqueza de Cuba pero acaso debiera ser la primera. Si, en vez de ser Cuba un inmenso cañaveral, fuese una inmensa vega tabacalera, puede que nos fuese económicamente mucho mejor a los cubanos.'[3] El azúcar se producía en todo el mundo, pero el tabaco cubano era único. Se consideraba que sólo faltaba una campaña exterior contra el tabaco mezclado de otros países que se hacían pasar por 'Habanos'.

Por este motivo Cortina mantenía que no había que preocuparse sobre la competencia de los tabacos baratos:

> La circunstancia de ser un artículo de refinamiento hace que el tabaco habano no constituya una amenaza para las industrias locales de muchos países, pues siendo un tabaco caro no debe ni puede preocuparle a los manufactureros de tabaco extranjero que producen tabaco más barato para el consumo popular. Nuestro país no debe aspirar a ser productor de tabaco barato en gran cantidad, para competir con tabacos similares en el extranjero, porque en esa lucha puede ser fácilmente vencido.[4]

En este contexto, el intento de introducir en Cuba la máquina torcedora en 1925 fue muy polémico, y es muy significativo que Por Larrañaga lo haya intentado. De las actas de la junta ejecutiva de Por Larrañaga durante esos años,[5] se desprenden determinados hechos: 1) Por Larrañaga, la más antigua de las fábricas independientes, era una de las pocas que había crecido considerablemente en años recientes – de un capital autorizado de 200.000 pesos en 1913, un año en que la compañía fue reestablecida, a un millón en 1919; 2) este aumento en el capital provino de la Antilles Cigar Corporation que fue posteriormente el mayor accionista de Por Larrañaga; 3) en 1925 Por Larrañaga había firmado un contrato especial con la compañía importadora Morris and Morris, de Londres, ofreciéndoles derechos exclusivos de los tabacos Por Larrañaga;[6] y 4) también en 1925 se creó una compañía intermediaria, la Cía. Tabacalera Nacional[7] que tenía un contrato especial con la American Machine and Foundry Company. De todos los fabricantes independientes en Cuba, Por Larrañaga fue el único con apoyo financiero y contratos comerciales como para lanzarse a una empresa de esa envergadura.

Debió ser del agrado de la American Tobacco contar con que otros se arriesgaran a introducir la máquina torcedora en Cuba, tal y como lo habían hecho antes en Estados Unidos. Sin embargo, quienes respaldaban a Por Larrañaga habían subestimado la oposición que tal medida levantaría entre el resto de los fabricantes, trabajadores y la opinión pública en general.[8] Para muchos otros fabricantes el hecho de no oponerse a Por Larrañaga hubiera sido suicida como se patentizó en un informe de 1926 elaborado por Francisco Pego Pita, socio principal de Cifuentes y presidente de la Unión de Fabricantes en aquel entonces.[9]

Un largo informe abordó el tema de la producción interna y de la exportación; también sobre lo que la máquina significaba para el obrero, el fabricante, el público en general y para la economía nacional. La baja en las exportaciones fue atribuida en gran medida a la imitación de los habanos en el extranjero, a la falta de publicidad adecuada y al alto precio y disminución inevitable del consumo de un producto de lujo. No obstante, según se argumentaba, la mayor demanda era precisamente para el mejor y más caro habano. Puesto que la calidad y sutil diferencia en el sabor de este tabaco superior dependía del delicado oficio del torcedor, era evidente que la mecanización no ayudaría al aumento de las exportaciones. Lo que se requería era, una constante vigilancia de las imitaciones extranjeras, una publicidad inteligente y renovados esfuerzos para reducir los altos aranceles sobre habanos en los países importadores. La enorme mayoría de los fabricantes saldría perdiendo, puesto que la producción estaría concentrada en las manos de unos cuantos que podían costear la mecanización. Esto se traduciría en un gran desempleo y en que el consumidor local ganaría poco, puesto que ni siquiera los tabacos hechos a máquina podrían salir más baratos que los tabaquitos a kilo torcidos a mano para el mercado doméstico.

Sus palabras fueron bien escogidas. Pudieran 'arriesgar lo que tenemos hoy', eran patriotas 'al declarar que las máquinas no han llegado a suficiente grado de perfeccionamiento para sustituir la labor manual y por haber expresado públicamente el temor de que esa clase de elaboración pudiera comprometer la justa fama de que gozan nuestros tabacos en el mundo entero.' Y así concluía vívidamente dicho informe:

> ... lo que parece estar fuera de toda duda es el perjuicio inmenso que ese cambio en nuestro sistema de fabricación habría de irrigar a la economía nacional. Para elaborar el 70% de los tabacos que actualmente se hace a mano, serían necesarios más de 300 máquinas, con un valor que se acerca a $2.500.000, cantidad importante que saldría del país. Además sería preciso enviar anualmente unos $480.000 en pago de regalía de $1,60 por millar de tabacos que es preciso abonar a dichos fabricantes por el disfrute de su patente, y añádase a eso la enorme cantidad en pago de piezas de repuesto, nueva maquinaria perfeccionada o para sustituir a la que se desgaste. Por otra parte, sería preciso importar expertos que nos monten y nos enseñen el manejo de tales máquinas, para nosotros desconocidas. Todos estos inconvenientes sólo tendrían una posible compensación, obteniendo un formidable aumento en nuestras exportaciones cosa que creemos dejar demostrado, parece sumamente problemático obtener. Cambiaría el aspecto del asunto si las máquinas se hicieran en Cuba con materiales y obreros cubanos y explotándose su uso por compañías cubanas; pero tal cual es la realidad que significa que Cuba tendría una nueva sangría anual sin compensación de ninguna clase, dejando aquí además, mucha gente sin empleo para ir a dárselo a los obreros de otro país.

El informe dejó la cuestión sujeta a un estudio posterior, pero desde todos los rincones se seguía presionando a Por Larrañaga para que descontinuara la producción mecanizada. Fue finalmente un decreto presidencial lo que obligó a Por Larrañaga a utilizar un anillo adicional para sus tabacos hechos a máquina.[10]

Las esperanzas para mejorar la situación de la industria fueron cifradas en la CNPDTH, creada finalmente en julio de 1927.[11] Sin embargo, las exportaciones siguieron bajando y se continuaba debatiendo el tema de la mecanización. Ya en 1929 hubo un nuevo sentir de que: 'Nuestro problema tabacalero no tiene más solución que tratar de aumentar por todos los medios posibles, la producción para poder vender barato. Oponerse hoy al uso de las máquinas... es en contra del progreso.'[12]

Se dieron nuevos impulsos a una comisión mixta que realizaría un nuevo estudio y que fue integrada por representantes gubernamentales de ambas cámaras, la Unión de Fabricantes y la Federación de Torcedores. El doctor Eugenio Molinet, secretario de Agricultura, Comercio y Trabajo y presidente de dicha comisión, expresó abiertamente sus simpatías por las máquinas, considerándolas como 'un símbolo del progreso'. Por su parte, los fabricantes, menos solventes que antes, mantuvieron la convicción de que la mecanización no resolvería sus problemas, y acto seguido presentaron su caso ante la comisión en un grueso documento donde concluían que:

> la idea seria excelente... pero en la práctica, sólo se conseguirá la primera parte de ella, el abaratamiento, pero nunca la colocación de nuestros tabacos a esos precios rebajados en los mercados extranjeros... Si desde hace muchos años se hubiera tenido la precaución de tomar en Cuba ciertas precauciones tendientes, cuando menos, a obstaculizar la creación de industrias en el extranjero a base de nuestro tabaco o rama como materia prima, teniendo en cuenta la relativamente corta existencia de esas industrias, cabe suponer que esa sola medida hubiera servido para fomentar nuestra industria nacional proporcionalmente, o cuando menos que se hubiera sostenido su producción de entonces... Podemos asegurar que el día que llegase la máquina sería el día en que podía para siempre cantarse el De Profundis a nuestra industria en cuanto a mercado mundial.[13]

El informe surtió el efecto deseado. Convenció a la CNPDTH de la importancia de que se mantuviera un anillo especial para los tabacos hechos a máquina y de las limitadas posibilidades de mecanización dada la gravedad de la crisis vigente. Incluso el propio Molinet confesó haber modificado completamente su opinión al respecto.

Con o sin máquina, el caso es que la depresión de 1929 causó el colapso casi total del mercado mundial. De 1930 a 1932 las exportaciones de tabacos decayeron en un 60%; el mercado norteamericano estaba bajísimo con 11,5 millones de tabacos, e inclusive Inglaterra, país no manufacturero, estaba adquiriendo solamente 21,6 millones. Finalmente, Por Larrañaga se vio obligado a descontinuar la producción mecanizada de las más famosas marcas de su fábrica, incluyendo Por Larrañaga, y ya hacia 1936 no se estaban utilizando máquinas.[14]

La inestabilidad y el desemparo prevalecieron en la industria. El cierre llegó a ser el orden del día. Las fábricas exportadoras de La Habana introdujeron un nuevo tipo de tabaco 'standard', esperando que con ello se incrementaran las ventas en el mercado interno. A finales de año, muchos fabricantes disminuyeron su producción y despidieron a sus trabajadores. 'La industria que representamos, como bien saben ustedes y es también de público sabido,' declararon los fabricantes, 'se encuentra atravesando una crisis tan prolongada que amenaza hacerla desaparecer completamente en breve plazo.' Los fabricantes estaban 'firmemente determinados a realizar los mayores sacrificios por conservar lo que aún queda de la que en otros tiempos fue brillante industria,' pero añadieron, 'nuestros recursos no son tan suficientes ante la profundidad del mal.'[15]

Instigados por el Trust, en gran parte, los fabricantes empezaron a proferir amenazas de cierre si no se introducían sustanciales reducciones salariales. Al hacer esto, provocaron una huelga comparable solamente a aquéllas de 1887-88, 1902 y 1907-08. La huelga terminó cuando los grandes fabricantes de La Habana trasladaron sus fábricas hacia pueblos cercanos – con la excepción, claro está, de Por Larrañaga,[16] confiado en la esperanza de consolidar su posición. El Trust trasladó su producción doméstica a Santiago de Las Vegas, y la de exportación a Trenton, Nueva Jersey.

'La situación de nuestra segunda industria – y permítame que diga nuestra porque yo me siento tan cubano como el que más, ya que he vivido entre ustedes más de 40 años,' señaló el director del Trust, Stuart Houston, 'es en los actuales momentos de verdadera agonía; y creo, que mientras dure la actual depresión económica y sobre todo la depreciación de las monedas en Inglaterra y España nuestros mejores mercados además de los Estados Unidos, son necesarios todos los sacrificios de que sean capaces, industriales y obreros, para sostener la vida de nuestra industria, si es que no queremos perderla para siempre.'[17] A finales de ese mes, Houston informó oficialmente a Molinet de la decisión de la compañía. Un grupo de empleados de la Henry Clay and Bock, explicó Houston a la ligera, concibió la idea de organizar una firma cubana para la elaboración de marcas registradas, limitando la producción al mercado interno. La Henry Clay aceptó la proposición de cesar la producción para la exportación en Cuba y cedió la producción doméstica a la nueva compañía, Tabacalera Cubana, SA. La compañía lo hizo, decían sus dueños, dadas las dificultades por las que atravesaba la industria en Cuba, a saber: 1) las altas tarifas arancelarias, que tanto habían incrementado el costo del producto cubano en cada uno de los mercados internacionales; 2) la depreciación de las monedas en países que ya no se regían por el Patrón Oro, incrementando así el costo del tabaco cubano en términos del valor de sus respectivas monedas locales; 3) la depresión que tan adversamente afectó el consumo de tabacos cubanos y que, junto con los acápites 1) y 2), significó que su precio era prohibitivo; y 4) el hecho de que los altos costos de producción hicieran posible que los fabricantes redujeran los actuales precios para la exportación.[18]

Como resultado de lo anterior, sostuvo Houston, la compañía se encontró frente a la alternativa de retirarse del negocio de exportación completamente o trasladar la manufactura de marcas para la exportación hacia Estados Unidos, donde la producción continuaría en condiciones que garantizasen sustanciales reducciones en el precio de venta. Al adoptar esto último, la compañía podría vender sus tabacos en el mercado norteamericano a precios mucho más bajos. Al mismo tiempo, la apreciable reducción ofertada al consumidor produciría un considerable incremento en la demanda de uno de los más importantes productos agrícolas de Cuba, la hoja del tabaco.

El traslado a Estados Unidos se efectuó al estilo que sólo una corporación monopolista podía proporcionarse. La producción agrícola se quedaría en Cuba, pero el torcido se llevaría a cabo en una fábrica modelo hecho a la orden, en Trenton, Nueva Jersey, simulando 'las condiciones ideales de temperatura constante y uniforme que la Naturaleza provee periódicamente en La Habana,' comentó Houston en un informe de la compañía. Y concluía:

> Podemos por consiguiente, asegurar a la República de Cuba que bajo las nuevas condiciones aludidas, los tabacos que venderá esta compañía cosechados y preparados en Cuba y elaborados en los Estados Unidos, mantendrán en todos sentidos el crédito del tabaco cubano, que la tradición ha hecho famoso. Sinceramente confiamos en que esta medida contribuirá grandemente a la prosperidad de Cuba y abrigamos la esperanza de que las condiciones industriales en esta República tarde o temprano nos permitirán establecer nuevamente en la Isla una parte importante de nuestras actividades industriales.[19]

Sin embargo, a pesar de los sentimientos profesados por el futuro de la industria, los razones fundamentales eran bien claras y bastante anticubanas. Para aquellos que pudieran tener simpatías con el Trust, he aquí cómo la revista *Fortune* narró la historia de La Corona:

> En 1933, en el antiguo peristilo palacio de Don Miguel de Aldama, en La Habana,

se fabricaron 18.000.000 de los más codiciados tabacos con casi noventa años de magia en su nombre, número pequeño en realidad si se le compara con la producción anual de la década anterior (39.000.000 en 1925). Sin embargo, de éstos solamente se vendieron 5.000.000. Aún quedan en los almacenes de la capital cubana entre doce y trece millones de puros. En este factor, y en la idea de que le dió a George W. Hill, de la Cuban Tobacco Company (y de la American Tobacco), descansa el germen de uno de los cambios más radicales en la historia de la fabricación de tabácos finos: el traslado de la producción del torcido de La Corona y marcas afines de La Habana, Cuba, a Trenton, New Jersey.

En enero de 1932 la situación era como sigue: Los tabacos La Corona se estaban fabricando en La Habana por una sucursal de la American Tobacco Company. Las Coronas estaban gozando en ese momento de su mayor prestigio como la fuma *par excellence*, pero también estaban gozando de su precio más alto hasta entonces (sesenta centavos la vitola de Corona)... y como corolario, se registraron las ventas más bajas. El motivo del alto prestigio de la marca La Corona fue Don Emilio Rivas, de sesenta años, de quien hablaremos más adelante. El motivo del alto precio de los tabacos La Corona fue más bien la actividad de la Federación Nacional de Torcedores de Cuba que impuso el aumento de los salarios de los torcedores... Y el tabaquero, además de sus salarios, generalmente sacaba su fuma del mismo tabaco que iría al producto que, en La Habana, cuesta a la sucursal cubana de la gran cadena tabacalera del señor Hill unos $25.000 mensuales. Los tabacos La Corona se estaban produciendo enteramente en Cuba. En esta producción estaban comprendidas unas 142 operaciones; en el torcido de la hoja y exportación de tabaco hacia su principal mercado, Estados Unidos, se concentraba el grueso de los costos de producción lo cual hizo que se mantuvieran altos los precios al detalle y se mantuviera bajo el consumo. En 1929, el ingreso neto de compañías controladas por la Cuban Tobacco, descontados intereses e impuestos, fue de 558.335 dólares en 1930, 314.016 en 1931 (las cifras para 1932 mostraron un marcado déficit y su cotización en la bolsa de Nueva York había llegado al punto más bajo de un dólar). Del precio al detalle de La Corona hecho en La Habana, el costo de producción por millar torcido era de $54, el costo de importación en Estados Unidos y el impuesto correspondiente sobre la venta de 127.90, y el costo de la hoja aproximadamente de $87.

El señor Hill vio una oportunidad de hacer algo. Exasperado por el costo y las irregularidades de la mano de obra cubana, se figuró que al trasladar sus operaciones de torcido a Estados Unidos, podía ahorrar en a) trabajo, al obtener mayor regularidad en la producción y eliminando la enorme cantidad de tabaco fumado por los obreros, en b) derecho de importación, al pagar solamente el

10% en el producto acabado, y en c) el impuesto (basado en el precio al detallista) puesto que la reducción en mano de obra y derechos de importación le permitiría vender los tabacos a un precio más barato al detalle...

En tres meses, 200 muchachas aprendices produjeron un millón de tabacos, algunos buenos, algunos malos, otros indiferentes. Estos tabacos de ensayo fueron envasados en cajas y vendidos anónimamente a cincuenta centavos el ciento. Desde su soleada oficina en Trenton, el señor Gold anunció entonces que ya estaba listo para producir La Corona para el mercado. El 13 de septiembre de 1932, el primer embarque de Coronas norteamericanas salió de la planta de Trenton. George Washington Hill y sus lugartenientes ya estaban listos para su campaña la cual resonaba en las secciones de anuncios de la prensa. Su consigna: Ahora usted puede adquirir tres Coronas por un dólar y están mejor elaborados que los tabacos torcidos en La Habana.

Fortune también comentó:

Cuando George Washington Hill hace algo, lo hace hasta las últimas consecuencias. Sin medias tintas, afirma. Se dio cuenta que al trasladar la producción de La Corona a Trenton tendría que tener una planta de estilo único si quería mantener la tradición de su marca no. 1. Y lo logró. La nueva fábrica La Corona... es diferente a cualquier otra fábrica de tabaco del mundo. En el edificio de estilo tropical en forma de U con techo de tejas de estuco valorado en 500.000 dólares, fue necesario reproducir las condiciones atmosféricas halladas entre las paredes del antiguo palacio de Aldama en La Habana, donde, entre 1882 y 1932, el rey de los tabacos, La Corona, era confeccionado. Ello fue logrado por ingenieros y arquitectos, Francisco y Jacobus. Aquí, con las ventanas cerradas, imitando la fragancia húmeda del aire del Caribe, 2.000 muchachas del Trenton tuercen cuidadosamente los tabacos La Corona, 1.000 con la mano izquierda y otros 1.000 con la derecha, la capa cortada en dos, cada mitad para ser enrrollada en dirección opuesta a la otra.[20]

Al trasladarse a la fábrica de Trenton, la ATC redujo el precio casi en un 50% del que fuera considerado durante mucho tiempo como el mejor tabaco disponible para los fumadores norteamericanos. Respondiendo a las alegaciones de los cubanos de que los fumadores norteamericanos no distinguirían entre los tabacos ordinarios y Las Coronas, Hill dio tres razones de por qué sí se darían cuenta. 1) De las 142 operaciones comprendidas en la producción de los tabacos La Corona, solamente una sería efectuada en Estados Unidos, el torcido. El resto seguiría haciéndose como hasta ese momento en Cuba. 2) Las hojas para La Corona todavía procedían de las famosas vegas de Vuelta Abajo (mayormente propiedad de La Corona). De ningún otro tabaco se podría obtener lo suficiente como para hacer tabacos en cantidades tan apreciables. 3) Don Emilio Rivas, hombre de tabaco con más de cincuenta años de experiencia en la compañía y que trabajó en la liga de La Corona, logrando a principios de los años de 1900 el mejor tabaco del mundo, se fue con la compañía a Estados Unidos a supervisar la producción de Trenton, tal y como lo había hecho durante 20 años en La Habana.

Con calidad en la hoja, bajos costos de producción y un mercado abierto y respaldado por una de las mayores corporaciones tabacaleras del mundo, La Corona en Estados Unidos no podía perder. Amparada por la nueva compañía Tabacalera Cubana, SA, La Corona en Cuba estaba destinada al mercado interno 'más seguro' sobre 'bases más sólidas'.[21]

Edificio de La Corona, La Habana

5

Un nuevo trato para el tabaco, 1934-58

Lo que ocurrió en 1932 ha sido atribuido a la súbita 'retirada' del Trust de Cuba, la más dura bofetada a la industria. Sin embargo, la política del Trust simplemente produjo un fruto amargo, ya que mantuvo en Cuba únicamente sus sectores más provechosos. Como bloque, la TCSA y la Cuban Land quedaron como una de las mayores agrupaciones en la industria. Hay alguna evidencia de que en 1943 la compañía estaba considerando seriamente en vender, pero con la introducción de posguerra de la máquina torcedora, otra vez estaba mostrando síntomas de expansión.

Mientras que la ATC podía aprovecharse de la depresión para encajar la producción de habanos en la producción monopolista mundial del tabaco, los fabricantes habaneros trataron desesperadamente de encontrar medios para implementar la teoría de 'monopolio natural'.[1] En febrero de 1936, la revista de La Habana, *Cuba Importadora e Industrial*, inició un torrente de artículos sobre el tabaco de esta forma:

> Hace muchos años, el señor Thomas Marshall, a la sazón vicepresidente de los Estados Unidos, hizo su famosa declaración de que la mayor necesidad de la industria era un buen tabaco de a cinco centavos... El problema es hallar el

método para popularizar entre las masas la idea de que fume los verdaderos tabacos habanos.²

En el número de mayo, el vocero de la CNPDTH, Francisco Masiques Landeta, contrapuso dramáticamente el pasado y futuro del tabaco habano. La situación en todos los sectores tabacaleros era tal, dice, que 'es necesario consagrar la máxima atención a nuestra segunda industria.'³ Landeta abogaba por una especie de Nuevo Trato para el tabaco y a partir de entonces comenzó a aumentar 'la preocupación nacional' sobre 'la cuestión del tabaco' en su totalidad.

Esta preocupación no debe subestimarse. Mientras que en la década de 1920, las exportaciones del tabaco en rama habían casi duplicado su nivel de los primeros años del siglo, las exportaciones de puros habían bajado bruscamente a un tercio y su valor en la década de 1920 era poco más que una tercera parte del de la rama. Desde entonces, esta proporción se mantuvo aproximadamente, aun que ambos niveles se redujeron en gran medida. Más exactamente, de cada 100 puros exportados durante los años de 1906-10, sólo quince fueron exportados en los años de 1936-40. En el caso del mercado británico, la proporción fue de 100 a 5.

El mercado español se vio afectado por la Guerra Civil Española y durante la Segunda Guerra Mundial, Gran Bretaña dejó de importar habanos. Como resultado de esto, durante los años de 1936-46, solamente el 10% de la cosecha fue utilizada en la fabricación de tabacos contrastando con un 54% que se exportó directamente. Inmediatamente después de la guerra, el 66% del total de la cosecha se exportó, alcanzando el tabaco en rama casi el 80% del total de las exportaciones tabacaleras. En cierta medida esta tendencia se niveló durante los años 1947-58 al duplicarse las exportaciones de puros e incrementarse las de tabaco en rama en una tercera parte. Por entonces, Estados Unidos estaba absorbiendo el 60-70% de la rama, mientras que España, irónicamente, había vuelto a su punto de partida como el primer mercado para los tabacos cubanos, adquiriendo casi la mitad. En términos generales, los únicos períodos en los cuales el nivel de la década de 1920 fue retomado tanto en las exportaciones de tabacos como en las de rama fueron los años finales de la Segunda Guerra Mundial cuando se creó una demanda artificial y luego el 'boom' de la posguerra en la década de 1950.

Los primeros síntomas preocupantes para el tabaco en rama se detectaron en el mercado norteamericano a medida que se importaba más de la rama puertorriqueña de menor calidad y precio para la producción mecanizada de tabacos más baratos. Las importaciones de tabaco en rama de Puerto Rico aumentaron de 15 a 35 millones de libras entre 1916 y 1926. En enero de 1927, el corresponsal en Nueva York del periódico *El Mundo*, López Segrera, reportaba:

> El tabaco cubano parece destinado a perder su antiguo predominio del mercado norteamericano, si activas y hábiles iniciativas no son puestas en acción prontamente, para impedir que el grueso en el volúmen del negocio tabacalero no sea causado definitivamente en favor de Puerto Rico, es el criterio de importadores de tabaco cubano en esta ciudad.[4]

La baja del precio del tabaco cubano se vio acompañada de una caída en las exportaciones que hacia 1931 descendieron a 18 millones de libras, cifra comparable a la de la década de 1870. Los efectos del Nuevo Tratado de Reciprocidad entre Cuba y Estados Unidos, con su reducción de tarifas para el tabaco cubano, pronto fueron anulados con la Ley Costigan-Jones y el Programa de Control de Tabaco de Estados Unidos. Este último estableció en particular una cuota para el tabaco en rama cubano que era menor que los niveles de importación existentes. Las reducciones de la tarifa de tabaco fueron desechadas un año y medio más tarde bajo el Acta de Regulación Agrícola, y los impuestos de 1902 volvieron a estar vigentes.

Como consecuencia, las exportaciones globales cubanas de tabaco en rama bajaron a partir de 1931, con una caída espectacular del 27% hacia 1935-36. Las más grandes compañías de tabaco en rama no se vieron afectadas adversamente puesto que se beneficiaban de los bajos precios del excedente de los cosecheros. Las nuevas compañías Ruppin (1928), Duys (1935) y Rothschild-Samuels-Duignan (1938), todas con capital norteamericano, más sucursales manufactureras como las de la General Cigar, llegaron todas a controlar en estos años extensas vegas y despalillos.[5]

Ellos podían tomar esta situación a la ligera. 'Aunque las estadísticas muestran cómo declinan constantemente la fabricación de tabacos de alta calidad (en Estados Unidos),' escribió Lee Samuels, presidente de la Cámara de Comercio de Tabaco en Rama en Nueva York y vice-presidente de la firma importadora de tabaco Rothschild-Samuels-Duignan, 'los manufactureros han logrado proceder tan hábilmente que les es posible usar cierta cantidad de rama de Cuba en las vitolas más baratas. Esto crea a mi juicio, una situación muy alentadora si consideramos que, indudablemente, podremos así educar a un gran número de fumadores llevándolos a conocer el tabaco habano y apreciar su superioridad.' Y añade:

> Cierto que dicha situación eventualmente produce quebrantos a los cosechadores y tenedores de tabaco en Cuba. Es obvio que para competir en algún modo la hoja habano como el tabaco doméstico de Puerto Rico, ha de ser vendida a un bajo nivel de precios. Sin embargo, tenemos que considerar este solo como una situación transitoria. Bien mirado, nuestro objetivo es construir para el futuro: y si ello puede conseguirse, debemos estar dispuestos a hacer algunos sacrificios.[6]

Estaba claro que quienes se iban a sacrificar eran los cosecheros cubanos. Incapaces de protegerse a sí mismos contra la caída del mercado y los precios, muchos de ellos estuvieron amenazados por la quiebra y la pérdida de sus tierras. Fue a nombre de los cosecheros que en 1936 Marcelino Garriga (miembro de la Cámara de Representantes por la provincia de Pinar del Río) propuso un proyecto de ley para fijar zonas de tabaco clasificándolas de acuerdo con la calidad del terreno, estableciendo precios mínimos y, lo más importante de todo, restringiendo el cultivo. Otra proposición fue la de crear un Instituto Nacional del Tabaco e implementar la Ley de Defensa del Tabaco. Ambas fueron duramente rechazadas por la Asociación de Cosechadores y Comerciantes del Tabaco en Rama (donde predominaban las grandes compañías) y por la Cámara.[7]

Este asunto fue temporalmente abandonado. Pero hacia 1939 el problema de la superproducción fue tan agudo que Garriga, entonces vocero de la Cámara, volvió a presionar por una nueva legislación. Hizo énfasis en 'la necesidad que existe de restringir drásticamente las cosechas de tabaco' argumentando para ello que 'Tan grave es el problema para la tranquilidad de mi provincia y para la economía nacional, que tiene en peligro su segunda industria, que considero desde este momento como secundario los demás asuntos...'[8]

El editorial en respuesta al planteamiento de Garriga fue firme en contra de la restricción, argumentando que el proyecto de ley 'pretende resolver legalmente, por medio de la intervención estatal, una situación

Fábrica de tabacos Partagás, La Habana, 1937

de orden natural de que son responsables en gran parte los organismos oficiales.' La solución, se sugirió, recae en donde la acción estatal era débil – en la promoción de los tratados comerciales y, en particular, una modificación del Tratado de Reciprocidad de 1934 con Estados Unidos.

La revista *Cuba Importadora*, de diciembre, reprodujo una carta de los almacenistas y cosecheros de tabaco en rama dirigida al presidente de la República, donde se hacía referencia a la crítica situación del tabaco y donde se le reiteraba la necesidad de que se aplicara una fuerte política gubernamental de mercado. 'No se nos oculta que el cuadro

Publicidad para tabacos Partagás (de *Revista Tabaco*)

Fábrica de Trinidad y Hnos, Ranchuelo

que presentamos a su consideración sea sombrío: pero puede creer que no exageramos en los más mínimo,', y concluía la carta: 'Si no se acude rápidamente en auxilio del tabaco... culminará en quiebra definitiva y absoluta dentro de un breve plazo la riqueza tabacalera de Cuba...'⁹

En 1934 el Tratado cubano-norteamericano fue blanco de una presión particular, y el nuevo Convenio Suplementario de diciembre de 1939 vino a estipular una cuota mayor. Vino 'a corregir una injusticia,' comentó *Cuba Importadora* ese mes, ocasionando renovadas esperanzas en el sector tabacalero. Sin embargo, las esperanzas se apagaron, a medida que las exportaciones continuaban cayendo y las discusiones en la Cámara volvían a acalorarse sobre el control, regulación y restricción de la producción – aunque también en esta ocasión de la manufactura de cigarrillos.

La relativa prosperidad de la industria cigarrera para un creciente mercado interno había atraído nuevo capital en una fecha relativamente tardía. Las fábricas habaneras de Partagás (1927), Gener (1937) y H. Upmann (1947) fueron ejemplos de ello. Quizás la más espectacular de todas fue Trinidad y Hermanos, la única verdadera gran fábrica fuera de La Habana. Fundada en 1922 en Ranchuelo, provincia de Las Villas, ganó tan rápida reputación en el mercado local y después nacional que en 1930 la producción total fue mayor que la de cualquier otra fábrica de cigarros. En aquel año, Trinidad y Hnos. conjuntamente con el Trust tuvieron un cómputo del 50% del total de la producción cigarrera.

No obstante, la prosperidad fue relativa. Aumento de las tarifas, costos de producción relativamente altos, y la caída del consumo per cápita fueron algunos de los puntos citados por los fabricantes.

Al parecer, en círculos tabacaleros cubanos existía poca conciencia, al menos explícita, del por qué había tan poca demanda extranjera para los cigarros cubanos, visto que la situación exportadora se atribuía a factores secundarios tales como las pobres técnicas de mercado. Manuel Rodríguez López, agente en Europa y Estados Unidos del tabaco cubano, comentó con bastante ingenuidad: 'Es incomprensible que un país como Cuba, que produce la hoja más afamada del mundo, no tenga mercados exteriores para sus cigarrillos.'[10] Un editorial de la revista *Tabaco* señaló en 1935:

> Probablemente nunca se han fabricado en Cuba cigarrillos mejores tanto en presentación como en calidad... La verdadera causa del mal estado de dicha industria radica precisamente en otras causas, destacándose como la principal, la absoluta carencia de una propaganda a favor de nuestros cigarrillos en el extranjero, la descarada falsificación que de los mismos se viene haciendo de ellos en la casi totalidad de los países del orbe...
>
> En tanto que los fabricantes de cigarrillos cubanos descuidaban de manera suicida el anuncio de su producto, sus colegas extranjeros dedicaban cuantiosas sumas al desarrollo de una de las más llamativas, inteligentes y continuadas propagandas de la historia en el mundo comercial.[11]

Hubo particular preocupación sobre el aumento de las importaciones de cigarrillos norteamericanos. Inclusive en Cuba, 'tierra del mejor y más sano tabaco del mundo,' habían ya fumadores que preferían los cigarrillos extranjeros. '¿Por qué?' se preguntaba Roberto Quesada en *Habano*, la revista de los fabricantes. '¿Son superiores a los nuestros? ¿Es la calidad lo que les ha ganado millones y millones de consumidores en todas partes? No. Se trata, simplemente del imperio de esa cosa abstracta que denominamos moda.'

Se inició una campaña en Cuba contra los aspectos del proceso de mezclado de los 'finos' cigarrillos suaves que peligraban la salud comparándolos con los productos de La Habana mucho más 'puros'. Otro artículo del *Habano*, firmado por su director, Ricardo Casado, secundó al de Quesada:

> ... esos otros cigarrillos que parecen tan suaves, cuya hebra untuosa inspira

acaso mayor confianza, son positivamente nocivos y no es que lo digamos a nosotros para defender lo nuestro: se trata de un testimonio de extraños ... de manera que, aparte del aroma y sabor peculiar de unos y otros cigarrillos hay en la cuestión otro aspecto de importancia vital, porque atañe directamente a la salud, y la salud es el tesoro más grande a que debe inspirarse la tierra.

Indiscutiblemente, lo más sano que puede fumar el hombre es el habano; pero de no hacerlo así, de ir con preferencia al cigarrillo, es también indiscutible que lo más indicado, en este mismo orden higiénico, es el cigarrillo cubano libre de melazas, de glicerinas, de esencias...[12]

Otros ataques fueron dirigidos contra el fumador de cigarrillos extranjeros. 'Escribimos estas líneas a sabiendas de que vamos a dar un mal rato a los que gustan de singularizarse,' así empezó un artículo en el periódico *Avance* del 30 de enero de 1940.

En resumen, fue una protesta a la defensiva, dado que los cigarrillos norteamericanos importados constituían sólo el 0,1% del total del consumo nacional de cigarros en 1939 – aunque para ser justo las importaciones se habían incrementado en cinco años de 300.000 a tres millones y el cigarrillo suave estaba invadiendo el mundo entero. Motivos tenían los fabricantes para reaccionar fuertemente a las facilidades crediticias del tabaco en rama basado en un aumento del impuesto sobre el cigarro, 'no debemos detenernos arbitrariamente en el eslabón de una cadena para desarticular y comprometer a toda una industria,' protestaron:

> La crisis que registra el sector agrícola del tabaco es sólo uno de los ángulos del problema. El sector manufacturero está arruinado, en perfecta bancarrota, y es lamentable que ese particular no se tenga en cuenta en los proyectos. Tanto más cuanto que la llamada estabilización de la producción de la rama, a costo del sector industrial, no sería en beneficio para la rama, sino traería una nueva quiebra de la industria.[13]

Las proposiciones sobre la industria tabacalera fueron incansablemente debatidas en la Cámara. Lo poco que se logró puede resumirse en el discurso presidencial que Batista dirigió a los tabacaleros en un mitin efectuado en abril de 1941:

> Cuando hemos llegado al Poder hemos estado profundamente preocupados con el problema de darle estabilización y permanencia a las industrias básicas del país. Pero aún que (*sic*) la voluntad es mucha yo no puedo prometerles

hoy la realización inmediata de todos los anhelos. La situación de la industria del tabaco responde más que a nuestros propósitos a las influencias de los mercados exteriores.[14]

Un cambio en la situación del mercado en tiempo de guerra adelantó el 'debate'. '¿Qué dirían ahora los propugnadores de una drástica restricción de las siembras...?', preguntó el *Habano* de julio de 1943. 'Es que hay demanda tanto por parte de los mercados exteriores como del mercado interno.' Las exportaciones de tabaco en rama aumentaron en 1943 hasta llegar a los 34 millones de libras, y las de puros subieron de 18 a 66 y 181 millones en 1942-43 y 1944. 'El año de 1943 quedará consagrado en los anales de nuestros negocios tabacaleros como el resurgimiento de esos negocios,' escribió José Perdomo en el *Habano* en su edición de febrero de 1944. Como al año después se apuró en decir que 'las circunstancias que han determinado el aumento de nuestra exportación de tabaco son puramente transitorias.' Amenazadoramente, las exportaciones de puros bajaron en 1946 a 60 millones y el tabaco en rama a menos de 26 millones de libras.

Los sorpresivos cambios del mercado trajeron aparejados, igualmente, súbitos cambios en la política. La expansión de las exportaciones revivió todo el problema de las exportaciones del tabaco en rama a gran escala, especialmente hacia Estados Unidos que estaba comprando por encima del 80% del total. Con un incremento en la demanda durante la guerra, los fabricantes de tabacos en Estados Unidos empezaron a presionar para un nuevo tratado suplementario que suspendiera totalmente la cuota tabacalera. Con un ojo puesto en la industria local, el gobierno cubano se opuso en un principio a la suspensión, pero hacia 1945 los nuevos mercados desplegados causaron un cambio de opinión.

Sobrevinieron entonces duros conflictos entre fabricantes y cosecheros. 'Somos partidarios... de un precio remunerativo, justo y equitativo para el cosechero cubano de tabaco,' clamaban los fabricantes:

> ... pero no podemos ser partidarios de ningún modo de que en momentos de escasez y amenaza, cada vez más sería de carencia total de materia prima, como ocurre actualmente, se dén o pretenden dar facilidades para que ésta sea extraída del país en mayores cantidades y se condene a la industria nacional a afrontar una crisis cuya extensión resulta difícil de apreciar a priori pero que no dudamos sería de vastísimos alcances.[15]

Por su parte, los cosecheros respondían:

> Cuando se trataba de que el Congreso legislara en favor del productor los fabricantes de tabacos, entre otros, se opusieron a la concesión de aquellas medidas arguyendo que el problema tabacalero era de mercados, hoy nos quieren cerrar los mercados circunstanciales que tenemos fundándose en que debemos ser PAÍS INDUSTRIAL Y NO PAÍS EXPORTADOR DE MATERIA PRIMA; pero se quiere mantener la industria dentro de moldes tan anticuados y en desusos que esa expansión industrial es prácticamente imposible... Se nos ha dicho que la introducción del maquinismo producirá el desempleo de los tabaqueros... pero tampoco queremos productores miserables.[16]

Los cosecheros estaban expresando opiniones que se hacían cada vez más populares, al mismo tiempo que las condiciones de guerra habían brindado a la industria un nuevo vigor que determinados fabricantes no estaban dispuestos a perder.

La mecanización de la industria del torcido fue un asunto que estuvo latente a través de los años treinta en la medida en que se creaban mercados mundiales para los tabacos hechos en máquinas torcedoras en otros países. Ya había fabricantes convencidos de la necesidad de mecanizar una vez que la producción de tiempo de guerra desembolsara el capital para realizar las inversiones necesarias. Un informe de febrero de 1944 de los fabricantes exportadores de habanos señaló que los únicos medios para recuperar los mercados exteriores y prevenir una crisis era posibilitar que los fabricantes produjeran tabacos más baratos hechos a máquina. En octubre de 1945 se creó una comisión especial para estudiar las proposiciones de los fabricantes de que Cuba produciría dos tipos de tabacos – el habano hecho a mano de calidad superior y otro más barato hecho a máquina para el mercado masivo. Estas proposiciones se basaron en un estudio de mecanización en Estados Unidos y una visita de los fabricantes a fábricas mecanizadas de aquel país. 'La industria tabacalera cubana necesita urgentemente cambiar los actuales y costosos sistemas de producción introduciendo innovaciones que permiten disponer de armas de defensa en contra de la mecanización gradual e intensiva de la industria similar norteamericana,' concluyó la delegación.[17]

Claro está, al mecanizar la producción los grandes fabricantes esperaban apropiarsie del mercado nacional, eliminando así a los pequeños chinchales. Sin embargo, tal era la oposición que los mismos grandes fabricantes ayudaron a fomentar que una decisión final sobre la mecanización fue postergada hasta 1950. Sólo el 20% de la producción nacional se incluyó en el decreto final de aquel año, e inclusive, éste fue retirado más tarde.

Las divisiones en la Unión de Fabricantes de Tabacos sobre este tema fueron tales que llegaron a producir la intervención gubernamental en la misma, y tanto la producción mecanizada doméstica como la de exportación, forzosamente representaron una pequeña proporción del total de la producción. En 1953, de una cifra total de producción de 375 millones (con exportación de 50 millones) la producción mecanizada total ascendió a 20 millones de tabacos.

Mientras que el debate sobre la mecanización del tabaco se acaloraba, la industria cigarrera volvía a ser objeto de proyectos de subsidios tanto para la mecanización del tabaco como para el tabaco en rama. Luego de muchas idas y vueltas entre fabricantes, cosecheros y almacenistas, la forma final que tomó el Fondo de Estabilización fue más bien un arreglo de concesiones. Financiado por determinado aumento en el precio de los cigarros, el Fondo debería garantizar un mínimo precio doméstico para el tabaco en rama mientras se promovían precios más altos para el exterior y se restringía el cultivo.

El cumplimiento de esto se dejó al CNPDTH y al Fondo, haciéndose notorio este último por sus irregularidades en su política y en la compra y venta de tabaco en rama, asignando las mejores cuotas a los cosecheros que vendían al Fondo y luego incumpliendo en el pago correspondiente. En 1951, estalló un escándalo nacional de desfalco por la suma de 7,5 millones de pesos. Enfrentado con la nueva tarea de reorganización luego del escándalo, el nuevo presidente del Fondo, José Irisarri, confirmó que se habían pagado cheques a personas inexistentes. Los artículos en la prensa expusieron las sucias transacciones del Fondo. Uno de éstos acusaba 'ciertos privilegiados fabricantes' que 'se abstenían también de comprar en las vegas porque les resultaba más conveniente hacerlo ilegalmente en la Caja, en contubernios muy remunerativos,' clamando que: 'cuando advirtieron la inevitable paralización de la Caja, por las inmoralidades resultantes del amiguismo, politiquería y lucro ilícito, resolvieron esperar hasta que la sofocación económica de los vegueros los obligaba a vender por debajo del precio minimo'.[18]

Las restricciones al cultivo fueron abandonadas para dar paso a nuevas regulaciones que comprendían controles sobre precio y calidad. Aun así, 'Es difícil concebir cómo puede llevarse a la práctica una política de precios mínimos,' comentó *Cuba Económica* en diciembre de 1951, 'a una cosecha agrícola que ha acuñado en el año anterior una sobresaturación extraordinaria del mercado sin aplicarlo en conjunción con la restricción de la cosecha'.

Se tomaron medidas para 'limpiar' el Fondo, aunque la nueva gran esperanza de finales de la década de 1950 se centró alrededor de la Estación Experimental del Tabaco. Creada en 1937 en San Juan y Martínez, el corazón de las vegas de Vuelta Abajo, la estación llegó a efectuar considerables investigaciones sobre el cultivo y el proceso industrial del tabaco rubio. Como resultado de ello, se invirtió un considerable capital para el cultivo de la suave rama Burley, tanto por parte de los organismos financieros para-estatales como por compañías individuales que estaban produciendo nuevos cigarrillos suaves. Partidos y Vuelta Abajo se convirtieron en tan importantes productores de Burley que entre 1956 y 1958 Cuba quintuplicó su producción, saltando del puesto décimo-séptimo al octavo en la producción de Burley a nivel mundial.

Tenía que ser la paradoja final que esto le ocurriera a Cuba, que por naturaleza fue un gran productor del mundo de un fuerte, aromático tabaco negro.

Estación Experimental, San Juan y Martínez, Pinar del Río

6

El modo de producción periférica

En el contexto tabacalero mundial, el modo de producción cubano se había quedado rezagado. 'La materia prima procede de un surco campesino (producción pequeño mercantil), se elabora en talleres artesanales (también producción pequeño mercantil), pero así mismo en grandes centros fabriles con mano de obra asalariada (producción capitalista),'[1] fue como se describió en 1968. Lo que tal vez pueda parecer una temprana fase del desarrollo capitalista, fue, no obstante, esencialmente el producto de un sistemático proceso de deformación.

Detrás de una agricultura visiblemente pobre y campesina se manipulaban grandes capitales domésticos y extranjeros que, a la vez, creaban grandes plantaciones, utilizaban y hasta propagaban un complejo sistema de colonato, subcolonato, arrendamiento y aparcería. El hecho de que la manufactura se frenara trajo como consecuencia una estructura industrial arcaica con relativamente pocas empresas grandes, casi todas basadas en nexos familiares, y una proliferación de chinchales y producción casera.

En su ya clásica obra *Contrapunteo cubano del tabaco y el azúcar*, Fernando Ortiz pone gran énfasis en la singular delicadeza del cultivo y producción del tabaco. Es por esto, señala, que era poco remunerativo y se prestaba poco a las grandes inversiones de capital, especialmente de capital foráneo, y por lo tanto era más cubano. Apoyando toda su obra en el contraste entre el azúcar y el tabaco, Ortiz concluye en uno de sus más famosas pasajes que el tabaco significa 'libertad' y 'soberanía nacional' en oposición a la 'esclavitud' y al 'coloniaje' del azúcar. Paradójicamente acertó mucho más al escribir:

> Al caer el siglo XIX ya el capitalismo va invadiendo más y más la tabacalería, introduciendo innovaciones en sus cultivos, industrias y comercios y en todos sus engranajes. Hasta en el dominio de la tierra, el capitalismo ha ido acaparando las vegas. En la última quincena del siglo más de 11.200 propietarios vegueros se han visto reducidos a unos 3.000. Los vegueros desaparecen y el guajiro se proletariza, desnutre y languidece en miseria, presa de parásitos intestinales y sociales. El régimen económico del tabaco se va acercando al tradicional del azucarero, uno y otro por igual estrangulados desde lejos y desde cerca por tentáculos impíos.[2]

De hecho en el tabaco, uno de los productos básicos de exportación de Cuba, la fase capitalista de desarrollo comenzó temprano, incorporando elementos del feudalismo y de la esclavitud. Es bastante curioso, dado el vertiginoso desarrollo del tabaco y de la escasez generalizada de mano de obra a través del siglo XIX en Cuba,[3] que a la esclavitud casi siempre se le haya restado importancia.[4] Y sin embargo, tanto en la agricultura como en la industria, parece haber sido considerable. En 1827, se dio la cifra de 7.297 esclavos en las vegas de tabaco. Hacia 1862 – técnicamente mucho después de que se aboliera la trata de esclavos – el número había sobrepasado el doble. La cifra total de esclavos registrados ese año en el cultivo fue de 17.675, más otros 28.527 libres de color de un total de 75.058. La mayor concentración estuvo en Pinar del Río: un total de 12.174, junto con 9.024 libre de color, de un total de 36.766.[5] Otras fuentes pueden corroborar cómo grandes fabricantes de tabacos (Partagás fue uno de ellos) operaban las grandes vegas de tabaco en Pinar del Río sobre la base de trabajo esclavo.

Los pequeños cosecheros, muchos de los cuales, se dice, fueron atraídos por el gran auge tabacalero cubano desde las Islas Canarias, pronto se vieron a merced de mecanismos de compra y crédito controlados ambos por intermediarios. Acerca de esas décadas de 1820-40, escribió Friedlaender:

Habilitaciones de Manuel López, la de arriba mostrando una presencia negra en el cultivo que contrasta con la de abajo de la fábrica de tabacos Punch con una presencia enteramente blanca.

Se presentaba el cuadro siguiente: un cierto número de comerciantes de La Habana (algunos de los cuales probablemente disponían de lugares de almacenaje), compraban directamente o por medio del bodeguero del pueblo, en que el veguero se proveía de sus subsistencias, el tabaco, dando al veguero un precio más o menos arbitrario más dependiente de las deudas que el veguero había contraído en la bodega, que del valor de la planta.⁶

Tanto Rivero Muñiz como Arredondo describieron como el incremento del cultivo del tabaco para satisfacer los mercados nacionales y extranjeros estuvo acompañado por el latifundismo. Ninguno ofreció detalles, pero de las estadísticas agrícolas disponibles se denota un considerable aumento no sólo en el número sino en el tamaño de las propiedades. En Partidos, entre 1800 y 1862, el número de vegas de tabaco aumentó en seis veces y el capital invertido en 200 veces, incrementándose el promedio de capital por vega de 11 a 400 pesos.

En el periodo que va de 1862 a 1877, que fue cuando los industriales H. Upmann, Bock, Murías, Gener y otros consolidaron las tierras tabacaleras para sus florecientes fábricas de tabaco, se registró una baja de un 40% en el número de vegas. Esto correspondía a los nuevos y sofisticados sistemas de *censo, partido* y *arrendamiento*.⁷ Al principio muchos eran los cosecheros que pudieron valerse de bueyes, algún ganado y una pequeña parcela para consumo propio. Sin embargo, una parte cada vez mayor de la tierra se tenía que dedicar a la cosecha tabacalera en la medida en que los terratenientes cobraban una sustancial renta en especie.

La enorme alza en la demanda del tabaco en rama cubano en el mercado norteamericano a partir de la década de 1870 y la abolición de la esclavitud en lo años ochenta, ayudan a explicar por qué la aparcería parece haberse desarrollado con creces en esa década. En la prensa de la época abundaban los artículos sobre la precaria situación de los cosecheros, cuya agricultura de subsistencia mermaba debido a la presión ejercida sobre ellos para producir tabaco. Un artículo en *La Voz de Cuba* decía así:

> Todos los agricultores se afanaban por pobres que fuesen, en tener sembrados en sus vegas cuantos árboles frutales pudiese tener el mejor acomodado y hacendoso labrador; ellos recogían café para su consumo, arroz, almidón, frijoles, maíz, millo y cuanta viandas constituyen su alimento y abundantes frutos de todas clases; tenían crías de aves en abundancia, criaban ganado mayor y menor, ya amarrado á una soga, ya en corrales, basta decir que jamás sufrieron las consecuencias de ninguna sequía ...
>
> Centenares de vegas hay que no valen mucho más en venta de lo que de

rentas pagan. Es cierto que en un año como el pasado se vendieron sus cosechas á especuladores á precios bien ruinosos.[8]

A consecuencia de esto, les fue fácil a compañías como la Henry Clay and Bock absorber extensas plantaciones en Pinar del Río a finales de la década de 1880, y más aun durante la guerra de independencia (1895-98), cuando se produjo la penetración directa del gran capital extranjero para adquirir tierras que incluían las antiguas posesesiones de Henry Clay, Cabañas y Partagás. Eran éstas casi las únicas tierras que se mantenían cultivadas en aquellos años.

La penetración del capital interno y externo en el cultivo tabacalero abrió el camino para una verdadera rebatiña de tierra que alcanza su punto álgido durante e inmediatamente después de la guerra. En 1898, el honorable Robert Porter escribiría: 'Una plantación de tabaco o vega como se le conoce, con su huerto, sus plátanos para alimentar a los peones, sus árboles de flores y frutales, sus muros de piedras, sus portadas y lindas casitas, es el paisaje agrícola más acogedor.'[9] No obstante, la compra directa y la fijación de precios y créditos, estaba creando otra situación bien distinta, como la describiera vívidamente Arredondo:

> Hay pugna y hay competencia o lo que es lo mismo, el veguero encuentra amplias y fáciles oportunidades crediticias. Pero cuando la American Tobacco Company obtiene el triunfo, concertando un acuerdo monopolista con las otras empresas y luego llegan a cierto tipo de acuerdo con el grupo de los independientes ya no hay necesidad de seguir comprando tierras o atendiendo las solicitudes crediticias de los vegueros. Ahora éstos o venden el tabaco al precio convenido por el Trust o son lanzados al hambre y a la muerte sin encontrar compradores o agentes de las grandes fábricas. En el momento inicial de la lucha el almacenista ha impuesto a los fabricantes sus condiciones, y aquéllos las aceptaron pues la ley no era la discusión sino el control. En estos instantes, de acuerdo monopolista, los fabricantes toman el desquite. El almacenista vende o perece, y aunque su potencia económica sea mucha y muy grande su capacidad de acumular tabaco a la larga caerá atado de pies y manos ante la formidable pujanza del fabricante. Como es obvio la carga que soporta el almacenista inmediatamente la desplaza sobre el veguero. Asi éste se convierte en el factor más explotado de toda la producción... Si el comerciante y el industrial tenían elementos de defensa para capear la crisis, el veguero, por el

contrario se encontraba solo, aislado, indefenso, frente al brutal determinismo de las realidades económicas[10]

Esta rebatiña de tierra produjo una fusión del capital comercial e industrial durante las primeras décadas del siglo XX: los ejemplos incluyen a Cifuentes, los hermanos Santalla (en el negocio de la rama desde 1889, y cuyo capital promovió a la Villaamil, Santalla y Cía. en 1905), los almacenistas de tabaco en rama Rodríguez y López (detrás de El Cuño en 1907), y Digón y Dosal (una vez con Cifuentes) promoviendo La Competidora Gaditana en 1917.

Esto, junto al singular crecimiento de las compañías en el sector de la rama durante la segunda y tercera décadas del siglo XX, sirvió para consolidar de un lado una agricultura de plantación con trabajo asalariado, pero del otro, más aún, la aparcería. Es así que, entre 1899 y 1929, el total de la tierra dedicada al tabaco quedó apenas sin modificación mientras que la producción se duplicó en más del doble y el número de vegas casi se dividió en dos (de 9.500 a 4.000 en Pinar del Río y de 15.000 a 9.000 en la provincia de Santa Clara). La propiedad de la tierra quedó registrada en la región en un 25% durante todo ese periodo.[11] Esto dio lugar a que firmas tabacaleras que pudieran tener pagos anuales por conceptos de nóminas de hasta 400.000 pesos para el año 1935[12] pero además a que en palabras de Arredondo, 'El régimen de las tierras a partido se llegaría a límites de extraordinaria crueldad económica y agudo ritmo monocultivista'.

A medida que se hizo sentir la depresión del 30, la falta de éticas comerciales, los inescrupulosos agentes compradores y las prácticas ilegales llamaron la atención pública. 'El veguero estuvo a merced de los especuladores y del dueño de la tierra, a quien pagaba rentas que tocaban el limite de lo exagerado,' escribió Manuel Fabián Quesada en 1935:

> En esas condiciones se inició en Cuba el cultivo del tabaco 'como quiera'. Se entabló una lucha a base de mala fe entre veguero y especulador, echando a un lado unos y otros normas honestas del negocio.
> El veguero honrado era víctima de la voracidad de los agentes compradores, pagados por sus mandantes más bien para robar que para comprar; y los compradores decentes resultaban víctimas del veguero astuto y sin escrúpulos... Los grandes recursos económicos permitieron a los almacenistas organizarse

en bloque como medio de resarcirse, en forma poco honesta, de las pérdidas, con cargo al veguero...

Los procedimientos puestos en práctica para la compra del tabaco en rama, en el campo, pueden definirse como gansterianos.

El agente comprador fue por lo regular un hombre bien pagado como para que le tomara cariño al empleo. Antes se encargaba de esa misión un experto; ahora se escogió a un guapo. Pagaba; pero al recibir el tabaco ninguna maniobra deshonesta le estaba prohibida, trampas en el pesaje, daño en las tongas para desmeritar el producto y, en último caso, la exhibición de un Colt y la típica brava esto me lo llevo de a hombro.

No exagero. La persona decente fue eliminada del negocio. Estos, usos, comerciales sembraron en el campo la semilla de la revancha. Y hubo caso en que un agente comprador se llevó de la vega en vez de un cargamento de tabaco unos cuantos planazos administrados por un veguero recalcitrante.[13]

El subarrendamiento de tierra se generalizó a tal punto como para que llegara a reflejarse ampliamente en las discrepantes estadísticas en la década de 1940. En 1942, Raggi y Ageo totalizó en 4.417 el número de vegas. Alienes y Urosa se refirió 3.852 en 1943 y a 5,732 en 1945 (el incremento era atribuido a la anormal alta demanda en tiempos de guerra). El CNPDTH citó el número de 22.750 para 1945 y el censo agrícola de aquel año 34.437. La propiedad de la tierra se fijó alrededor de un 20%.[14]

Fuentes más descriptivas correspondientes a la época sacan a flote estas cifras. La Cuban Land, la que más tierras de administración tenía, fue señalada por tener, además de 3.300 trabajadores asalariados, partidarios que solamente podían mantener para sí mismos la mitad de su cosecha de tabaco de sombra y las tres cuartas partes de tabaco de sol. El Corojo, una vega de 405 hectáreas cerca de San Luis, Pinar del Río, tenía 500 trabajadores agrícolas, además de partidarios que pagaban el 30% de la cosecha. Los tercedarios y cuartidarios en la zona de Remedios pagaban renta a terratenientes ausentes y subarrendaban a los partidarios quienes pagaban el 50% de sus cosechas. En tales casos, el cuartidario proporcionaba comida y alojamiento, y el partidario era esencialmente un campesino pagado en especie.[15]

En este sistema de subarrendamiento y aparcería, el veguero fue muy vulnerable a la sobresaturación del mercado como bien se refleja en esta décima campesina de la década de 1940:

> Después que esté recogido
> y amarrado en el pilón
> se oye la eterna canción
> Que el tabaco está caído,
> de La Habana no ha salido.
> y no lo quieren comprar.
> Y tendremos que esperar
> no sé cuántos requisitos
> y al fin, en flautas y pitos
> todo esto viene a parar.[16]

Bajo estas condiciones, fueron muchos los cosecheros quienes, por lo menos durante cierta parte del año, tenían que vender su fuerza de trabajo – o la de su familia – en las escogidas, despalillos, tabaquerías o en otros menesteres. Algunos dejaron la tierra para siempre; otros, aunque nunca completamente sin tierras, de hecho engrosaron las filas del proletariado rural.

La intensa aparcería tuvo su corolario industrial en la chinchalería y la producción casera. Gran parte de la producción de tabacos y cigarros de principios del siglo XIX fue hecha a mano en prisiones y cuarteles o en las casas. En la producción de cigarros, en particular, hay refencia a no más de 45 operarios en las cigarrerías en 1848. En 1862 se registraron 65 'fábricas' a través de la Isla, y solamente seis de ellas empleaban 50 o más operarios. Mucho del liado fue hecho por el trabajo casero de mujeres y por el trabajo esclavo y bajo contrata.

El trabajo esclavo en el torcido era probablemente mas generalizado de lo que se ha creído. Si juntamos las pocas cifras para los años sesenta, por ejemplo, es posible que la tercera parte de los operarios de la Isla, la mitad de los de La Habana, eran en ese tiempo esclavos, además del 13% y 18%, respectivamente, libres de color.[17]

Los propietarios de fábricas dé cigarros, como Rencurrell y Susini, hicieron hincapié en que no usaban el trabajo esclavo, aunque no tenían escrúpulos en emplear el trabajo bajo contrata, quejándose de que las mujeres no iban a las fábricas. Encima de los 300 chinos contratados, hay documentación de que Susini había distribuido material a unos 500 soldados en los cuarteles de La Habana 'quienes, en sus ratos de ocio, recurren a la elaboración de cigarrillos' y a *femmes delaissées* con pequeños niños a cuestas y algunas familias pobres de las zonas aledañas.

También se tiene conocimiento de que solicitó del gobernador que le concediera 50 huérfanos para alimentar, vestir y educar y enseñarles un oficio'.[18]

La revolución técnica en la fabricación de cigarros, concentrada primero en la fábrica de Susini, comenzó paulatinamente a modificar esta situación, aunque todavía en la década de 1890 el trabajo fuera de los centros fabriles de la industria cigarrera fue tan común como para producir una poética introducción poco habitual en el *Álbum de la Corona* en 1898:

> Verdad es, que en esta tierra
> suele venderse tan malo
> que destruye los pulmones
> y la vida... ¡pues es claro!
> ¡Conozco yo fabricantes
> que envuelven en papel
> cucarachas, picaduras
> uñas y pelos y rayos!
> Mandan tabaco al presidio
> para que los presidiarios
> elaboren cigarrillos
> con sus nada limpias manos:
> y lo que es más sucio aún,
> al 'Hospital San Lázaro'.
> De ahí resulta mil veces
> enfermedades, contagios,
> y olores nauseabundos
> que se sienten al fumarlos.
> La Corona es diferente;
> tiene un edificio amplio
> y máquinas prodigiosas
> en salones ventilados
> donde en dos horas escasas
> se hacen veinte mil cigarros;
> mujeres pulcras y limpias
> decentes operarios
> que no monosean nunca
> la hoja de Vuelta Abajo.
> La picadura se encierra

> en caja de cedro sano
> y ahí se conserva su aroma
> y su sabor delicado.
> Las envolturas lujosas
> que emplean sus propietarios;
> según opinión de todos,
> son dignos de un soberano,
> es decir, de presentarlos
> en el más rico palacio.[19]

En ninguna de las 36 fábricas de cigarros registradas en 1890 el trabajo manual había sido completamente eliminado. Un caso al respecto fue La Legitimidad que empleó un total de 700 trabajadores y sólo 12 en las seis máquinas en uso.

La relativamente pequeña modernización mecánica efectuada en el sector cigarrero luego de la embestida de la American Tobacco a la vuelta del siglo significó que otros intereses tabacaleros en Cuba – La Competidora Gaditana, El Cuño y Villaamil, Santalla y Cía, son buenos ejemplos – se erigieron sin gran competencia. Sin embargo, estos no dispusieron de grandes cantidades de capital para invertir en una amplia modernización de equipos. A su vez, esto significó que otras pequeñas fábricas surgieran tanto en La Habana como en las provincias, especialmente durante la década de 1920. Casi estrictamente para el consumo local, éstas nunca llegaron a ser importantes en tamaño y en su momento se esfumaron. La gran excepción fue la Trinidad y Hnos. de Ranchuelo que desde los tiempos de su fundación en 1922 ganó tan rápido prestigio en el mercado local que en 1930 la producción total de la fábrica fue superior a la de cualquier otra fábrica cubana.

No obstante, una gran mayoría de pequeñas fábricas pudieron sobrevivir por un periodo sorprendentemente largo. En 1930 habían 29 fábricas en producción. Dos de ellas, la Henry Clay and Bock (Trust) y la Trinidad y Hnos., tenían en su haber el 50% de la producción, aunque el otro 50% todavía estaba bastante bien repartido entre las 27 pequeñas y medianas fábricas.[20] En el censo tabacalero de 1945 todavía se relacionaban 24, aunque hacia 1958 habían solamente 12. En la pujanza del mercado interno de la posguerra, tres fábricas en particular – Domingo Menéndez (El Cuño), Ramón Rodríguez (Partagás) y Trinidad y Hnos. – se ampliaron lo suficiente como para hacer considerables inversiones

Tabaquero casero, con una mesa hecha de una caja de bacalao: Dionisio Contreras, que llegó a ser Secretario de Educación, Cultura y Deportes para el Sindicato Nacional de Trabajadores Tabaqueros después de la Revolución de 1959

básicas, incluyendo los primeros y únicos acondicionamientos de aire y plantas electrónicas de purificación en las fábricas de El Cuño y Trinidad. Juntas, las tres tenían en su haber el 60% de la producción total. El volumen de producción de la antigua Henry Clay estaba a la par con La Competidora Gaditana, más reciente y favorita, de Dosal y Cía., pero muy por detrás de dos firmas en franca expansión, H. Upmann y Villaamil, Santalla y Cía. (que ofrecía el nuevo cigarrillo suave Royal). Ocho de las doce fábricas reportaban el 95% del volumen total de producción.

La chinchalería y trabajo casero duró mucho más en el torcido, donde la revolución técnica fue más tardía. A fines del siglo XIX la concentración de la producción en el sector exportador trajo consigo algunos cambios en el proceso de fabricación, incluyendo la división del trabajo y el trabajo al detalle. La escogida, el despalillo y la mezcla de la rama se convirtieron en pasos preliminares importantes en la manufactura de primera, convirtiéndose igualmente en nuevos oficios especializados, tales como el de tabaquero de primera y escogedor de tabacos. El anillado y el fileteado se convirtieron así mismo en respectivos oficios. Al mismo tiempo, una nueva categoría de trabajo poco calificado se creó con el bonche de la tripa.[21]

Al lado de estos cambios, la fabricación para la exportación continuó efectuándose casi de la misma manera aunque en condiciones peores y en escala menor en las fábricas independientes del siglo XX. Es así que, contra aquellas 158 fábricas con más de 50 obreros en 1862, solamente 98 en La Habana de 1890, había sólo 60 en 1945. Y en contraste con aquellas fábricas de 1890 con 1.000 a 2.000 trabajadores, sólo existían en 1945 nueve con poco más de 200 trabajadores, siendo la H. Upmann la fábrica que tenía el mayor número, 800.

Si el volumen de producción total de tabacos del siglo XX se mantuvo bastante estable, aunque sujeto a fluctuaciones temporales y cíclicas, ésto se debía al incremento en el mercado interno para satisacer a una población en aumento. Este no fue de ningún modo un mercado para tabacos de lujo, como los que se hacían para la exportación, que era mayormente abastecido por las pequeñas tabaquerías locales de segunda y por los torcedores particulares a través de la Isla, como ocurrió en el siglo XIX. He aquí la sorprendente comparación entre las cifras de la industria a lo largo de un siglo. En 1862, un total de 498 'fábricas' de tabaco estaban registradas en La Habana, un total de 1.302 en la Isla. El promedio de obreros era de 8 a 10; en la provincia de Oriente de 3, y en Pinar del Río de 1 a 2. En 1945, había un total de 1.050 'fábricas', 701 de las cuales tenían menos de 25 operarios, las restantes 289 funcionaban sin trabajo remunerado, y había además 1.382 elaboradores privados. En Las Villas, el promedio era de no más de seis operarios, en Oriente de 1 a 2.

Fue este sector local y casero el que producía lo que el informe de 1910 sobre la industria del torcido llamó el problema de 'los tabacos de inferior calidad ofrecidos en envases de marcas acreditadas'. Durante los siguientes veinte años, un estimado del 80% del total de la producción doméstica provino de este sector. A partir de la década del treinta hubo constantes referencias a la producción de los chinchales. 'Contadísimos son los talleres, excepción hecha de La Habana, Bejucal, San Antonio de los Baños y Artemisa, donde el número de operarios pasa el medio centenar,' comentó un editorial de *Tabaco* en el número de agosto de 1939. 'En su mayoría son fabricantes o chinchales donde vegetan malamente media o una docena de torcedores.'[22] Veinte años más tarde, la Comisión Tabacalera calculó la existencia de 1.902 'fábricas', más de la mitad de las cuales estaban al margen de toda legislación tabacalera.

De un lado, estaban los grandes independientes, pocos de los cuales pudieron ampliarse mucho frente a la competencia extranjera del siglo xx y quienes, a la sazón, se mostraban cada vez más resistentes a cambiar. Por otro lado, estaba la proliferación de la producción en pequeños chinchales, a veces muy efímera. Era lógico que de un número considerable de ambos, por razones sólidas aunque pasadas de época, resistirían cualquier intento de introducir la máquina torcedora, a la cual se opusieron completamente en la década de 1920, e incluso en los años cincuenta, luego de una larga batalla de seis años, lograron asegurar una limitación oficial sobre su uso, restringiendo su explotación para el mercado exterior.

El resultado fue que aún durante los años cincuenta la estructura general de la industria se modificó muy poco. Sólo ocho fábricas instalaron la máquina y hacia 1958 solamente seis continuaron la producción mecanizada. En sólo dos de las seis – H. Upmann y Gener – el volumen de producción alcanzó el nivel de 1920. La producción de la fábrica Partagás fue considerablemente más baja. En conjunto, las seis sumaron menos del 20% de los estimados oficiales del total de la producción del torcido de aquel año, posiblemente más bien un 10% del total real.

Hacia finales de la década de 1950, mientras la industria cigarrera podía ser catalogada como uno de los sectores más avanzados de la economía cubana, la manufactura de tabacos era uno de los más atrasados. Según datos del BANFAIC para 1954, dos fábricas tabacaleras se hallaban entre las 14 fábricas nacionales que empleaban más de 500 trabajadores: tabaco H. Upmann (800) y cigarros Trinidad (535).[23] En un recuento de toda la industria manufacturera de Cuba en los años cincuenta, O'Connor pone a la industria cigarrera en un primer grupo de nueve industrias manufactureras cuyo promedio de empleo oscilaba entre los 201 y 500 obreros, y el torcido en un último grupo de 12 industrias cuyo promedio de empleo en la planta era de cincuenta o menos.[24]

Quizás lo más notable de todo, en el contexto de las colosales corporaciones tabacaleras mundiales, fue que a mediados del siglo XX el más avanzado modo de producción capitalista en el sector tabacalero cubano en general (exceptuando las sucursales extranjeras) era el del pequeño negocio basado en nexos familiares: Cano, Cifuentes, Romeo y Julieta (de la familia Argüelles), Gener, Villaamil y Santalla y muchas otras eran negocios de familia que de generación en generación habían visto su gloria languidecer con los años. H. Upmann, una de las más antiguas y más prósperas de las firmas familiares del siglo pasado, había cambiado de manos dos veces en los años veinte, para ser comprada finalmente en 1937 por la firma almacenista de tabaco en rama perteneciente a la familia Menéndez. Ellos se establecieron posteriormente tanto en la industria del tabaco como en la cigarrera, aunque sobre todo en esta última. Exceptuando la Tabacalera Cubana y la Cuban Land and Leaf, la relativamente modesta propiedad de la familia Menéndez y Cía. (tabacos), Menéndez y García y Cía. (tabaco en rama) y Cigarros H. Upmann – juntos constituyeron el bloque mayor dentro de la industria.

Ni siquiera una sola de estas firmas podía compararse con la grandeza de aquellas empresas tabacaleras del siglo XIX. Ya esto de por sí era sintomático. El tabaco estaba atrapado en un proceso de desindustrialización y distorsión.

Sellos de garantía de tabacos, 1899 (arriba), post-1912 (abajo)

SEGUNDA PARTE

Relaciones de producción tabacaleras

Tabaco:
ni contigo ni sin ti
tienen mis males remedio
contigo porque me matas
sin ti porque me muero.

Refrán popular, 1936

7

Campesinado y proletariado

Es de suponer que una considerable proporción de la población cubana se dedicaba al cultivo y a la manufactura del tabaco. Rivero Muñiz señala que hacia la década de 1850, la mitad de la población de la Isla dependía de esta cosecha; fuentes de la década de 1890 indican una tercera parte; y a mediados del siglo XX todavía quedaban zonas y pueblos enteros en las provincias de Pinar del Río, Las Villas y La Habana. A raíz de eso, la desindustrialización y distorsión del tabaco tendrían profundas consecuencias a largo plazo.

La disminución numérica, cambios radicales en la composición, incremento en la fluidez entre sectores, empeoramiento general de condiciones: todo esto complicó lo que ya de por sí constituía uno de los sectores más heterogéneos y más complejos del campesinado y del proletariado cubanos en virtud de las varias etapas y diversos modos de producción en el proceso del tabaco desde la rama hasta el producto acabado.

El arrendamiento y todo el sector por cuenta propia, que tanto prevalecieron en el tabaco, son fenómenos que se caracterizan por el trabajo familiar, ocultando así una buena parte del realizado por mujeres y niños. En la Cuba del siglo XIX, a esto hay que añadir el trabajo esclavo, contratado y asalariado bajo condiciones que abarcan desde el domicilio obligatorio en la tabaquería hasta el abyecto sistema de aprendizaje que dejó sus secuelas hasta bien avanzado el siglo XX. Tales aspectos nebulosos del trabajo en el tabaco están todavía por explorar a fondo, aunque tanto en la agricultura como en la industria, sí pueden postularse algunas tendencias.

En primer lugar, el sector numéricamente más grande fue el del cultivo, aunque disminuyó como sector en el siglo XX. Un total de 120.000 – unos 58.000 (de una población total de 69.000) solamente en Pinar del Río – figuraba en las estadísticas oficiales de 1862 para el cultivo del tabaco en rama, lo cual implicaba que prácticamente cada hombre y mujer, y también muchos niños, se dedicaban a la cosecha en aquella parte del país. Asimismo, la cifra era baja en jurisdicciones de lo que más tarde sería la provincia de Las Villas y menos aún al parecer en el departamento oriental. En la medida en que aumentaba la demanda de tripa de inferior calidad de esa zona, también aumentaba el número de los que allí se dedicaban al cultivo.

No obstante, cualquier crecimiento numérico era relativo. A pesar del

Entre los inmigrantes de comienzos del siglo XX muchos eran de las Islas Canarias, que entraron en el cultivo del tabaco. Aquí en Cabaiguán, Las Villas, 1920

Canarios en el tabaco en Tamarindo, Ciego de Ávila, 1919

incremento del cultivo, el propio desarrollo capitalista de la agricultura, produciendo de un lado grandes plantaciones sobre bases más científicas, pero también la aparcería en su forma más explotadora, significó que las cifras disminuyeron considerablemente en comparación con las de mediados del siglo XIX. Esto se hacía más evidente en las postrimerías del siglo XIX, aunque por lo general fue un proceso que tuvo lugar durante las primeras décadas del siglo XX. La cifra de 80.000 en 1899 fue más bien un reflejo del estado de la agricultura a finales de la guerra, especialmente en la provincia de Pinar del Río. No obstante, hacia la década de 1940, la cifra no fue mucho más alta: en la región de 80.000 a 90.000 – alrededor de 33.000 en Pinar del Río y 49.000 en las Villas.

Una agricultura de plantación y un sistema de arrendamiento intensivo significó que el pequeño campesinado se desintegrara en gran medida, produciendo un nuevo semicampesinado, semiprolelarizado que se volcaba hacia otros sectores del tabaco, especialmente la escogida[1] y el despalillo[2] para el mercado de exportación.

Tanto fue así que en el siglo XX una vasta fuerza de trabajo rural mayormente temporal creció a tales proporciones que hacia 1944 había, encima de los 88.000 reportados en el cultivo, unos 51.000 escogedores de rama y 20.000 despalilladoras.

De los 51.000 escogedores, 19.000 y 28.000 (38% y 56%, respectivamente) se encontraban en las provincias de Pinar del Río y Las Villas. En plena zafra se podían encontrar a cientos en un sólo despalillo, como en el de la General Cigar Company en Cabaiguán en julio de 1945. De las 20.000 despalilladoras, unas 8.000 trabajaban en los despalillos de Las Villas y otras 5.000 en Pinar del Rlo. Mientras que la mayor parte del despalillo se llevaba a cabo para el mercado de exportación en despalillos de pequeños pueblos tabacaleros de provincia, también habían muchos despalillos ubicados en los pueblos más grandes y las ciudades, especialmente en La Habana. Por otra parte, todas las grandes fábricas tenían sus propios departamentos de despalillos, muy a menudo en el edificio principal de éstas. Así, la cifra de 1944 de las despalilladoras solamente en La Habana fue de 5.000 (la cuarta parte del total) y había casi 4.000 (una quinta parte) en las fábricas. Esto significaba que, como sector, las despalilladoras abarcaban tanto el proletariado rural como el industrial.[3]

En cuanto al proletariado industrial propiamente dicho, el tabaco constituyó la única industria del siglo XIX que produjo una gran clase obrera asalariada industrial y urbana. También la produjo a escala sin paralelo en el siglo XX. El hecho de que los tabaqueros hayan sido uno de los mayores sectores de la clase obrera cubana hasta la década de 1940 y 1950 fue un síntoma del desarrollo de la industria cubana en general, no un rasero del progreso en la industria tabacalera en si misma.

Algunos sectores de los tabacaleros fueron golpeados más duramente que otros. El hecho de que el potencial manufacturero de Cuba en cuanto a tabaco de primera, fuera tronchado inevitablemente significó una sustancial reducción en el número de tabaqueros, el grupo industrial más predominante de la industria. Esta mengua tuvo especial énfasis en La Habana, donde se concentraban las grandes fábricas para la exportación. Al mismo tiempo, el atraso de la industria en general significó que el número total de trabajadores permaneciera relativamente alto, con un amplio sector diseminado por toda la Isla y una continuada y alta proporción de chinchaleros y trabajadores caseros en relación con los que laboran en las fábricas. Por lo tanto, mientras que las cifras para la década de 1860 indican hasta unos 15.000 torcedores en La Habana, 20.000 en toda la Isla, los datos de 1899 para La Habana habían disminuido hasta 10.000, aunque todavía con 20.000 en total. En 1919, solamente 3.500 (un 60% menos) se atribuía a La Habana, y es esta baja la que explica el total de 14.000 en la industria en general, dado que las cifras en algunas otras provincias tabacaleras se habían duplicado

Recibiendo el tabaco en la fábrica

Mojando y sacudiendo el tabaco

durante el mismo período. Según las estadísticas de 1944-45,[4] la cifra global fue algo más de 12.000 y la de La Habana poco más de 5.000.

Estas cifras se pueden comparar con un total aproximado de 2.000-3.000 escogedores de tabacos, anilladoras, fileteadores, empleados, dependientes y demás, así como otros 2.000-3.000 cigarreros para el siglo XX. Cabe señalar que, aunque muy inadecuados, los estimados de producción para mediados del siglo XIX: indican un estimado de 7.000-10.000 cigarreros. Los 2.500 en la fábricas habaneras a principios del siglo XX, probablemente sólo fueron importantes en cuanto a que el trabajo a mano y de particulares fuera completamente superado a lo largo y ancho de la Isla.

Computando las cifras ocupacionales en general sobre la base a un porcentaje, se puede apreciar que hacia mediados del siglo XX un 50% de los comprendidos en el tabaco se dedicaban al cultivo, 30% a la escogida y el 10% al despalillo, mientras que sólo un 6% se encargaba del torcido y un pequeño 1% de la industria cigarrera.

El hecho de que el 6% y el 1%, respectivamente, del sector tabacalero haya tenido una trascendencia particular dentro y fuera de su medio, en la economía y en la sociedad en general, por ejemplo, merita mucha atención por varias razones. Entre ellas unas de las más interesantes es su perfil histórico en cuanto a la división del trabajo por concepto de raza, sexo y oficio.

El torcido es un trabajo calificado,[5] aunque hay pocos indicios de que así se le considerara originalmente en la Cuba del siglo XIX. Con el fin de la prohibición en 1817 y un rápido aumento en la demanda de operarios en tiempos de grave escasez de mano de obra, muchos de estos se buscaban no solamente en los cuarteles, las prisiones o en los hogares del pueblo. Números considerables de esclavos, chinos y libres de color fueron llevados a las tabaquerías para trabajar codo a codo con los trabajadores asalariados blancos. En esto, la industria del torcido se diferenciaba poco de la cigarrera.

Rivero Muñiz menciona a chinos en la industria tabaquera desde los inicios del siglo XIX, y seguramente que el número de ellos aumentó después de 1847 cuando se trajo la primera contrata china. Aunque los chinos en el tabaco eran considerados como entre los más diestros de los operarios y mejores que la mayoría de sus paisanos, tenían fama de estar entre los que más duro trabajaban y los que peor se pagaban. En

Trabajador chino y venderores callejeros del tabaco
(Hazard, *Cuba: a pluma y lápiz*, 1871)

las estadísticas ocupacionales parece que se les había clasificado como blancos, por lo que se adolece de cifras totales. Pero tal vez el retrato más elocuente sobre los trabajadores chinos es uno de Hazard en la década de 1860, refiriéndose a los chinos que liaban cigarros para Susini:

> Es curioso ver a esos asiáticos con sus trajes azules parecidos a los de los presidiarios algunos con las cabezas completamente raspadas, otros con sus trenzas enroscadas hacia arriba, en tanto que los menos cuidados dejan un gran cepillón negro. Todos, sin embargo, tienen una apariencia de escrupulosa limpieza en sus cuerpos e indumentaria, en cumplimiento de las reglas del establecimiento. Los dormitorios que ocupan son un modelo de limpieza y buen orden. Cada operario dispone de un catre con sábanas y almohadas de nítida apariencia; y todo cuanto contienen las habitaciones se exige que tenga la mayor limpieza posible. En estos dormitorios pueden verse los más curiosos instrumentos musicales de varias clases, tableros para juegos (a los que son muy aficionados), etc. A todos los trabajadores se les exige que lleven una gorra especial, con el nombre de la factoría sobre una cinta. Todo el establecimiento está sujeto a cierto grado de precisión y sistema militar verdaderamente notable. Para los chinos, que son operarios contratados por los propietarios, rige un sistema de castigo en forma de multas...[6]

A diferencia de los esclavos, por lo menos a los chinos se les permitia cocinar y bañarse, según indicaba el reglamento de la fábrica.

Las descripciones de las primeras tabaquerías son menos eufóricas. Rivero Muñiz escribe acerca de 'jornaleros' que vivían, casi en comunión, con esclavos y chinos contratados en haciendas e insalubres condiciones en barbacoas poco ventiladas existentes sobre las galerías de las tabaquerías, recibiendo únicamente parte de su salario en forma de dinero, teniendo fijadas las salidas una vez a la semana. Las ilustraciones gráficas de la época dan testimonio de esto, a falta de cifras ocupacionales. En 1836 se reportaron 1.622 operarios y 612 esclavos de un total de 2.234 tabaqueros, pero a partir de ese año no se reportó más trabajo esclavo. Es así que, de un estimado de 14.000 tabaqueros registrados en 1846, había 9.000 blancos y por debajo 4.000 de color, pero ningún esclavo. No obstante, el *Diario de la Marina* del 8 de diciembre de 1857 anuncia: 'Un famoso negro de arrogante presencia, criollo, de 30 años, en buen tabaquero de Londres y millar, gana un peso de jornal cada día, no ha conocido más amo que donde nació y el actual, en precio de

$1.000 libres para el vendedor, sano, sin tachas y sin lugar a redibitería.'⁷ Además, para un número dado de tabaquerías en la década de 1860, la gran variedad de cifras en cuanto al número de operarios apunta hacia la posible existencia de unos 7.000 esclavos y/u operarios por cuenta propia de 15.000 tabaqueros de La Habana y una cifra similar de un total de 20.000 en toda la Isla.

Durante la década de 1860 hubo también un porcentaje significativo de libres de color entre los tabaqueros: 13% en La Habana y un 18% a lo largo de la Isla. En total, esto parecería indicar las asombrosas cifras de una fuerza laboral no blanca de un 60% para La Habana, 55% para la Isla, en una época en que la población blanca era numéricamente superior que la negra.

Ya por 1899, ese porcentaje había descendido al 30% y 37%, respectivamente. Era evidente esperar que, con la abolición en la década de 1880 y la depresión y la guerra en la década siguiente, la población negra fuera la más afectada sobre todo en La Habana donde la fuerza laboral estaba rápidamente en descenso. Sin embargo, es igualmente evidente que los torcedores blancos se habían atrincherado en regalías

Seleccionando la hoja

Escogedores de tabacos, Hija de José Gener, 1917

para la exportación, engrosando sus filas con la ola de inmigrantes españoles hacia los mejores puestos en las fábricas habaneras. Es así que en el censo de 1899 – el primero en distinguir entre los nativos del país y los extranjeros – uno de cada cinco operarios en las tabaquerías se clasificara como blanco extranjero, la mayoría de origen español. Y, de los restantes, dos de cada cinco eran blancos nativos, es razonable suponer que uno por lo menos era de la primera generación.

Martínez-Alier señala que el número de libres de color en los oficios durante la Cuba del siglo XIX sirvió para inferiorizar a los blancos que en éstos trabajaban[8] y sin lugar a dudas esto fue un factor en la composición racial del sector del torcido. También tenía su contrapartida en que este atrincheramiento de la mano de obra blanca sirvió para consolidar las estrictas lineas divisorias en cuanto al escalafón dentro del oficio. Rigurosos requisitos eran necesarios para llegar a ser tabaqueros de primera, escogedor de tabacos o fileteador, en cuanto a que el ingreso en esta flor y nata del torcido se restringía según los parámetros de raza y oficio, tanto por parte de los operarios mismos como por parte de los fabricantes.⁹ Es aquí cuando el oficio de tabaquero llega a su máximo apogeo.

A medida que la manufactura de primera caía en declive en el siglo XX, el torcido como oficio puede haberse mantenido en teoría, pero no siempre fue así en la práctica, y esto se reflejó en los cambios operados en el componente nacional-racial. La proporción de un extranjero por cada cinco tabaqueros en 1899 descendió a 1 por cada 10 en 1907, 1 por cada 15 y 1 por cada 50 en 1943. A pesar de la nueva ola de inmigrantes españoles que llegaron a Cuba después de la 'independencia', muy pocos se vieron atraídos por la industria tabacalera. Esto, junto con el hecho de que muchos españoles residentes optaron por la ciudadanía cubana, en parte explica este cambio proporcional. Otros factores fueron el regreso de tabaqueros cubanos desde Tampa, Florida y Cayo Hueso, aunque no todos pudieron encontrar trabajo, y la proliferación de chinchales que abastecían el mercado interno. De ese modo hubo un aumento de 30% a 38% en la proporción negra en la industria entre 1899 y 1907.

Anilladoras de tabacos

En los relativamente prósperos años entre 1907 y 1919 esta cifra descendió hasta el 30%, para aumentar otra vez solamente durante el período de baja industrial de 1919-43 cuando alcanzó por esta última fecha el 40% de los trabajadores habaneros. En la industria en general el porcentaje de la mano de obra negra era más alto en las provincias. Esto era válido tanto para el sector 'más negro' del torcido como para los oficios más exclusivos dónde había un elevado porcentaje blanco: entre escogedores de tabaco,[10] por ejemplo, se registraba un 19% de mano de obra negra para toda Cuba, para La Habana, un 11,5%.

Habia similares diferencias dentro del sector en cuanto a una división de trabajo por sexo. Hay poca referencia ya sea en la Cuba del siglo XIX o del XX respecto a torcedoras, aunque la preponderante industria casera podría sugerir la existencia de por lo menos algunas. No pocas mujeres entrevistadas a finales de la década de 1960 comentaron haber aprendido de sus padres o hermanos el oficio del torcido en la casa y haber sido esporádicamente empleadas en pequeñas tabaquerías locales. Es interesante que al parecer no se intentó utilizar mujeres en las nuevas fábricas mecanizadas de la década de 1950, como bien fue el caso en otros países con el advenimiento de la máquina, particularmente en Estados Unidos. Lo volátil de la cuestión de la mecanización en una situación de subempleo y desempleo excluía esto como posibilidad.

Al respecto, aún más interesante es la industria cigarrera. Mientras todo indica que muchas mujeres se dedicaban al liado casero de cigarros durante el siglo XIX, a mediados de ese siglo existían quejas de que las mujeres no querían ir a las fábricas. Susini fue uno de los que se quejó en ese sentido. La primera referencia a 'un taller exclusivamente dedicado para cigarreras bajo la vigilancia de una señora de reconocida moralidad'[11] fue el de Pablo González, dueño de La Africana. De cualquier manera, la continua resistencia por parte de las mujeres a ser llevadas a las fábricas y el constante predominio del trabajo casero hasta la vuelta del siglo explica en parte cómo los hombres llegaron a dominar los puestos en la fábricas, aspecto este que siguió así incluso después de la mecanización. Los maquinistas cigarreros en La Habana del siglo XX constituyeron en su inmensa mayoría una fuerza laboral blanca y masculina y, al igual que los tabaqueros antes, se apuraron en asegurar el control de su 'oficio'. Así lo hacían cuando en los países manufactureros de cigarrillos como Estados Unidos y Gran Bretaña, la mano de obra masculina había sido considerablemente afectada y se sustituía por una mano de obra femenina y barata. Se notaría un proceso similar de este tipo de atrincheramiento masculino y blanco en los años posteriores en la única otra gran cigarrería fuera de La Habana, la Trinidad y Hnos., de Ranchuelo.

Por supuesto, a lo largo de los años, las mujeres sí fueron asimiladas en las fábricas. Se empleaban en el empaquetillado de cigarros como en el anillado y celofanado de tabacos, y constituían la vasta mayoría de ese gran sector del despalillo. Los primeros indicios de trabajo femenino a escala considerable en las fábricas surgieron después de la Guerra de los Diez Años de 1868-78, y en el despalillo. Se dice que la fábrica de Henry Clay se destacó por haber sido la primera en emplear despalilladoras en 1879. La escasez de mano de obra ocasionada por la guerra y el éxodo de tabaqueros a Tampa y Cayo Hueso tal vez pudo haber provocado el desplazamiento de despalilladores hacia trabajos más prestigiosos dentro de las fábricas, provocando particularmente una marcada escasez en este nuevo sector en expansión. A través de los años el despalillo llegó a verse en Cuba como un trabajo de mujeres: tanto

Fileteadores

fue así que hacia mediados del siglo xx el 90% del sector del despalillo estaba constituido por mujeres.

Abarcando el proletariado rural e industrial y empleando un gran número de mujeres negras (30% en La Habana y 40% en Las Villas en 1943), el despalillo estuvo lejos de que se le reconociera como el oficio que evidentemente era. Para ir más allá en nuestros planteamientos, el hecho de que hacia mediados del siglo se hubiesen minado los oficios trajo como consecuencia el alto porcentaje de toda la mano de obra que era negra (35% en 1943, comparada con un promedio de un 31% para las industrias en general) y femenina (44% en 1953 en comparación con el 14% para otras industrias manufactureras).

En conclusión, la demarcación o no de diferenciaciones por oficio estaba claramente vinculada con la particular configuración histórica del tabaco cubano, donde los componentes de raza y sexo jugaron su papel. Algunos aspectos de lo que implicaban estas diferenciaciones serán tratados en capítulos posteriores.

8

¿Aristócratas del trabajo?

El mito y la leyenda que rodean el tabaco cubano lograron su máxima expresión en los tabaqueros. Se les ha calificado como una poderosa élite del trabajo torciendo la aromática hoja en la confección de un producto de primera, bien situado en el mercado mundial de lujo. Si bien nos parece haber disipado el mito y la leyenda en la manufactura, ahora le corresponde a los obreros.

Sin lugar a dudas, la postulada teoría de la aristocracia del trabajo en el torcido tiene que estudiarse con más detenimiento. Si se aceptara la validez del término aplicado a un distintivo y alto estrato de la clase obrera, mejor pagado, mejor tratado y generalmente más respetado que el resto de la masa proletaria, hay que concluir que ha sido a menudo mal empleado en lo que respecta a los tabaqueros cubanos. El trabajo esclavo y semiesclavo (que va desde el sistema de contrata hasta el de tipo asalariado con domicilio en tabaquerías y con un abusivo sistema de aprendizaje) produjo una amplia gama de restricciones de movimiento en los tabaqueros. Una de las más famosas fue la libreta, creada en 1851 con carácter obligatorio, donde se anotaban el nombre del patrón y cualquier dinero que se le debiera a éste. Mientras el trabajador le debiera al dueño no podía abandonar la fábrica ni ser empleado por otro

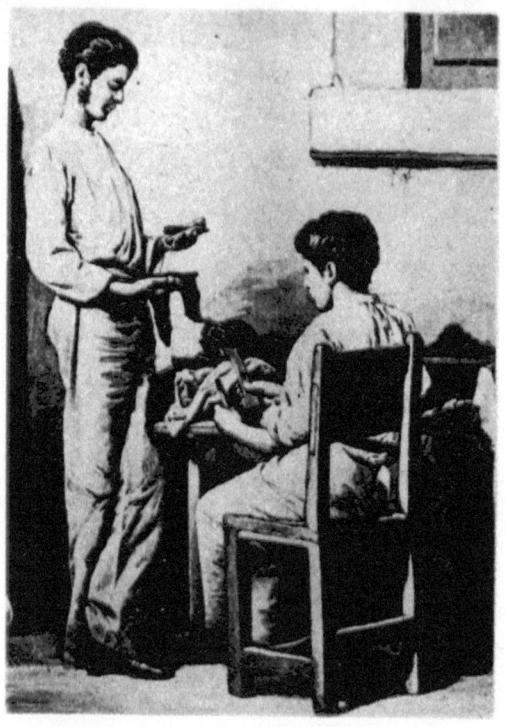

'El Tabaquero', grabado por Victor Patrizio de Landaluze, 1881

fabricante, hasta tanto no liquidara al adeudo. De la clara efectividad de la libreta se deduce que los salarios eran, si no siempre, por lo menos con bastante frecuencia, inadecuados.[1] En efecto, el salario promedio diario que tenían fijado en 1852 de 1 a 3 pesos, no era mucho más alto que el de 1 a 1,50 para los jornaleros.

Ya a partir de las décadas de 1850 y 1860 existieron diferencias salariales cada vez mayores. Las cifras de 1861 señalan 4 pesos diarios para un torcedor de primera frente a 1-3 pesos diarios para uno promedio. Las cifras ofrecidas por De la Sagra para 1862 se sitúan aún más bajas, en 2 y 1 pesos. Sin embargo, ya por 1890 se ha señalado que los grandes torcedores ganaban 10 pesos diarios frente a los 2 pesos del torcedor promedio, una diferencia de 5 a 1. Esto también explica las muy diversas descripciones de aquellos años. Sobre este período comenta Muñiz:

> No quiere esto decir que entre los tabaqueros no existieran algunos que gustasen de lucir un vistoso flus (traje compuesto comúnmente de pantalón, saco

y chaleco), y los consabidos zapaticos de a centén, pero estos eran los menos numerosos, o sea los que trabajaban las vitolas de regalía, porque lo cierto era que la inmensa mayoría de los obreros de la industria del tabaco arrastraban una vida miserable, no superior a la que imperaba en el resto del proletariado cubano.²

También señala que la abolición de la esclavitud realmente modificó poco las condiciones generales en la industria, ya que 'a los esclavos que en ésta trabajaban se les pagaban los mismos jornales que a los obreros libres, con la diferencia de que mientras estos recibían directamente sus jornales, en el caso de los esclavos eran los amos quienes lo percibían'.³

Al mismo tiempo la atracción por el dinero que ganaban los grandes torcedores significaba que siempre habían los que querían servir de aprendices en la industria. Estos aprendices eran aprovechados al máximo en las tabaquerías que tenían con frecuencia más aprendices que operarios, muchos de los cuales eran cruelmente explotados, extendiéndoseles

Maestro tabaquero

el período de aprendizaje y recibiendo un jornal que generalmente era el 20% menos de lo que realmente valía su trabajo, señala Rivero Muñiz.

Al otro extremo está la descripción del artesano:

> Tiene grandes simpatías
> se viste muy elegante
> y hay tabaquero galante
> gue por su porte y figura
> cualquier figura
> que es médico o comerciante...
>
> Se ponen buenos sombreros
> zapaticos a doblón
> buen reloj, buena leontina
> y se paran en la esquina
> y plantan su pabellón.[4]

Hombres así era obvio que formaran un mundo aparte de la mayoría de los tabaqueros y jornaleros. De lo mejor de los tabaqueros salieron profesionales e industriales, tradición ésta que continuó bien avanzado el siglo XX. Vale mencionar los casos de Rafael García Marqués, un escogedor que llegó a fundar su propia tabaquería La Belinda; Eustaquio Alonso, un tabaquero que trabajó como administrador de La Corona, socio en Partagás y eventualmente presidente de Por Larrañaga; José Aguirre, que empezó como tabaquero editando un boletín obrero a mediados de la década de 1880 para convertirse en corredor de tabaco en rama y editar una revista industrial, *Tabaco*. Sus homólogos profesionales más recientes fueron José Rivero Muñiz, Gaspar Jorge García Galló y José Luciano Franco, quienes llegaron a ser prominentes historiadores del tabaco.

Fue precisamente la prominencia de hombres como éstos la que contribuyó a propagar el mito. 'Estos hombres inteligentes', se diría de ellos a la vuelta del siglo, 'han alcanzado tal grado de perfección que se han asegurado un buen trabajo para el resto de sus vidas.'[5] Pero se decía también que 'la ilusión está hoy aquí y mañana se esfuma.'[6]

El informe de Abad en 1900 hizo referencias al trabajador en la industria que 'comenta con asombro y sin poder explicarlo, que mientras la bandera de las Barras y las Estrellas ondea en el Castillo del Morro hay menos pan en su hogar y ésta peor que bajo el dominio español... bajo el régimen español se exportaban 125 millones de tabacos a los Estados Unidos. Ahora sólo se exportan 40 millones. Entonces, pues, el trabajador gana ahora solamente la tercera parte de lo que ganaba antes de la revolución. O en otras palabras para cada tres hombres que antes trabajaban hay hoy uno con empleo y dos desempleados.'[7]

Para el tabaquero repatriado a la Cuba independiente de España había poco trabajo en las grandes fábricas. Y para aquellos atrincherados en las mismas, serían años de cortes en la producción y los costos. En los primeros años, esto se manifestaba en formas más indirectas, por ejemplo, exigiendo trabajo de primera de hoja de segunda y pagando en moneda española, que valía menos que la moneda norteamericana en la cual la mayoría de los productos estaban nominados. Un pequeño folleto de 1905 reportó sombrías respuestas de los tabaqueros respecto a la perspectiva futura:

> ...que los materiales son chicos y duros; que la exigencia es mucha, el precio muy pequeño y limitada la labor, no dejando algunas veces hacer más que cincuenta o cien tabacos en vitola inferior y en las regalías de veinte y cinco a cincuenta, sin contar en que vaya uno bien a la medida sobre el largo y grueso que no se haga mucha mocolla, aunque la tripa está mala, que estén expuestos á que les echen de la fábrica por pequeñeces; y cuando tienen que solicitar una mesa, hay que buscar grandes empeños; bien valiéndose de los tabaqueros que tengan en la casa ú otros que puedan conseguir algo, ó ser amigos de los que tienen influencia directa con los dueños.[8]

Posteriormente, al aumentar el número de desempleados durante los años de la depresión, especialmente, los fabricantes utilizaban otros métodos más directos, tales como exigir grandes reducciones salariales y de personal así como trasladar las fábricas hacia áreas con mano de obra más barata.

Durante las primeras dos décadas, los salarios en las fábricas habaneras todavía se encontraban entre los más altos salarios industriales. No obstante, hubo algunas reducciones de consideración. En 1915, el Trust, con fama de pagar los más elevados de todos, redujo sus tarifas en un 50% debido a las 'dificultades de la Guerra'. Ya al final de este período, el promedio diario salarial para los tabaqueros era de 2 a 6 pesos. Aumentos en el orden del 10% se registraron en las fábricas de La

Habana durante la década de 1920, aunque los buenos salarios por los cuales habia adquirido renombre la industria en sus principios ya eran raros, debido a la escasez de trabajo y a los contados días de la semana en que se trabajaba. En 1932, los fabricantes lograron incluso que los torcedores de primera aceptaran reducciones que los llevarían de nuevo a los niveles de 1927. En los años posteriores a la depresión, los jornales no excedieron este nivel. En 1936 era difícil que un torcedor de primera ganara más de 2,50 pesos por día, y el promedio diario en las fábricas era alrededor de 1,10 pesos.

El torcedor de la década de 1930, pues, tenía poco en común con la imagen de su predecesor del siglo XIX. Esto se vio reflejado en la literatura de la época. 'Ya no le queda ni vestigios de aquel figurín romántico de las esquinas,' escribió García Galló en 1936. 'Sólo una pálida caricatura, que ha degenerado mucho y que ni siquiera es tabaquero: el pepillito esquinero y ramplón de frases burdas y gestos afeminados que por su sarcasmo fuma cigarrillos americanos, cuando no marihuana.'[9]

Tal vez García Galló fuera un poco duro con sus colegas tabaqueros, aunque las caricaturas de la década de 1930 comparadas con las de la década de 1890 y principios de 1900 resumen la situación con bastante

El tabaquero de hoy y ayer

elocuencia. Hacia finales de la década de 1930, predominaban los trabajadores semi- y no-industriales. Los tabaqueros despedidos de las fábricas empezaron a tratar de sobrevivir lo mejor que podían, aunque ellos significara torcer los baratos *tabaquitos a kilo*, pregonándolos en plena calle. El tabaquero se iba integrando a un enorme ejército de reserva mal pagado que los fabricantes podían tocar cuando quisieran, socavando así a los mejor ubicados en las fábricas. En 1930, este tabaquero marginado puede que ganara no más de 40-50 centavos al día contra un promedio entre los operarios de fábrica de 1,10 pesos, y que le fuera cada vez más difícil conseguir trabajo fijo en las fábricas.

Durante la década de 1940, a la par de mucha legislación, pensiones y seguros de la industria, se introdujeron también por primera vez tarifas salariales oficiales que representaron un aumento de un 50% para los tabaqueros. En sí, estas tarifas sólo se comparaban con aquellas que prevalecieron en la segunda y la tercera década del siglo, y hay poco que indique, acaso con excepción de las grandes fábricas, que estas tarifas oficiales se hayan pagado. Según la revista *Tabaco* correspondiente al mes de agosto de 1939: 'Ciertos chinchaleros sostienen en su taller tres o cuatro operarios, entregando materiales para su elaboración á un más crecido número de tabaqueros que realizan el torcido en sus propias casas, á título de elaboradores privados, con lo cual eluden el cumplimiento de las leyes, defraudando el fisco y entronizando [su] sistema de tabajo.'[10]

Ni los elaboradores privados ni los que trabajaban en los chinchales tenían medios para reclamar un jornal mínimo. 'La llamada media breva es la de mayor elaboración en las fábricas pequeñas o chinchales. La tarifa oficial para la media breva es de $13,00 por millar... ¿Pagan la totalidad de las fábricas pequeñas o chinchales $13,00 el millar de media brevas?', pregunta en 1951 la revista *Cuba económica y financiera*.

> Bien saben los obreros dolorosamente, que la mayoría sólo paga seis o siete pesos por millar. No son muchos los obreros que producen 300 media brevas por días. ¿Cuál es su jornal? Los pocos que llegan a 300, en una jornada de ocho á más horas, si a $7,00 el millar, €2,10; si a €6,00, €1,80, pero si producen menos de 300 tabacos, el jornal diario no suma €1,50 y en todos los casos ni hablar de descanso retribuido y otros derechos. Esos obreros no suelen trabajar si no un promedio de dos o tres días por semana.[11]

Todo esto, unido al trabajo inestable y temporal, trajo como consecuencia que, aún si se mantenía la fuerza de trabajo existente, era muy a menudo para trabajar menos días en el mes. A principios de la década de 1950, por ejemplo, los libros de contabilidad de La Corona atestiguaban de 1 a 26 días trabajados, según la época del año. Los salarios devengados, pues, fluctuaban enormemente.

Era lógica que se produjera una situación de gran flujo en la fuerza laboral del sector, y de las entrevistas efectuadas a fines de la década de 1960 se desprende que sólo una pequeña fracción de los tabaqueros pudieron mantener su puesto de trabajo en las fábricas durante toda su vida laboral. La inmensa mayoría trabajaba a veces en las fábricas, a veces en los chinchales y otras en sus propias casas. En el interior del país, muchos buscaban trabajo en la cosecha.

Ahora bien, abatidos como fueron, ¿cómo se comparaban los tabaqueros en relación con otros sectores de la industria? Los que siguieron estando mejor acomodados formaban el sector minoritario de escogedores de tabaco, fileteadores y sus anexos. El sector mayoritario que peor lo pagaba era el de las despalilladoras. Hay pocos datos que indiquen que en las postrimerías del siglo XIX el despalillo fuera tan mal pagado. 'Si bien es verdad que no ganaban tanto como los tabaqueros,' comentó en 1892 Estrada y Morales, 'no por eso puede negarse que sacan buen jornal.'[12] En 1905, sin embargo, Manuel Rodríguez Ramos escribió que a los que trabajaban en el despalillo se les daba 'tanta estima como a los últimos de la fábrica a cambio de exigirles sea bien hecho el trabajo para un jornal que á penas les alcanza para sufragar las necesidades más apremiantes.' Según Rodríguez, por el tamaño de los manojos que se tenía que trabajar, se ganaba poco más de unos 40-50 centavos diarios, cuando el promedio de un jornalero era de 1 peso al día. Durante la depresión del treinta, tanto en el despalillo como en otros sectores de la industria, había que aceptar reducciones que situaran las tarifas al nivel de 1917. Fue en 1936 que se dio a conocer este poema conmovedor:

La despalilladora,
luciendo su beldad bajo un sencillo,
vestido que su mano primorosa
confeccionó, al taller del despalillo
va a las seis la obrerita presurosa.
En el trabajo tan lozana rosa

de su belleza ha de agotar el brillo,
como pierde en la luz la mariposa,
de sus alas doradas el polvillo.
Frente al baril, diez horas en ambiente
de polvo y humedad, que lentamente
su pobre vigor físico relaja
ella rinde tarea extensa y dura
por casi nada... ¡Y hay quien asegura
que la mujer criolla no trabaja![13]

Era de suponer que fuera de las fábricas las despalilladoras no se las vieron mejor, y en muchos pueblos tabacaleros, donde se habían abierto despalillos, los jornales eran considerablemente más bajos. En la década de 1940, se logró la introducción de tarifas oficiales. Variaban según el tipo de tabaco que se trabajaba, siendo más altas en La Habana, aunque de por sí estas eran bastante bajas y otra vez fueron a menudo burladas en la práctica. Según datos del censo de 1943, el 60%

Una representación idealizada de las despalilladoras en la fábrica La Corona. Cuadro de José Jiménez Niebla.

Maquinistas cigarreros trabajando la máquina Bonsack en la fábrica La Legitimidad

de las despalilladoras ganaba menos de 30 pesos mensuales, y otro 38% ganaba entre 30 y 59 pesos. En los despalillos de la General Cigar en Las Villas, el promedio salarial mensual para fines de la década de 1940 y principios de la siguiente fluctuaba entre 3 y 8 pesos en febrero y 20 y 30 en los meses de marzo y abril, cuando más se despalillaba el tabaco cosechado. Pero desde 3 a 26 días al mes, incluso en las grandes fábricas habaneras, variaban muchísimo el número de días laborados y los correspondientes jornales recibidos, desde unos pocos a 17 pesos mensuales.

Los escogedores de la hoja eran especialmente vulnerables dada la aguda temporalidad del trabajo en pueblos casi dedicados por completo al tabaco con un alto desempleo local. Las tarifas oficiales para la escogida eran bajas, y el pago por pesaje y tipo de hoja fácilmente se podía trucar. 'Hay escogida en el pueblo. Pronto habrá verbena y bailes y fiestas!,' escribió García Galló.[14] Pero los hombres ganarían poco más de 50 centavos diarios, las mujeres entre 20 y 25 centavos, cuando las tarifas mínimas oficiales eran de 1,20.

Fue, pues, en la industria cigarrera donde un nuevo tipo de aristocracia del trabajo del siglo XX, si la hubo, empezó a desarrollarse. La primera referencia directa sobre salarios en esta industria provienen de las fábricas habaneras en 1890, las cuales no excedían de 90 centavos diarios. Fue sólo con el desarrollo de la gran manufactura de cigarros del siglo XX que los salarios comenzaron a aumentar, así como también las diferencias entre maquinistas calificados y otros trabajadores. En los primeros años, un maquinista podía ganar probablemente entre 1,50 pesos por una jornada de 14 a 16 horas. Ya por 1930, los mejores maquinistas habaneros ganaban alrededor de 7,50 pesos diarios y sus ayudantes de 4 a 4,40 pesos por la jornada de ocho horas.

Durante los años difíciles de la década de 1920, los fabricantes de La Habana lograron imponer grandes reducciones salariales, una de ellas de un 20% en 1926 y hacia 1930 los salarios en la capital se hallaban alrededor de unos 5 pesos para los maquinistas y tres pesos para sus ayudantes. Las encajetilladoras ganaban un promedio de 3 pesos y los dependientes de 2 a 2,50. En muchas otras fábricas del interior, los salarios eran aún más bajos: en la fábrica de Trinidad, en Ranchuelo, y otras, los maquinistas recibían nada menos que de 2 a 2,50 pesos diarios. Durante los años de la depresión, los fabricantes habaneros trataron de reducir los salarios a los niveles de las provincias. Sin embargo, la fuerza de los trabajadores fue tal que la norma en las escalas salariales finalmente adoptadas para todo el país eran solamente poco más bajas en comparación a las escalas para los operarios habaneros durante la década de 1920. El incremento de los costos de mano de obra fue un factor esgrimido para explicar el por qué se eliminaron algunas de las pequeñas fábricas de provincias durante las siguientes dos décadas.

En las restantes y especialmente en La Habana, así como en la fábrica de Trinidad, los salarios se duplicaron durante las dos décadas que siguieron. En 1945, la publicación *Tabaco* estimaba el salario de los maquinistas en más de 10 pesos; y el de los dependientes en aproximadamente 5. Hacia finales de la década de 1940, el salario mensual que pagaba La Corona variaba de 200 a 400 pesos (de 7,50 a 14 pesos diarios), y los más altos salarios llegaban a 600 pesos. En 1952, se dice que el salario mínimo en la fábrica de Trinidad no bajaba de 10,85 pesos diarios, y el de los maquinistas aumentó hasta 16,20, 25 pesos y aún más. 'Es de notar', comentó ese año el *Libro de Cuba*, 'que numerosos fundadores – la veteranía de la fábrica – perciben por una jornada de seis horas un salario superior al de seis semanas en 1922.' Al mismo tiempo, la fábrica pagaba licencia por enfermedad y fue la única en introducir la semana de 40 horas trabajadas por 48 pagadas. Era fácil notar la prosperidad que trajo la fábrica:

> Cuando el viajero llega a Ranchuelo y advierte como realidad el ambiente de bienestar causado por mil detalles y en contundentes realidades; cuando constata el gran número de obreros que poseen automóviles y vivienda propia, cuando lo da en el rostro, como aire confortador, una sensación de general contentamiento; cuando puede palpar, por así decirlo una realidad de vida decorosa para todos y asegurada de suficiencia, no tarda en comprender que a la fábrica de Trinidad y Hermano se debe todo eso.[15]

Incluso hoy día, cuando se entra a Ranchuelo, con sus calles y avenidas limpias, sembradas de flores y arbustos y se pasa a los hogares de los cigarreros con sus portales, jardines y garajes, y otras comodidades, es – viniendo de otros pueblos tabacaleros de la antigua provincia de Las Villas – como penetrar en otro mundo. La fábrica de cigarros, un imponente edificio en la calle principal, es, y evidentemente fue durante décadas, el pleno centro de todo el pueblo.

No hay dudas de que en la década de 1950, los salarios y condiciones que imperaban en la industria cigarrera en general se traducían en que los trabajadores de ese sector ocuparan una alta posición dentro de la fuerza laboral de la industria, ubicándose casi a la par con los profesionales de Cuba.

El debate sobre la aristocracia del trabajo en la industria puede resumirse por medio de la siguiente diversidad de salarios diarios (en pesos).

	1860	1890	1900	1920	1930	1945	1955
Escogedores y maestros tabaqueros	2	10		5–7	2,50–3	2,50–4	2,50
Tabaqueros	1	2		2–6	1,50	1.50	1,50
Maquinista cigarreros		0,90	1,50	2,50–7,50	5	10	14-20
Otros				1,50–4,50	3	5	10

Estas cifras no toman en consideración el número de días trabajados, ni tampoco indican en modo alguno el salario real contra el salario nominal. En ausencia de un índice del costo de vida, sólo puede señalarse que durante el siglo XX una fuerte presión inflacionaria en los precios y una correspondiente deflación monetaria socavaban los salarios efectivos. De 1937 a 1949 el poder de compra de un peso en términos de víveres cayó un 60%.

He aquí que aun los mejores tabaqueros que una vez habían compartido la prosperidad de la industria de Cuba vieron como su posición comenzó a deteriorarse paulatinamente, pero con firmeza durante el siglo XX. Vieron como su singular posición fue reemplazada por otro sector más bien semicalificado, el de los maquinistas cigarreros, y como su categoría dentro de la fuerza de trabajo en general, se redujo considerablemente. El cómo los tabaqueros y demás trabajadores de la industria se vieron afectados por este último al igual que los otros grandes cambios, el cómo reaccionaron y las formas con las que trataron de combatir lo que les estaba ocurriendo, lo sabremos en las páginas siguientes.

Portada de la *Revista Tabaco*

TERCERA PARTE

Tabaco, nación y clase

9

Militancia y el crecimiento de los sindicatos

Apenas sorprende el hecho de que la industria tabacalera se haya destacado por su militancia durante el siglo pasado. La sociedad cubana del siglo XIX fue una sociedad predominantemente agrícola y esclavista hasta la década de 1880; y el tabaco, segundo renglón en el cultivo y en aquel momento única industria de consideración en Cuba, era el sustento de miles de hombres, mujeres y niños. Precisamente por ello, el descontento en el sector tabacalero era un asunto muy serio.

El descontento agrícola desde los inicios del siglo XVIII[1] tuvo su paralelo en el descontento industrial del siglo XIX en la medida en que grandes concentraciones de asalariados se unían para emprender las primeras acciones colectivas. Al mismo tiempo, existían fuertes factores que conspiraban contra una temprana solidaridad de clase: las características heterogéneas, fluctuantes e irregulares de la fuerza de trabajo, el descenso y la inestabilidad de la industria, acarreando desde finales del siglo XIX la caída numérica de la fuerza de trabajo y modificando su composición total – incluyendo cambios por concepto de raza, sexo y oficio – una alta proporción de trabajo casero y de pequeños talleres y períodos cada vez más frecuentes de desempleo y subempleo, entre otros.

Fueron precursoras de gremios como tales las asociaciones de socorro mutuo en barrios tabacaleros, entre ellas, la primera Asociación de Tabaqueros de La Habana que se fundó en 1865. Posteriormente, se constituyeron gremios en otros oficios de la industria de La Habana como el Gremio de Escogedores (1872), la Unión de Rezagadores (1880) y el Gremio de Fileteadores (1886). En los más importantes pueblos tabacaleros de los alrededores de La Habana se puede hallar el registro de gremios desde finales de la década de 1860 en adelante, y más al interior del país a finales de la década de 1880 como es el caso del Gremio de Tabaqueros de Cienfuegos y el Gremio de Tabaqueros de Santa Clara (1888).

De ninguna de estas organizaciones se han podido encontrar datos de su membresía, aunque la mayoría era bastante exclusiva y de carácter local. No fueron tan distintas 30 o 40 años más tarde, cuando se iniciaron los primeros intentos de crear las uniones gremiales a nivel regional, provincial y nacional, y que eran poco más que un nombre para una amalgama de organizaciones locales autónomas. Solamente los grandes tabaqueros en las grandes tabaquerías y fábricas llegaron a formar un núcleo lo suficientemente estable como para hacer factible la organización obrera. Con la posible excepción de la jornada de ocho horas, antes de 1914 no fue realmente posible lograr normalizar los salarios y las condiciones laborales a lo largo y ancho de la Isla. Esto fue así hasta la década de 1930, y aún durante la década siguiente no era muy provechoso para la organización sindical. Con posterioridad al efímero Gremio de Despalilladoras de 1878, no hay registrado hasta el siglo XX ningún otro intento de sindicalizar a las despalilladoras, incluso en aquellas fábricas habaneras. Al parecer el trabajo temporal rural y semirural en el despalillo y la escogida no fue sindicalizado hasta bien entrado el siglo. De modo similar, el primer Gremio de Dependientes de Tabaco del que se tiene conocimiento no se creó hasta 1912. En la industria cigarrera, la primera organización de cierta importancia de que se tiene noción fue la Unión de Obreros de la Industria Cigarrera en General en 1918, y hasta la década de 1930 ésta también era mucho más pequeña de lo que su nombre puede sugerir. Sólo a finales de la década de 1930 y principios de la siguiente se formaron las grandes uniones gremiales y sindicatos industriales a nivel nacional y se consolidó una membresía masiva a lo largo del país, entre todos los sectores de trabajadores y aún así éstos eran considerablemente limitados.[2]

Ahora bien, si durante un período relativamente largo el movimiento obrero era tan limitado, ¿de dónde, pues, la reputación de militancia entre los trabajadores? El hecho fue que los trabajadores que sí estuvieron organizados desde época temprana, formaron fuertes núcleos capaces de negociar sus reivindicaciones industriales. Tanto fue así que los primeros gremios de maestros tabaqueros y escogedores de los años 1860-90 y los de los cigarreros habaneros a partir de la década de 1920 en adelante, contribuyeron en gran medida a incrementar las diferencias salariales entre éstos y otros trabajadores durante los dos períodos.

Por otra parte, periódicamente estallaban grandes disturbios entre la gran masa de trabajadores en la industria en torno a demandas salariales, protestas en contra de las reducciones salariales, la discriminación y las represalias de que eran víctimas los trabajadores, en contra también de la máquina torcedora, entre otros asuntos de carácter político. Esta inquietud trascendió los confines de las organizaciones obreras existentes y fácilmente podía paralizar el sector tabacalero, uno de los puntos neurálgicos de la economía cubana.

Durante gran parte del siglo XIX esta inquietud estuvo centrada en las grandes concentraciones de trabajadores de las fábricas habaneras que estaban al margen de los gremios y que desafiaban tanto la existencia como la ideología de éstos. A principios del siglo XX esta inquietud abarcó a un significativo número de tabaqueros que se hallaron sin empleo al regresar de Tampa y Cayo Hueso después de la guerra de independencia. Hacia la tercera década del siglo, ya se había extendido a todos los sectores tabacaleros de La Habana y el interior del país, constituyendo así la base para el desarrollo de nuevos sindicatos y la creación de un nuevo radicalismo en este sector. Esta inquietud tomó la forma de huelgas (las mayores de las cuales no se basaron exclusivamente en reivindicaciones salariales), boicots, ocupaciones de fábricas y, en el interior, una conmoción tal en pueblos enteros que la misma podía conducir a un estado casi insurreccional.

Se ha señalado que las explosiones de acción y organización obreras no siempre van de la mano, y esto fue muy notable en lo que concierne a la industria tabacalera cubana. Inevitablemente, el gran descontento imperante afectaba la estructura sindical, pero siempre después de un prolongado lapso de tiempo. El carácter mismo de la fuerza laboral en su conjunto y las condiciones generales que prevalecían en la industria significaron que bien entrado el siglo XX únicamente los más viejos y mejor pertrechados grupos tabacaleros y sus simliares podían mantener organizaciones gremiales con cierto poder de negociación local. El monto de la acción obrera podía variar rápidamente de un momento a otro; son ejemplos de ellas las huelgas de 1886-91, 1902, 1907-08 y 1931-33 – todos concentradas en La Habana y, con excepción de las de 1931-33, entre tabaqueros y escogedores de las grandes fábrcias de exportación – y una prolongada acción industrial durante los años de 1925-27 y 1947-48, tanto en La Habana como en el interior.

Los períodos de gran expansión en la organización obrera – con posible excepción de la década de 1880 – no coinciden con los anteriores. Los más importantes fueron 1914-25 y 1936-44. Ambos, especialmente este último, abarcaron nuevos oficios, nuevas áreas geográficas y nuevas ideas, principalmente anarcosindicalistas (aunque de forma débil) durante el primer período, y comunistas durante el segundo.

Ningún género de explosión puede explicarse simplemente por razón de períodos de declive económico, alza del costo de vida, etc., sino que debe ser visto en el contexto de cambios específicos que tuvieron lugar en la industria. Las conmociones obreras de 1886-91 y 1902-08 ocurrieron en tiempos de expansión para la industria y sus orígenes se debieron a la extrema concentración de la producción que estaba operándose en estos dos períodos. La de 1925-27 fue una respuesta directa a los intentos de efectuar cambios tecnológicos bajo condiciones extremadamente adversas; la de 1931-33 debido a la depresión económico provocada por las reducciones salariales, y la de 1947-48 debido tanto a cambios tecnológicos como o una represión política de los sindicatos establecidos. En lo que se refiere al crecimiento más bien de la organización y no de la acción obrera, el período de 1914 a 1920 fue a la vez de retroceso económico y de prosperidad de posguerra para la industria, y el de 1936 a 1944 se produjo en una curva económica ascendente. Por supuesto, a medida que avanzaba el siglo XX, era mayor el declive general de la industria, el aumento del desempleo y, por consiguiente, esto se revertía en una situación generalmente volátil, propensa a la militancia sindical y al radicalismo defensivo. Esta situación bien podía estallar debido a determinados intentos de incrementar la productividad o socavar los derechos de antigüedad, también motivado por la máquina, la cesantía, la reducción de salarios o simples demandas obreras pura aumentos salariales.

La reacción de los trabajadores no era fácil de pronosticar. Esto tiene su explicación en algunas bien establecidas tradiciones socioculturales.

Los primeros gremios de tabaqueros contribuyeron a establecer que ese estrato privilegiado de los torcedores constituía toda una comunidad de la cual emanaban ciertas ideas y patrones de conducta que se mantenían a pesar de las grandes sacudidas políticas, económicas y sociales. El hecho de que el trabajo se haya trasmitido de generación en generación, que haya habido pueblos y hasta zonas tabacaleras enteros y que haya existido la importante tradición de la lectura en las tabaquerias,[3] y el énfasis de las primeras organizaciones gremiales en la educación obrera, todo esto desempeñó un papel primordial en forjar un sentido de comunidad.

Es interesante resaltar que más del 90% de los tabaqueros habaneros, y un 70% en Las Villas, ya sabían leer y escribir en 1899 – en una época cuando la gran mayoría de la población era analfabeta.[4] Se ha dicho que como 'intelectuales del proletariado', los tabaqueros poseen una tendencia casi inherente a vacilar ante los problemas sociales. El antiguo tabaquero Gaspar Jorge García Galló describió en 1936 su condición de la manera siguiente:

> El tabaquero es un obrero que, por su tradición de lucha, sus discusiones dentro del taller, la lectura diaria de la prensa y obras literarias y las audiciones de la radio tiene un barniz cultural que lo hace sentirse superior en ese aspecto a los demás obreros. De ahí que se permita hablar de todo o dar su opinión en todo. Generalmente adopta para el caso poses teatrales y tonos declaratorios que lo destacan en cualquier reunión o asamblea. Si ocupa una tribuna o escribe en algún periódico, adorna la frase con giros y metáforas, aunque se pierda el pensamiento en la exuberancia de la forma…
>
> El tabaquero es un contumás polemista. Ama las discusiones y esto se explica por su modo de trabajo y por su lectura polifacética a medias. Las discusiones son diarias dentro y fuera del taller y a veces llegan a tomar tal vuelo que participa en ella la galera entera. Cuando una discusión llega a tal extremo, los participantes acuden a diccionarios, obras científicas, redacciones de periódicos y revistas y personas de prestigio entendidas en la materia… Hace años se hizo famosa la actuación de un juez correccional de la ciudad de La Habana quien parece que conocía bien a los tabaqueros, pero que les tenía mala voluntad. Se llamaba Marcos García. Cuando un tabaquero se presentaba ante la barra del correccional, acostumbraba a preguntarle: '¿Es usted tabaquero? ¡Ah, entonces es abogado. Defiéndase!'
>
> Un amigo de nuestra mayor intimidad, cuando se refiere al tabaquero, esgrime una frase dura y concisa: 'tiene indigestión de cultura', dice y no le falta

razón y atribuye tal indigestión a la cantidad y a la calidad que oye leer y que lee. En verdad, la causa hay que buscarla en la falta de método de la lectura en los talleres. Hay que reconocerles, sin embargo, a los obreros de la Industria, que constituyen el núcleo proletario mayor preparado culturalmente. De la industria tabacalera han surgido empleados públicos, maestros, artistas, profesionales, congresistas e intelectuales, cuyos primeros pasos en la vida social fueron dados en las galeras de la tabaquería.[5]

Lo que Garcia Galló citó con tanta elocuencia como 'indigestión de cultura' conllevó a dos tendencias casi contradictorias en este grupo de obreros. La primera de éstas fue un romanticismo revolucionario que hizo que muchos de ellos seguidores inclaudicables de José Martí y del movimiento de independencia así como también defensores de ideas anarquistas, anarcosindicalistas y otras tempranas ideas socialistas. La segunda tendencia fue un sentido bien inculcado del orden y de la disciplina, de lo que era correcto y apropiado, subyacente de los más veteranos y pertrechados grupos que también contagiaban a los demás.

Aquellos que surgieron para convertirse en valerosos dirigentes de la clase obrera pertenecían a estas dos tendencias. De un lado hubo hombres de ideas reformistas, como el tabaquero español Saturnino Martínez, fundador de la primera asociación de tabaqueros, que editó la primera revista obrera y a quien se le atribuye gran responsabilidad en iniciar la tradición de la lectura en las tabaquerías. Martínez fue un hombre de ideas colectivistas que creía firmemente en la armonía entre el trabajo y el capital. Su pensamiento se vio reflejado en décadas posteriores por José Bravo, el hombre que más hizo por la federación de torcedores de La Habana durante el tercer lustro del presente siglo; Andrés Santana, presidente de aquella federación de finales de los años veinte; José Cossío, presidente de los escogedores; y muchos otros por esa época. En una forma más corrompida, produjo hombres de la calaña de Luis Serrano Tamayo y Manuel Campanería en la década del cincuenta.

Del otro lado, desde las filas de los tabaqueros saldrían algunos de los más destacados y radicales dirigentes de la clase obrera. Los tres más conocidos son Enrique Roig San Martín, lector de tabaquería que, en la década de 1880 trató de organizar a todos aquellos obreros en la industria al margen de los viejos gremios de acuerdo a cánones anarcosindicalistas; Carlos Baliño, tabaquero exiliado de firmes creencias socialistas que durante muchos años luchó por sentar las bases para un partido genuinamente obrero; y Lázaro Peña, un comunista que llegó a ser fundador y secretario general no sólo del primer sindicato industrial fuerte de Cuba, la Federación Tabacalera Nacional (FNT), en 1936, sino también de la primera Confederación de Trabajadores de Cuba (CTC), en 1939. En su tiempo, cada uno de ellos formaría parte de un grupo poderoso con ideas similares. En torno a Roig estaban Enrique Messonier, Sandalio Romaelle, Sabino Muñiz y Valeriano Rodríguez. Con Baliño en el exilio, y de regreso con él a Cuba luego de la independencia, estuvieron Ramón Rivero y otros de inclinaciones más anarquistas como Rivero y Cendoya. Lázaro Peña trabajó muy estrechamente con los comunistas Inocencia Valdés, de las despalilladoras, Luis Pérez Rey, de los cigarreros, el presidente de los tabaqueros habaneros Evelio Lugo de la Cruz, y sus homólogos en el interior menos conocidos: Faustino Calcines, Manuel Duke y Diego León (de Las Villas), Alejandro Reyes y Vicente Avelado (Placetas), Pedro Arbolaez (Santa Clara), Manuel Cáceres (Caibaiguán), Ángel Rodríguez Vázquez (Caibarién) y muchísimos más.

Los primeros gremios fueron exclusivamente para hombres blancos de las ciudades. Sus dirigentes, ya fueran reformistas, anarquistas o anarcosindicalistas, eran también blancos, y buen número de ellos hijos de maestros, pequeños comerciantes, etcétera. Desde finales de la década de 1880 en adelante se produjeron fuertes críticas a los gremios por excluir a las 'personas de color' y desde la década de 1920 por no tener en cuenta a las mujeres. De ahí surgieron destacados dirigentes negros y mujeres provenientes de humildes hogares tabacaleros – Lázaro Peña, de los tabaqueros, e Inocencia Valdés, de las despalilladoras, son casos muy apropiados. En el contexto de los cambios que se operaban en la industria, esto de por sí era significativo.

Es interesante ver cómo todos ellos compartían el justo sentido de las reivindicaciones tabacaleras y la forma disciplinada en que conducían las huelgas y la acción industrial. Esto les hizo merecedores de un apoyo considerable entre los pequeños comerciantes, profesionales y público en general. Hay hechos que confirman que los tabaqueros, hasta entrada la década de 1940, aceptaron los símbolos tradicionales de la jerarquía política establecida. Dado que consideraban sus reivindicaciones justas y legítimas, muchas de estas las dirigieron a los más altos niveles.

La violenta represión, como la del Congreso de 1892, la huelga de 1902 y la ocupación de fábricas en La Habana durante 1947 y 1948 se debió precisamente al hecho de que se produjeron en momentos de aguda crisis en la vida nacional, tanto en el aspecto económico como en lo político. 1892 fue sólo tres años antes del estallido de la Segunda Guerra de Independencia. El apoyo obrero a la causa independentista, expresada en aquel congreso, fue algo que el colonialismo español quiso evitar a toda costa. En 1902 la existencia de Cuba como nación independiente estaba en peligro y el nuevo gobierno de Estrada Palma en modo alguno estaba dispuesto a tolerar grandes disturbios obreros. En 1947-48, los efectos de la política norteamericana de 'guerra fría' se hacía sentir con crudeza en naciones como Cuba, y los sindicatos de tendencia comunista estaban destinados a ser aplastados. A las fábricas fueron enviados pistoleros o porristas y en los pueblos del interior se movilizó a la Guardia Rural. 1902 y 1947-48 fueron casos bien claros donde los trabajadores se ganaron la simpatía pública y el gobierno no podía ignorarlo. Su apoyo a los fabricantes de tabaco en aquel entonces se debía tanto a razones políticas como a las razones económicas que motivaron a los propios fabricantes.

En todas y cada una de estas ocasiones hubo una amplia radicalización de los obreros. Por otro lado, es también significativo que la gran expansión y radicalización de la organización sindical como tal (1938-44) – entre tabacaleros y la clase obrera cubana en general – y la revitalización de algunos elementos reformistas en la década de 1950, llegó precisamente en periodos de cierto proteccionismo gubernamental.

Tanto la represión violenta como el proteccionismo oficial durante el siglo XX tenían su explicación en la debilidad de la burguesía nacional en un país neocolonial como Cuba. Fabricantes, cosecheros y almacenistas de tabaco constituyeron uno de los más poderosos sectores – a finales del siglo XIX posiblemente el más poderoso de todo – y sin embargo estuvieron relativamente limitados en su poderío político frente a poderosos núcleos de obreros. Fabricante y gobierno se vieron obligados desde el principio a jugar una partida doble, pues mientras de un lado utilizaban la fuerza, del otro se agenciaban cierto grado de estabilidad social.

Si bien el uno y el otro (incluyendo las autoridades coloniales) fueron algo tolerantes con las primeras y selectas organizaciones obreras que ellos pudieron contener, las huelgas de 1887, 1902, 1907-08 y 1931-33, traspasaron estos límites. La crisis misma de la economía en general, posterior a 1925, en particular la de la industria tabacalera, creó lo que resultó ser una incontenible ola de descontento.

El factor obrero fue fundamental en la revolución de 1933, y luego del derrocamiento de Machado, el nuevo y efímero gobierno de Grau San Martín se vio obligado a orientarse hacia lo nacional y lo laboral. Hubo, pues, un tremendo estallido de acción obrera. Se constituyeron los Soviets y se aprobaron muchas leyes laborales y sociales. Hacia 1934, el IV Congreso Nacional Obrero llegó a representar a más de 400.000 obreros, incluyendo unos 61.000 del sector tabacalero. Los sentimientos antimperialistas y socialistas estaban en plena efervescencia.

La única forma en que la burguesía tradicional podría volver a controlar la situación fue mediante un golpe militar apoyado por Estados Unidos. Al mismo tiempo, tal era la fuerza de los trabajadores que en la agenda tenía que figurar algún tipo de colaboración. El régimen militar de Batista legitimó su mandato mediante una farsa electoral, reconoció e incluso alentó el movimiento sindical, legalizó el Partido Comunista y promovió numerosas leyes laborales y sociales en un intento de aunar el apoyo obrero. Con la aprobación de la Constitución más progresista de toda América Latina y con seis diputados comunistas en las bancas, el año de 1940 se convirtió en un hito para la colaboración de clase en Cuba.

Evidentemente, este periodo fue de avances y retrocesos para el movimiento obrero. La colaboración de clase permitió que se desarrollaran los sindicatos con un vigor hasta entonces desconocido, encabezados por el de los tabacaleros; también posibilitó que se obtuvieran logros materiales en términos de una redistribución de ingresos y que se consiguiera además, la radicalización del movimiento con una fuerte dirigencia comunista. Esta colaboración de clase condujo por otro lado a cierto aburguesamiento de la estructura sindical en comparación con el periodo anterior a 1933. Sin embargo, mucha de esta legislación social inevitablemente no llegó a cumplirse en la práctica y el Ministerio del Trabajo se convirtió en un mecanismo que canalizaba las disputas laborales en el marco de un aparato burocrático incapaz de resolver nada. Por esta razón, la red de la conciliación y la colaboración, aunque compleja, abarcó menos de lo imaginado. Los sindicatos pudieron verse forzados a cooperar, pero los obreros realmente nunca se dejaron enredar.

Hasta qué punto el movimiento obrero fue capaz de mantener su integridad a lo largo de este período se expresa en el hecho de que, a partir de 1944, el gobierno no pudo doblegar el poder de los sindicatos, culminando sus ataques en una guerra frontal entre los años de 1947-48. Este se concentró sobre todo en los sindicatos tabacaleros debido al apoyo de las masas a destacados dirigentes comunistas y también a causa de la mecanización. Los recién creados sindicatos tabacaleros oficiales del período posterior a 1948 estuvieron cada vez más alejados de las filas obreras para ser poco menos que un instrumento de gobierno. Por este motivo, hay que ser cauteloso cuando de hablar se trata del movimiento obrero posterior a 1948.

En conclusión, puede decirse que hubo tres grandes fases en el crecimiento del movimiento obrero en la industria tabacalera y que éstas, por lo general, coincidieron con el crecimiento de todo el movimiento obrero en Cuba. Y, a decir verdad, para los dos primeros, el movimiento obrero cubano estuvo muy nucleado en torno a las organizaciones tabacaleras como tales.

La primera fase fue breve y esencialmente abarcó los años de 1865-68 cuando fue prematuramente cercenada por la Guerra de Independencia. Correspondió al pequeño movimiento de las asociaciones de socorro mutuo y gremiales, geográficamente limitadas a La Habana y distritos circundantes. Estas asociaciones tenían dos propósitos principales: en ellas, los artesanos podían hallar protección contra la enfermedad y la muerte, a la vez que servían de centro social y educacional que les proporcionaba bibliotecas y escuelas. Aristócratas del trabajo, muchos de origen español, estos artesanos solían aceptar el criterio de sus patronos y ser reformistas en sus actitudes políticas.

La segunda comprendía una fase de transición que se extendió de 1878 a 1914. Aunque de carácter mayormente gremial, el movimiento obrero de este período efectuó una serie de incursiones que transformó su dimensión y característica. Durante la guerra pequeños sectores habaneros en expansión, como los escogedores y fileteadores, fundaron primero sus gremios al que se les unieron los maestros tabaqueros después de la guerra, en gran parte de tendencias reformistas. A finales de la década de 1880, las ideas y posiciones de estos gremios fueron desafiadas en la medida en que la concentración industrial en el tabaco creaba las condiciones propicias para una acción obrera más masiva, abriendo así caminos para conflictos entre la vieja ideología reformista y las nuevas ideologías más radicales. La concentración de obreros en las fábricas coincidió con la abolición de la esclavitud y un flujo de inmigrantes españoles hacia las grandes fábricas en momentos en que las ideas anarcosindicalistas prevalecian en el movimiento obrero español.

En su conjunto el período quedó interrumpido por la Guerra de Independencia de 1895-98, en la cual los tabacaleros se vieron envueltos. El resultado fue el inicio de la fase imperialista en el desarrollo histórico de Cuba y, por consiguiente, de un nuevo tipo de movimiento obrero. El virtual estado de ruina al que se enfrentaba gran parte de la industria tuvo como corolario el desorden de las organizaciones obreras. Aun así, el año 1900 puede verse como una suerte de línea divisoria que creó las condiciones para el malestar generalizado que, al igual que en la década de 1880, estuvo centrado alrededor de las fábricas de exportación de La Habana y en especial de las nuevas y enormes fábricas del Trust. Nació un nuevo tipo de nacionalismo revolucionario, preludio de los primeros intentos malogrados por establecer agrupaciones sociales y un partido socialista independiente.

No fue hasta después de 1914, y más específicamente posterior a 1933, que estas organizaciones cambiaron de forma radical. Esta tercera y última fase correspondió a la creación de grandes sindicatos nacionales gremiales e industriales. El primer paso fue la consolidación de fuertes asociaciones gremiales de tabaqueros y cigarreros habaneros. A éstas le siguieron los gremios regionales: la Federación de Torcedores de La Habana y Pinar del Río y sus homólogos más débiles como la Federación Nacional de Torcedores. Todas eran moderadas y esencialmente reformistas en sus objetivos, tanto fue así que figuraron entre los sindicatos que dejó ilesos Machado en los años veinte. La Federación Nacional se mostró muy eficaz en movilizar a los tabaqueros a través de la Isla contra la máquina torcedora, aunque careció de poder para establecer tarifas salariales y otras medidas. Fue este tipo de debilidad la que provocó el fracaso de los movimientos huelguísticos y otras acciones industriales a finales de los años veinte y principios de los treinta tanto en el interior del país como en la capital.

El año de 1933 fue como otra línea divisoria. Fue sólo después de los años de la depresión – decisivos para mostrar a los tabacaleros a través de la Isla que era necesario luchar juntos – y la culminación de la revolución de 1933, que hubo alguna posibilidad de una expansión real del sindicalismo dentro de nuevas áreas y nuevos sectores. Bajo la dirección de la Federación Tabacalera Nacional de 1936, los cigarreros y tabacaleros en el interior, despalilladoras y escogedores se organizaron por primera vez en gran escala. De un radicalismo defensivo surgieron las nuevas ideologías socialistas y comunistas, de tal forma que los tabacaleros se contaron entre los últimos en mantenerse contra la implantación de sindicatos oficiales, y algunos pueblos de Las Villas nunca llegaron a dejarse someter. Solamente entre lo que había quedado de la aristocracia torcedora y los maquinistas tabaqueros hubo por lo menos una tácita aceptación.

Aun así, por diferentes medios se manifestaron serias limitaciones a la expansión de la organización sindical. El éxito de los fuertes sindicatos locales de tabaqueros y cigarreros recaía en gran medida en los militantes a nivel de talleres. Los trabajadores en el interior, particularmente las despalilladoras y los escogedores, estaban en desventaja, por lo que experimentaron una baja salarial y un empeoramiento de las condiciones laborales mientras los sindicatos nacionales estaban librando y ganando considerables batallas. Al mismo tiempo, el cuadro sindical se complicaba con la existencia de sindicatos generales tales como la Unión de Camioneros y Carreros que se entrecruzaba con la federación industrial.

Este no es el lugar preciso para entrar a considerar detalladamente las características del sindicalismo general en Cuba, pero parece ser que los sindicatos tabacaleros se mantuvieron entre los mayores, más fuertes y más eficaces de todo el movimiento obrero hasta el triunfo de la Revolución en 1959, figurando también entre los más radicales. A finales del siglo XIX y principios del XX, existían gremios de artesanos de zapateros, albañiles, carpinteros, herreros, panaderos y otros, principalmente en La Habana aunque también en el interior del país. Con el crecimiento de los puertos y los ferrocarriles en el siglo XX, la ulterior expansión azucarera y las nuevas industrias ligeras y de servicios, se formaron nuevos sindicatos en esos sectores. Los sindicatos de los portuarios y los ferroviarios se destacaron durante los años veinte, y los del azúcar durante los años treinta, dando lugar a grandes sindicatos industriales generales, organizados dentro de la Confederación de Trabajadores de 1939.

Este crecimiento fue necesariamente lento durante los años veinte – la Federación Obrera de La Habana (FOH) de 1920 y la Confederación Nacional Obrera de Cuba (CNOC) de 1925 carecían de una amplia organización sindical de base – y expiraron durante los años de la depresión. Después de la revolución de 1933, no obstante, era evidente que el sindicato nacional de tabacaleros fue el que estaba dando el mayor impulso a una confederación nacional bien estructurada y ya a finales de los años cuarenta no quedaba prácticamente ningún sector que no estuviese sindicalizado.

En este contexto, hay tres puntos que deben tenerse en cuenta si vamos a evaluar correctamente el sindicalismo entre los tabacaleros. Primero, el carácter singular y el retraso del desarrollo industrial en Cuba significó que, si bien la nueva clase obrera destruyó bastante la unidad del viejo proletariado, modificando el carácter del movimiento obrero, los más antiguos grupos de trabajadores, con su tradición y militancia ya estaban bien organizados y continuaron estándolo, lo que contrastaba con los recién llegados a la escena industrial. De esta manera, aparte de haber sido el sector más numeroso de la clase obrera, los tabacaleros también parecen haber sido los más sindicalizados. Según las cifras de la CTC para 1944, fueron sindicalizados un 75% de los trabajadores marítimos, un 58% de los transportistas, contra el 27% en la industria textil (mayormente mujeres) y un 17% en la minería (una antigua, pero revitalizada industria).[6] El 39% de la sindicalización reportada para los tabacaleros era baja porque se incluía a los trabajadores del campo y a los escogedores. Excluyendo únicamente a los trabajadores del campo, la cifra aumenta hasta el 80%, más que en cualquier otra industria.

En segundo lugar, el gran papel patronal del gobierno durante los primeros años de la década del cuarenta y el fomento de una organización obrera masiva regulada por el Ministerio del Trabajo, con una dirigencia comunista excluida en los años cincuenta dificultó cada vez más evaluar el papel de los trabajadores y sus ideologías, y no las de los dirigentes de los sindicatos oficiales. La legislación social y obrera no había sido el benévolo obsequio de un régimen paternalista, sino que había sido peleado por los obreros, especialmente en los años alrededor de la revolución de 1933. Habiendo luchado tan duro durante tanto tiempo, estos obreros no iban a permitirle al gobierno que ocupara sus sindicatos tan fácilmente. No era coincidencia que se sucedieran grandes luchas sobre este particular entre los más viejos sectores obreros, como ocurrió en el tabaco.

Y tercero, la historia colonial y las posteriores luchas contra la injerencia norteamericana en la economía y sociedad cubanas desde muy temprano dio al movimiento un carácter nacionalista y antimperialista que permeaba las ideologías anarcosindicalistas, comunistas y demás, de tal manera que éstas eran significativamente distintas de aquéllas que se originaron en Europa. Esto fue muy marcado en el tabaco y ayudó a crear las condiciones que convirtieron a los tabacaleros en uno de los sectores obreros más radicales tanto desde el punto de vista de clase como nacional.

10

Inicios del reformismo y anarcosindicalismo

Los primeros síntomas de conciencia obrera en la industria tabacalera se hicieron aparentes a finales de la década de 1850 cuando se crearon las sociedades de socorro mutuo entre los artesanos blancos, en las barriadas predominantemente tabacaleras. Un ejemplo típico fue la Sociedad de Socorros Mutuos del Barrio del Pilar en 1857, que admitía a 'toda persona blanca y de buena educación con la calidad de ser vecino de la feligresía... y que califique útil para el cometido de su benigno objeto.' Hacia mediados de la siguiente década, ya existían gremios generales de artesanos con pretensiones geográficas más amplias, La Sociedad de Artesanos de La Habana (1865), La Fraternidad de Santiago de las Vegas y La Sociedad de Trabajadores de San Antonio de los Baños (1866). También estaba el primer gremio exclusivamente para artesanos del tabaco, La Asociación de Tabaqueros de La Habana (1865).

Existen razones específicas del por qué las sociedades de socorro mutuo y los gremios de artesanos emergieron en estas áreas a finales de las décadas de 1850 y 1860. En primer lugar porque las mayores fábricas de tabaco de la época se estaban desarrollando allí. Segundo, porque la industria habia sido sacudida bastante a mediados de los años cincuenta al aumentar las tarifas norteamericanas que dejaron sin trabajo a una tercera parte de los tabaqueros habaneros. A pesar de la recuperación de los años sesenta, la amenaza del desempleo masivo enseñó a aquellos trabajadores como nuclearse en torno a un gremio para amortizar las consecuencias de la pérdida del trabajo. Tercero, el oficio de torcedor de primera ya se había establecido por entonces. Estaba creciendo una escuela de aprendices bajo los auspicios de la Sociedad Económica de Amigos del País, y hubo muchos otros aprendices que sirvieron como tales en las fábricas.[1] Para llegar a ejercer el oficio de torcedor se requería un aprendizaje de tres a cuatro años. Artesanos calificados, como los tabaqueros, se preocupaban por su mutuo bienestar y proporcionarse algún tipo de educación así como para sus hijos.

El más destacado de ellos fue Saturnino Martínez, un tabaquero español de la gran fábrica Partagás, que estudiaba entonces en el Liceo de Guanabacoa y fue influenciado por su director, Nicolás Azcárate. Azcárate creía que una forma de aliviar la monotonía del trabajo y brindar a los hombres una educación moral sería leerles en alta voz mientras trabajaban. En gran medida, fue Azcárate el responsable de haber introducido la lectura en dos de las más grandes galeras de la prisión Arsenal del Apostadero en La Habana donde los prisioneros liaban cigarros. Martínez se empeñó después en introducir esta costumbre en las tabaquerías, contribuyendo con ello a lo que se convirtió quizás en una de las instituciones más importantes en el desarrollo de la organización obrera y de la ideología en el tabaco.[2]

Martínez – miembro fundador de la Asociación de Tabaqueros de La Habana y activo propagandista de las sociedades gremiales cuyo propósito principal lo concebía como un adelanto cultural – vio la lectura como una forma ideal de fomentar la educación obrera. El apaciguado trabajo, monótono e individual del torcido permitía la lectura y la conversación. Es así cómo inicialmente, Martínez se enfrascó en abrir una escuela para la instrucción elemental de los artesanos y fundó el primer semanario obrero, *La Aurora*, a principios de 1866.[3] A través de la sección dedicada al tabaco en este período, Martínez pudo diseminar sus ideas sobre la lectura, que en aquel mismo año ya se había introducido en la fábrica Viñas, en Bejucal, El Fígaro y Partagás, en La Habana y pronto se extendió a otras fábricas habaneras. Durante más o menos una hora cada mañana y cada tarde, los obreros escuchaban noticias, novelas, filosofía y política leída en alta voz por un lector en especial a quién ellos le pagaban y para quién ellos escogían lo que se les iba a leer.

ENTREGA 1.ª

TOMO I.

LA AURORA.

PERIODICO SEMANAL DEDICADO A LOS ARTESANOS.

REDACCION Y ADMINISTRACION.
Calle de la Reina núm. 6.

DOMINGO 22 DE OCTUBRE DE 1865.

SUSCRICION
un real sencillo la entrega.

ADVERTENCIA.

Nuestros suscritores habrán sin duda estrañado que, siguiendo el órden establecido en el campo del periodismo, no hayamos precedido á nuestra AURORA de su correspondiente prospecto; pero esa estrañeza vendrá á tierra tan pronto como pongamos en su conocimiento el motivo que nos indujo á no publicarlo.

Sabido es que la mayor parte de lo que se promete en los prospectos rara vez se cumple, y que por lo tanto el prospecto no viene á ser otra cosa que una especie de carta de recomendacion escrita por el mismo que trata de exhibirse á la apreciacion del público, ante quien pretende aparecer lo mas agradable posible; pero nosotros teniendo en cuenta la inmodestia en que incurriríamos al recomendar las obras de nuestra imaginacion, y mucho mas cuando estas obras no han podido aun ser apreciadas por la consideracion pública, nos hemos abstenido de seguir la ruta trazada por la generalidad, dejando al criterio de nuestros suscritores la libertad de juzgar el mérito del periódico. Si es bueno no creemos que nieguen á los directores la proteccion que los aliente en sus tareas, y si no es del agrado de la generalidad no seremos nosotros de los que truenen contra la mala acogida que dispensen á sus elucubraciones.

Nosotros procuraremos que nuestro periódico esté escrito al alcance de todas las inteligencias. Sus tendencias serán ilustrar en todo lo posible á aquella clase de la Sociedad á quien está dedicado, y morigerar las costumbres: en fin, haremos todo lo que podamos por hacernos acreedores á la aceptacion general. Si no lo conseguimos, culpa será de nuestra insuficiencia, no de nuestra voluntad.

PROFESION DE FE.

Cuando en el seno de los pueblos empieza á sentirse el desarrollo de las ideas de civilizacion y progreso, no hay fuerza posible á detener el espíritu de impulsion que lo anima. Las ciencias y las artes, el comercio y la industria, los ricos y los pobres, todos en armónicas y legítimas aspiraciones se empeñan en disipar el fantasma del error que cierne sus alas sobre la multitud que empieza á despertar de su letargo. Por eso los pueblos han efectuado con éxito admirable tan grandes evoluciones en su rápida jornada. Por eso en los fastos de la inteligencia humana se cuentan siglos de actividad asombrosa, y siglos de letargo profundo. Por eso al traves de la sombra de unos tiempos se vislumbra todavía la luz espléndida de otros. Afortunadamente nosotros pertenecemos á un siglo que no puede quedar envuelto en el sudario del olvido, ántes por el contrario su actividad general será memorable en las épocas venideras. Pertenecemos á un tiempo en que las ideas de unificacion, se van haciendo estensivas á todas las clases;

Primera página, primera edición de *La Aurora*, 22 octubre 1865

Aunque no está claro el alcance que tuvo la lectura, hay que reconocer que el resultado fue electrizante. Las ideas originales de Azcárate y Martínez se hallaban muy lejos de ser subversivas: Martínez abogaba por una forma de armonía entre el obrero, el patrón y el gobierno español. Sin embargo, si ni Azcárate ni Martínez se dieron cuenta de las tremendas implicaciones de tal institución, tanto los fabricantes como el gobierno si se percataron de ellas. Con los sentimientos independentistas enarbolados en momentos en que la industria estaba emigrando para escapar de las tarifas de ultramar y de las restricciones coloniales españolas, la lectura no podía ser vista de otra forma a no ser como potencialmente explosiva. Jaime Partagás fue quizás una excepción, a tal punto estuvo de acuerdo con ello que hasta proporcionó una mesa especial para la lectura. Los dueños de la Henry Clay, Cabañas, La Intimidad y el Designio hicieron fuerte resistencia a que ésta se introdujera en sus fábricas: 'los talleres eran para trabajar y no para leer y las tribunas eran para liceos y no para fábricas de tabaco,' declaró Ramón Allones, de la fábrica El Designio.[4]

En mayo de 1866, se aprobó un decreto que prohibía la lectura. 'La lectura de periódicos hechas en alta voz de un modo público en algunos talleres de diversos oficios, dirigida principalmente a los operarios que trabajan en los mismos,' declararon las autoridades coloniales españolas, 'está ocasionada a producir frecuentes enemistades de graves consecuencias.' El día catorce del propio mes, Cipriano de Mazó, gobernador de La Habana, escribió al jefe de policía que estaba prohibido 'distraer a los operarios de las tabaquerías, talleres y establecimientos de todas clases con la lectura de libros y periódicos ni con discusiones extrañas al trabajo que los mismos operarios desempeñan.' No importó cuánto lucharon los obreros – la primera huelga sobre este asunto se registró en la fábrica Cabañas – la prohibición se reforzó durante ese año y sus protagonistas fueron perseguidos. De forma similar, *La Aurora* fue objeto de ataques y quedó transformada en una revista puramente literaria

Con la prematura desaparición de la lectura en las tabaquerías y la extinción del semanario, y con el comienzo de la guerra, un fuerte azote se cirnió sobre el incipiente movimiento obrero. En un sentido, el clásico período reformista había culminado. Los primeros intentos de formar colectivos obreros no solamente habían sido limitados sino que también efímeros, debido al clima político reinante.

La lectura volvió a introducirse cuando a finales de la guerra en 1878 surgieron las nuevas asociaciones gremiales en la forma de la Junta Central de Artesanos y el Gremio del Ramo de Tabaquerias.[5] Martínez reapareció para editar *La Razón*, semanario de este gremio que siguió en gran medida la línea de su predecesor *La Aurora*. Las consecuencias iniciales de la guerra únicamente sirvieron para consolidar cierto tipo de reformismo. De cualquier manera, en diez años, el gremio habría quedado disuelto y las viejas ideas serían seriamente desafiadas.

Las ideas anarquistas en Cuba se remontan a 1872, cuando el tabaquero Enrique Roig San Martín, Enrique Messonier y otros fundaron el Centro de Instrucción y Recreo, en Santiago de las Vegas y el nuevo periódico *El Obrero* al año siguiente. A estas ideas se les puede atribuir poca importancia hasta 1885, cuando se reorganiza la Junta Central de Artesanos que abarcaría a todos los obreros, y más probable hasta 1887, con la publicación de *El Productor*, editado por Roig. Su creciente importancia fue tanta, que la década de los años ochenta es corrientemente calificada como un campo de batalla político entre los reformistas y los anarquistas, cuya lucha, en términos de personalidades, estuvo centrada alrededor de Martínez y Roig. Se argumenta que los inmigrantes

Enrique Roig San Martín, tomado de una edición de 1889 de *El Productor*

'¿No hay que comer? Pues leed, hijos, leed mucho. El leer es un elimento espiritual.'

Esta página y al frente:
Dibujos por Víctor Patricio de Landaluce, *Don Junípero* 3:18 (Havana, 1866)

'¿Un millar de brevas?' 'No hay, caballero. Pásese V. por la librería de Charlain; puede que allí las encuentre.'

'El Tabaquero no ha nacido para torcer otras hojas que las de los libros y no debe conocer más vitolas que las de los hombres celebres de Plutarco.'

'Lecturas que entusiasman'

El lector en una fábrica de tabacos habanera

españoles trajeron con ellos las ideas anarquistas, que posteriormente permearon el movimiento cubano. Sin embargo, algunos destacados y nuevos dirigentes no eran de la primera generación de inmigrantes – incluido Roig – y los que sí lo eran no provenían particularmente de ninguno de los reductos anarquistas.[6] Lo que hay que preguntarse es qué difusión tuvieron el reformismo y el anarquismo que los obreros se sintieron atraídos a esas tendencias y, luego, el por qué.

Si miramos a España por un momento, veremos que existían fuertes divisiones de anarquistas entre revolucionarios profesionales, terroristas y anarcosindicalistas, así como divergencias tácticas dentro del socialismo. Andalucía, con su masa de jornaleros producida por una gran migración rural, era la tierra del anarquismo terrorista. Las tradiciones mesiánicas de la sociedad campesina se mezclaron con la nueva energía revolucionaria para hacer del terrorismo algo particularmente atractivo. El trabajador andaluz no vio la guerra social como una larga lucha, sino como un triunfo súbito de verdades aprendidas de los Apóstoles: la huelga era un momento de exhortación al igual que de las demandas para mejorar las condiciones. Cataluña, la región industrial más avanzada de España, produjo un tipo diferente de anarquismo. La conversión obrera fue un proceso largo, en el cual los dirigentes obreros produjeron una notable amalgama del asociacionismo de las décadas de 1840 y 1850 y el más reciente anarcosindicalismo. Los patronos catalanes reaccionaron muy fuerte contra el prematuro y respetable gremialismo insistiendo en la absoluta libertad de contrata en las relaciones laborales. Denegadas las salidas legales de asociación y negociación, algunos obreros se decidieron por tácticas más terroristas. Eventualmente, aunque quedaron los puristas de la acción individual, los obreros catalanes cambiaron de dirección hacia el anarcosindicalismo con un fuerte sindicato revolucionario y el instrumento de la huelga general similar a los lineamientos de la organización sindicalista francesa. El Partido Socialista tuvo su principal respaldo en la aristocracia del proletariado madrileño, los tipógrafos, que casi siempre estuvieron al frente del radicalismo de la clase obrera.

En Cuba, al igual que en Cataluña, el fuerte y respetable asociacionismo entre un núcleo estable de obreros era ya tan conciso que la variante terrorista nunca fue viable. Y, además, aunque fue favorecida por algunos factores, como la ruptura de los viejos gremios durante las guerras, la exclusión de muchos obreros de los nuevos, y la debilidad de la religión como institución (los primeros tabaqueros tenían la reputación de ser ateos), el anarcosindicalismo nunca fue totalmente incompatible con el viejo reformismo y se fundía en ciertos periodos con un socialismo más ortodoxo. Durante la década de 1880, los fabricantes fueron, en cierta medida, menos intransigentes que sus colegas españoles y optaron más por favorecer a organizaciones que fueran dóciles a sus propios fines que negarles toda forma de organización, dividiendo así al movimiento obrero. Al mismo tiempo, todo el problema laboral se fundió con la abolición de la esclavitud y la independencia política cubana de España. Esto dio a la organización obrera un alto contenido político, abriendo además el camino a las ideas socialistas que cobraban fuerza entre los trabajadores emigrados de Cayo Hueso y la Florida.

La industria tabacalera era inevitablemente la principal simiente de las nuevas ideas durante aquellos años, y fue testigo de un extraordinario salto en la actividad laboral. La abolición nutrió las filas de los asalariados y trajo por consecuencia que estos trabajadores fueran, por primera vez, libres de participar en la acción obrera. Precisamente, en estos años la concentración de la producción a escala sin precedentes estaba creando las condiciones para una nueva conciencia obrera. El tamaño mismo de las nuevas fábricas propiciaron los movimientos huelguísticos y significó un ensanchamiento de la separación entre el obrero (incluyendo los grandes tabaqueros y escogedores) y el patrón. Los fabricantes eran definitivamente una clase aparte. Evidentemente, se identificaron como tales a través del primer Gremio de Fabricantes de Tabacos fundados en 1880, su sucesor la Unión de Fabricantes de Tabacos de La Habana, en 1881, y en 1884 mediante la más ambiciosamente titulada Unión de Fabricantes de Tabacos y Cigarros de la Isla de Cuba. Por un lado, los obreros podían constatar el enriquecimiento de los fabricantes y, por el otro, su constante indiferencia incluso hacia los más respetados operarios, los escogedores, así como el tipo de condiciones bajo las cuales trabajaban todos los tabacaleros. Las injusticias de las que eran víctimas se hacían claras en un contexto mayor que el de una fábrica en sí.

Las huelgas de finales de la década de 1880 no tenían precedentes. Los cálculos estiman en 15.000 los que participaron en la gran huelga de partido de 1866[7] (nombre dado a las fábricas de segunda y tercera clase) por demandas de escalas salariales más altas y normadas para aquellos que torcían tabacos inferiores. La huelga estalló en cuatro de las fábricas de tercera clase: Flor de Nogueiras, La Victoriana, Béjar y Álvarez, y B. Suárez, que pagaban a los torcedores unos 2 o 3 pesos menos por millar que las otras fábricas. Eventualmente, Béjar y Álvarez se pusieron de acuerdo para incrementar sus tarifas en un peso por millar, pero ya para entonces los obreros en otras fábricas estaban en huelga. La situación se complicaba a medida que corría el año con la capitulación de algunos fabricantes y las divisiones entre los tabaqueros que condujo a la disolución de su gremio.

A fines de 1887 surgió lo que los obreros llamaron la huelga de los fabricantes. En octubre un obrero de la fábrica La Belinda 'cuyo delito consistió en no querer trabajar donde creyó que se le había ofendido,'[8] fue despedido y puesto en la lista negra de los fabricantes. El resto de los trabajadores se solidarizaron con él. Frente a rumores de un paro por parte de los fabricantes, los trabajadores de la fábrica La Intimidad pidieron que se les preparara el material para el siguiente día de trabajo. Cuando esto fue rechazado, ellos también dejaron sus puestos. A mediados de noviembre no se había logrado solución alguna y la Unión de Fabricantes envió una circular a todos sus miembros llamando a cerrar filas si no iban a ser 'arrollados por el impetuoso ataque de los obreros' que les estaba causando 'dificultades y entorpecimiento de todo género.' Se declaró el paro, que los fabricantes justificaron en términos de 'la desorganización existente en las filas obreras' que no permitían que se lograra un acuerdo.

Una segunda circular de los fabricantes en aquel mismo mes, esta vez publicado en la prensa, abarcó las preocupaciones expresadas por los escogedores. 'Las crecientes exigencias que los operarios de esta industria venían presentando hace algún tiempo, con un marcado carácter de imposición,' declararon los fabricantes, 'han llegado al extremo de pretender que los dueños de una fábrica no entren en el taller y que en cada uno de éstos no haya más que un aprendiz en la sección de escogidas.' Los escogedores estaban ventilando otro tipo de injusticia, que era el alarmante aumento en el número de escogedores aprendices. Únicamente hubo puestos suficientes cuando las fábricas trabajaban a capacidad para unos 400 escogedores, clamaban ellos. Ya habían 600 de aquéllos entrenados en ese oficio y otros 300 más estaban culminando su aprendizaje. Pronto habrían, pues, otros 900 escogedores para 400 puestos. En los buenos tiempos, 500 estarían fuera del trabajo; en los malos, como los que había tenido la industria, según se conocía, otros 200 más. Lo que ellos querían era el límite de un 2% de aprendices. Inmediatamente se decidieron a defenderse ellos mismos en una carta abierta a *El Productor* el 30 de noviembre, citando el objetivo principal de su gremio como el de:

> proteger a los trabajadores… contra las injustas exigencias de los fabricantes, procurando sostener los mejores precios posibles al trabajo, que los trabajadores encuentren pronta ocupación, si por motivos justos abandonan ó si pierden la que tenían y socorrerlos mientras no la consigan, para que no se explote su falta de recursos, adoptando en todo caso medidas conciliatorias entre el capital y el trabajo.

Al analizar el excedente de los hombres calificados y los aprendices en el oficio, los escogedores alegaban que:

> este excedente de brazos traería graves inconvenientes no sólo á los que de este arte libramos la subsistencia sino que también a la sociedad en general, porque los que no tuviesen trabajo estarían en la mayor miseria y la miseria es casi siempre la causa del crimen, ¿no podía, pues, la Sociedad, en uso del

derecho que la ley le tiene concedido y el sentido común de todos sus miembros la aconseja, formular un proyecto de regularización del aprendizaje si así lo juzgare oportuno?

Para proyectar y realizar esto no sólo nos faculta nuestro Reglamento sino lo que es aún más, nuestra condición de trabajadores libres. Entendemos que desde el momento en que somos llamados a trabajar y aceptamos las condiciones neutrales naturales de dar una cantidad de trabajo por una cantidad de dinero existe un contrato ó convenio presupuesto entre el empleador y el empleado, el cual solamente nos ciñe al deber de cumplir con la dicha condición de nuestro convenio. Si un empleador quisiera que enseñásemos nuestro oficio á cualquier individuo que él nos mandase, claro está que como en nuestro convenio de entrada a la fábrica no entra este deber tendríamos que hacer un convenio nuevo, el cual, lo repetimos en nuestra condición de hombres libres, tenemos el libérrimo derecho de aceptar ó desechar según á nuestros particulares fines convenga.

Los señores de la Unión llamarán á esto injustas exigencias con un marcado carácter de imposición; ¿cree usted, compañero Director, que haya en esto algo de imposición? Si, la hay en efecto, pero no del obrero para el fabricante como ellos dicen, sino del fabricante para el obrero que quiere imponerle deberes que él á su entrada en la fábrica no ha contraido.

Aún así pusieron énfasis en el carácter conciliatorio de su gremio y apelaron a los fabricantes, algunos de los cuales todavía miraban como antiguos compañeros de trabajo. Sin embargo en un mitin convocado por las autoridades civiles, Segundo Álvarez, presidente de la Unión de Fabricantes, admitió que el 98% de los obreros estaban por el 2% de restricción pero declaró 'que había algo que no se palpaba pero se sentía sus efectos y que ese algo era lo que había que desterrar del seno de los obreros.' Álvarez fue abucheado por los escogedores, quienes afirmaron 'que ese algo' era simplemente la manera cómo los fabricantes estaban actuando. Pero había algo más. Acostumbrados a ser tratados como aristócratas, los escogedores reaccionaban cerrando filas y volviéndose defensivos. La falta de respeto e intransigencia de sus patronos fue convirtiendo aquella actitud defensiva en un radicalismo que podía hallar una salida perfecta hacia el anarcosindicalismo. El hecho de que la mayoría de ellos eran españoles fue importante aunque secundario.

Tanto los escogedores como los tabaqueros volvieron a ser blanco de ataques a consecuencia de la huelga de los tabaqueros de 1888. El estallido se produjo en la fábrica Henry Clay, que pronto concentró a una décima parte de los tabaqueros habaneros y se distinguía por pagar menos que las más antiguas, más establecidas y más pequeñas fábricas. Los torcedores que allí elaboraban la variedad particularmente mal pagada de 'Alvas' exigieron un aumento que el dueño de la Henry Clay, Segundo Álvarez, les concedió, aunque sólo para despedir a todos los 30 operarios de 'Alvas' unos días más tarde. Nuevamente sus compañeros dejaron sus puestos. Situaciones similares se desarrollaron en La Legitimidad y en el Águila de Oro respecto a los tabacos mal pagados, y en La Diligencia, donde todos los operarios estaban parados por el aumento de un peso en todos los tabacos. Como presidente de la Unión de Fabricantes, Álvarez aprovechó las huelgas en otras fábricas para presionar a la Unión para que declarara otro paro. Los motivos fueron claramente expuestos:

> Otra vez las huelgas, trastornadas y ruidosas, promovidas y agitadas por un reducidísimo grupo de obreros han entorpecido el trabajo en varios talleres. Se pretende por una insignificante minoría, entorpecer, dificultar, hacer imposible la justa, honrada y legal explotación de la industria por los hombres a quienes su trabajo, economías, actividad y actitud dio nombres, representación y fortuna... sin detenerse a considerar que con los medios que emplea castiga con privaciones y hambre a la misma clase obrera cuyo nombre [les] sirve de antifaz... Cuando ya se ha tocado el límite de lo posible, en el precio del trabajo, entonces aspiran a regular a su gusto, las condiciones del mismo y piden que no se enseñen más aprendices, que el dueño del taller no pueda revisar las labores, que el fabricante tenga el número y los obreros que ellos indiquen o que se despida a tal cual empleado o dependiente que cuida con celo los intereses de la casa. Y cuando sus pretensiones no son atendidas, se declara en huelga el taller...

La mentira estaba implícita en sus declariciones, pues solamente un puñado de obreros habían votado contra la declaración de huelga, y en algunas fábricas ni uno.

Los disturbios en el sector de escogidas de un lado, y la tremenda explosión de actividad obrera en general, por el otro extremo, se hace evidente. Y sin embargo, ¿cuánto afectó todo esto a la organización obrera? Sin dudas, hubo un fuerte grupo de agitadores que trabajaba activamente con el clásico concepto anarcosindicalista de un fuerte sindicato revolucionario y la huelga general como armas contra la burguesía manufacturera. Esto estuvo claro en el llamado Primer Congreso Obrero celebrado en octubre de 1887. Roig fue responsable en gran medida de una resolución donde se declaraba 'la necesidad de dar nueva forma de organización a las colectividades, desapareciendo de ellas todo vestigio de autoridad, fiel a los moldes de la Federación de Trabajadores Españoles de 1882. Los puntos cinco y seis de la resolución del Congreso dicen así:

> 5. Que debe proscribirse del seno de los colectividades y de la Federación todas y cada una de las distintas doctrinas políticos y religiosas, dejando como único y universal principio la emancipación económico social y la confraternización dentro de ese principio de todos los productores que puebla la tierra.
> 6. Que la solidaridad debe presidir a toda huelga a que forzadamente conduzca a las colectividades de extrema tirantez y las imposiciones denigrantes de los que aún, en las postrimerías del siglo diecinueve, consideran al trabajador como a un ser envilecido, nacido para devotar en silencio toda clase de privaciones y todo género de afrentas.

Según fuentes de la época, la resolución se aprobó con mucho entusiasmo. Roig, por entonces lector, tuvo bastante oportunidad de exponer sus ideas sobre las viejas organizaciones reformistas, y *El Productor* alcanzó mucha circulación. Significativamente, los escogedores decidieron dirigirse a los fabricantes por medio de esa publicación que en marzo de 1888 se convirtió en el órgano oficial de la Junta Central de Artesanos y fue el portavoz de los tabaqueros durante la huelga de julio de 1888. La Alianza Obrera de Roig a finales de 1888 parece haber ganado muchísimo más apoyo que su homóloga reformista, la Unión Obrera de Martínez – la cual, en efecto, surgió del rechazo de los fabricantes de entablar negociaciones con la Alianza, extendiéndoles una invitación para establecer una nueva comisión obrera.[9] Los fabricantes culparon a los agitadores y ante la desintegración de los viejos gremios, negaron la existencia de cualquier otro. Al fundarse la Unión Obrera, Roig señaló que 'no es otra cosa que un pequeño número de disidentes, que no tiene prestigio alguno entre sus compañeros.' Quizás exagerara, pero unos mil obreros firmaron una protesta contra la Unión en *El Productor* y dos contingentes de tabaqueros partieron hacia Tampa antes que claudicar la huelga.

Los tabaqueros de las más viejas, pequeñas y mejor pagadas fábricas como Villar y Villar y La Carolina formaron el baluarte de La Unión (a los unionistas se les conoció como los Carolinas). De ellos, se escribía en 1890:

> El tabaquero tiene en los talleres, comodidad, aire, la relativa limpieza que puede haber en las fábricas, la consideración de los dueños; pues á nadie más que á ellos conviene esa buena armonía... la competencia entre unos y otros fabricantes ha llegado al taller y se evidencia una nota importante en el problema social: el que más se acomoda a la armonía entre el capital y el trabajo, es el que vive más considerado y tranquilo.¹⁰

La Alianza tuvo su apoyo en Henry Clay y todo el espectro desde las medianas hasta las pequeñas tabaquerías que fabricaban los más baratos tabacos. Atrajo también a muchos antiguos esclavos y libres de color, excluidos de las primeras sociedades de artesanos blancos, al margen de los gremios existentes, pero a la vez carentes de la experiencia necesaria para crear una alternativa viable.

Fue un hecho notable que al parecer no hubo ni un solo incidente de desorden por parte de los huelguistas. Todo lo contrario, hay bastante evidencia de su sentido del orden y la disciplina. En las huelgas de 1887, ellos proclamaron haber dado pruebas inequívocas de su 'prudencia, cordura y sana reflexión'.¹¹ A un famoso abogado llamado Pedro González Llorente, que asumió su defensa, se le dio una manifestación de honor a la puerta de su casa en marzo de 1899. Simbólicamente, en esa ocasión él aplaudió 'la actitud pacífica tomada por los obreros en las pasadas huelgas' alentándolos 'a que siempre impere en ellos la fuerza de la razón y no la razón de la fuerza' y exhortando a que 'siempre como hasta aquí deben luchar por las conquistas de sus derechos sin conmociones violentas'.¹² El propio Roig escribió sobre la huelga de 1888, aplaudiendo la actitud pacífica adoptada por los obreros, y alentándoles a utilizar todas las medidas legales disponibles.

En conclusión, parece que hubo tres tendencias bien marcadas. La primera fue la creciente entre los escogedores que todavía se distinguían de la mayoría de los obreros cuyas condiciones materiales no habían sido muy afectadas. Aunque amenazados por la brecha que se estaba abriendo entre ellos y sua patrones, fueron hacia el anarcosindicalismo para obtener los acostumbrados derechos de una pasada Edad de Oro. La segunda fue el aumento entre los tabaqueros, especialmente en las fábricas más nuevas y entre aquéllos que elaboraban tabacos de inferior calidad, para quienes el anarcosindicalismo representaba una forma de acción más radical bajo las nuevas condiciones industriales. La tercera fue la continuación de los viejos gremios entre los grandes tabaqueros y otros, de tendencias reformistas. Únicamente la segunda podía aspirar a convertirse en un movimiento de masas y aun así, en virtud del carácter de los obreros que lo apoyaban, estaba condenado como tal. Una cosa era que en las huelgas la masa de obreros adoptara la postura asumida por la Alianza en contra de la Unión y otra atribuirles ideas y acción sindical desarrolladas cabalmente.

El mismo Roig era muy consciente de que esos tiempos aun no habían llegado. Lo que él no podía avisorar era la forma en que vendrían. El anarcosindicalismo en Roig significó que él no pudo identificarse con el movimiento independentista nacional. Sin embargo, fue solamente cuando las organizaciones obreras abrazaron la causa por la independencia que las grandes masas obreras se movilizaron. A pesar de sus buenas intenciones de trato igual para todos los obreros, sin reparar en el color, raza y nacionalidad, y posiblemente a causa de esto, era fácil señalar a muchos seguidores españoles del anarcosiodicnlismo quienes estaban en contra del movimiento independentista nacional y acusarlos de ser anticubanos.[13]

A partir de ahí los acontecimientos políticos ascendieron a un primer plano. La completa indiferencia de España por las aspiraciones de la oligarquía hacendada e industrial y el estrangulamiento de la economía cubana, especialmente la industria tabacalera que entonces estaba enfrentando también la caída de los mercados norteamericanos, produjeron juntos un movimiento independentista que en esta ocasión tuvo mucho más apoyo popular. En 1892, se celebró en La Habana lo que comúnmente se conoce como el Primer Congreso Obrero, al que asistieron más de 1.000 delegados. El fallecimiento prematuro de Roig en 1889 no fue en modo alguno la muerte de sus ideas. Quedaría una fuerte corriente anarcosindicalista, aunque los pactos sencillos de solidaridad por los cuáles él había abogado finalmente fueron rechazados. En este sentido, el congreso casi parece que constituyó una victoria para los socialistas, quienes también definieron la huelga como un arma fundamental para los obreros aunque vieron una fuerte forma de organización como la estructura necesaria de la federación obrera.

Sobre este tema, la documentación es pobre. El carácter socialista de las proposiciones pueden haber sido exageradas. En cualquier caso, la victoria por el socialismo fue temporal; después de la independencia, el reformismo y el anarcosindicalismo ganarían nuevas fuerzas. No obstante, es significativo que el pensamiento anarcosindicalista se viera a sí mismo infundido desde temprano con las ideas socialistas.

Esto se puede apreciar particularmente en los escritos de Roig. Sus primeras campañas se centraron estrictamente alrededor de las actividades huelguísticas y la organización sindical, y contra cualquier tipo de partido obrero, 'los microscópicos partidos obreros que pretenden organizarse, sólo aspiran a la conquista del poder político a fin de que convertidos en burgueses puedan ejercer sobre las masas populares una autoridad y una explotación mucho más odiosa que la existente,' escribió en 1887. En sus artículos 'Realidad y Utopía' (1888) sus ideas empezaron a cambiar y ya en 'O pan o plomo', escrito poco antes de su muerte, prácticamente estaba abogando por ese tipo de partido.

Lo más significativo de todo fue que el Congreso de 1892 sí salió en apoyo del movimiento independentista.

11

Nacionalismo revolucionario a la vuelta del siglo

Con la disolución del Congreso de 1882 y el encarcelamiento de los dirigentes obreros por las autoridades coloniales españolas, la acción obrera como tal fue nuevamente interrumpida. El desempleo masivo de la década de 1890, debido en parte a razones económicas – el año de 1895 en que estalló la guerra la mitad de los tabaqueros de La Habana estaban desocupados – y en parte a razones políticas, significó que más obreros engrosaran las filas de los ya bien establecidos y fuertes núcleos de cubanos emigrados.[1] Los temas laborales dejaron el paso, casi exclusivamente, a los asuntos políticos de la independencia.

Durante la década de 1880 había surgido gremios en Tampa, Cayo Hueso y Florida. Las fábricas 'cubanas' se vieron azotadas por una ola de huelgas a la vez que se mantenían estrechos contactos entre los obreros emigrados, como Carlos Baliño y Ramón Rivero y los de Cuba. Poco después de una huelga en enero de 1887 por demandas salariales en la fábrica Príncipe de Gales, de Martínez Ybor – donde un obrero fue muerto, 5 heridos y 75 expulsados de la localidad – el tabaquero Rivero fundó la Federación Cubana de Obreros que se opuso a la reformista

Unión Internacional de Tabaqueros afiliada a la Federación Americana del Trabajo. Baliño, escogedor de la fábrica de Hidalgo Cato, en Cayo Hueso, había estado activo antes en el gremio de escogedores y en 1892 estuvo en el equipo editorial del periódico *La Tribuna del Trabajo*.

Ambos le tenían un gran respeto a Roig y le prestaron su colaboración para La Alianza y las huelgas en Cuba. La contribución de Baliño en *El Productor* era denunciando a Hidalgo Gato y Martínez Ybor quienes 'a pesar de su filiación revolucionaria, no vacilan en explotar a los trabajadores.' En octubre de 1894, escribió: 'Las relaciones de patronos y operarios son relaciones de amo y esclavo por mucho que se disfracen a veces con los respetos y cortesías mutuas.' Su capacidad para leer en inglés resultó en que los clásicos, y en particular las obras de Marx y Engels, estuvieran a su disposición. Su experiencia en Estados Unidos y sus lecturas hicieron de él un socialista mucho más aventajado de lo que Roig llegara a ser nunca y también lo hicieron particularmente conciente de la necesidad que tenía Cuba de lograr su independencia.

El primer club revolucionario de emigrados cubanos, la Asociación Patriótica de Cayo Hueso, se había fundado mucho antes, en 1869, el año en que Martínez Ybor trasladó su fábrica con sus trabajadores a la región. Durante los próximos 25 años, 46 pequeñas organizaciones de este tipo crecieron en La Florida; y donde quiera que existieran comunidades de emigrados, tan al norte como Filadelfia y Nueva York, se formaban centros de recreo, escuelas y clubes revolucionarios. Había poca coordinación entre ellos hasta la década de 1890, cuando José Martí, un intelectual cubano exiliado por sus abiertas críticas al gobierno español e inmerso de lleno en la causa de la independencia, fundó el Partido Revolucionario Cubano. No caben dudas de que lo hizo – para convertirse en el gran líder independentista cubano junto a hombres de la talla de Antonio Maceo y Máximo Gómez – con el apoyo de los tabaqueros y sus dirigentes Baliño y Rivero.

Rivero fue una de las figuras claves en La Liga Patriótica, fundada por él, el periódico *Cuba* y el club revolucionario Flor Crombet en Tampa en 1889. En 1890, la fábrica Príncipe de Gales, en Ybor City, se convirtió en la cuna del Liceo Cubano, o Casa del Pueblo, como la llamó Martí. En 1892, Baliño acompañó a Martí a Tampa con el fin de lograr apoyo para el Partido Revolucionario y en 1893 ayudó a fundar los clubes Enrique Roig (en tributo póstumo) y el 10 de Abril. Muchos de los emigrados nunca perdieron la esperanza de regresar a una Cuba independiente

José Martí (centro), recaudando fondos para la independencia cubana, entre obreros tabaqueros delante de la fábrica de Martínez Ybor, Ybor City, Florida

(las lecturas favoritas en las fábricas eran los acontecimientos de la Guerra de los Diez Años y las proezas de los primeros líderes de la independencia), y aportaron dinero para armas y provisiones para las expediciones a Cuba.

Sin embargo, entre los anarcosindicalistas seguidores de Roig que se vieron forzados al exilio, hubo quienes, como Enrique Messonier, Ramón Rivera y Manuel Cendoya que nunca se convencieron ni de las ideas socialistas ni de las independentistas. Al regreso a Cuba después de la independencia pudieron allanar diferencias, pero realzaron otras. Las condiciones prevalecientes en Cuba para los obreros, especialmente para los cubanos repatriados, apenas eran las mismas por las cuales los emigrados habían luchado tanto.

El resultado de la guerra de 1895-98 fue la de dar la independencia política formal a Cuba. En este proceso, el pueblo cubano perdió dos grandes líderes, Martí y Maceo, los cuales fueron lo bastante sagaces como para avisorar los peligros de una futura dependencia de Estados Unidos. La Cuba del siglo XX, y en especial la industria del tabaco, se convirtió económicamente dependiente – y por lo tanto, en última instancia, políticamente – de su gran vecino del norte. La importancia particular del tabaco para la economía cubana de la época, el hecho de que virtualmente todo el sector de exportación recala en manos norteamericanas, en momentos de gran euforia política después de la independencia, sobre todo con el regreso de los trabajadores, mientras la Isla se encontraba bajo la ocupación militar de Estados Unidos (1899-1902), todo esto se unió para producir una situación particularmente explosiva. Concluida la lucha por la independencia, la lucha de clases se renovó con creces. Seis meses después de haber culminado la guerra empezaron las disputas, y a los tres años (justamente apenas fundada la república en 1902) la industria se desgarraba por una huelga que paralizó gran parte de La Habana.

'Llegados a La Habana, los tabaqueros, que lo eran así casi todos los repatriados, se encontraron sin trabajo y sin medios de vida,' escribió Felipe Zapata en sus apuntes sobre el movimiento obrero:

> La amarga realidad económica desbarataba así en un sólo día el castillo encantado que el trabajo político había edificado en largos, sangrientos y atormentados años de lucha. Los tabaqueros no tenían de qué vivir en su suelo. Las fábricas, sí, trabajaban con toda su fuerza productiva. La industria estaba próspera. Había pedidos. Eran muchas las mesas en las salas de torcido. Había demanda de brazos. Los jornales eran jugosos. Los niños y los jóvenes eran buscados como aprendices, porque el porvenir tabacalero presentaba lisonjero aspecto.
>
> Había todo eso; pero, ¡Ay! que nada de lo dicho era para los cubanos que volvían de la emigración. Cuando los tabaqueros, unos años antes se fueron para el Norte, renunciaron de hecho a los empleos que tenían en las fábricas. Durante su ausencia esos empleo fueron cubiertos por operarios extranjeros. Los encargados y los capataces, extranjeros también, empezaron a llamar a los niños y jóvenes, con-nacionales de ellos para que ocuparan los puestos de aprendices.[2]

Aunque algo exagerado – la industria como un todo estaba lejos de ser próspera y los españoles solamente tenían el monopolio de los puestos exclusivos en las fábricas habaneras – sus planteamientos merecen ser analizados. Evidentemente, tenían validez en cuanto se refieren a las grandes fábricas de La Habana en torno a las cuales se concentraba el movimiento obrero. Rivero Muñiz fue más explícito en esto:

Los encargados y capataces de esas fábricas, españoles en su totalidad, continuaron regenteándolas dado que sus nuevos propietarios estimaron que eran los más capacitados, por el tiempo que llevaban haciéndolo, para dirigir los trabajos, con lo cual casi huelga decir que la discriminación existente no habría de sufrir alteraciones y que la juventud cubana seguiría siendo excluida de los mejores puestos en ciertos talleres...[3]

En marzo de 1899 tabaqueros de la fábrica Henry Clay enviaron una carta al Trust pidiendo que los capataces fueran despedidos. La carta fue ignorada, pero la solicitud fue elevada a otras instancias. Ese mismo mes Baliño, Rivero y otros que habían regresado recientemente de la Florida intentaron organizar el Partido Socialista Cubano y, en los meses posteriores, el semanario obrero *Alerta* (con Messonier) y la Liga Nacional de Trabajadores Cubanos.

Alerta publicó la noticia de un joven cubano que había solicitado que lo aceptaran como aprendiz de rezagador en la fábrica Flor del Todo y a quien un capataz español le respondió 'que primero sería obispo que rezagador'. A pesar de las advertencias a los obreros por parte del gobierno provisional de Estados Unidos para que no hicieran demandas inoportunas,[4] a partir de aquel incidente se generalizó una campaña para que se aceptaran aprendices cubanos. El derecho al empleo, 75% de los puestos para los cubanos, fue el primer clamor. Los cinco puntos contenidos en el programa de la Liga fueron:

Primero: Que los obreros cubanos en general disfruten de las propias ventajas y garantías que los extranjeros empleados en las distintas industrias del país.

Segundo: Gestionar por todos los medios cuanto tienda a proporcionar ocupación en los talleres a los emigrados cubanos cuya repatriación se hace necesaria.

Tercero: Iniciar una campaña en favor de los intereses morales y materiales de la obrera cubana.

Cuarto: Poner en práctica todo lo conducente a proporcionar oficio a la totalidad de los huérfanos que pululan nuestras calles, sean o no hijos de libertadores.

Quinto: Estar preparados a la defensa contra todo elemento nocivo que por algún motivo pretenda obstaculizar la buena marcha de la futura República Cubana.[5]

Era evidente que sobre este particular habrían grandes divisiones entre los trabajadores. Rivera organizó una temible Sociedad de la Tranca para hacer cumplimentar el 75%. A la vez, el ala más anarquista acusó a la Liga de ser nacionalista en sus objetivos. Organizaciones obreras ya existentes, predominantemente dirigidas por españoles, defendieron con vehemencia su derecho a defender la entrada en su industria.

La Sociedad de Escogedores de La Habana creía que era errónea la acusación de que era exclusivamente española y en reiteradas ocasiones lo patentizó así. En febrero de 1900, se celebró una reunión entre las dos organizaciones obreras en donde los escogedores manifestaron su apoyo moral a las resoluciones de la Liga. Su continuado restriccionismo no se basaba en cuestiones de raza o nacionalidad, sostenían ellos, sino más bien en la aguda escasez de empleos.

En junio de 1902, los escogedores divulgaron un manifiesto explicando cómo los talleres 'llegaron a admitir tal número [de aprendices], que alarmó a los que libraban la subsistencia con el arte de escoger, a tal punto que creyeron necesario poner coto al aprendizaje':

> para que el excesivo número de escogedores en el porvenir no diese por resultado que un trabajo relativamente lucrativo, se convirtiese en uno de los tantos que provocan justamente la protesta de los obreros honrados y conscientes, por la explotación de que son víctimas los que profesan. Por esto en el año 1887 sostuvieron una huelga de cerca de tres meses… la cual por causas que no son del caso, terminó con la desorganización del Gremio de Escogedores. Vuelto a organizarse años más tarde, tomó a trabajar para ponerse en condiciones de resistir en lo que el arte dañase, y recabar lo que fuera justo y en su beneficio se debiera hacer, y para bien de todos los escogedores de hoy, y, lógicamente, para los de mañana.

El manifiesto fue en respuesta e la reunión de la Liga donde se tomó el acuerdo de hacer una demanda oficial ante los fabricantes en el sentido de que los aprendices cubanos fueran aceptados en todos los departamentos. Una carta de la Liga dirigida a los escogedores preguntaba qué posición tomarían al respecto y, en caso de estar de acuerdo, qué tipo de apoyo brindarían a la Liga.[6]

A pesar de las protestas de los escogedores por lo contrario, estaba claro que los hijos de Cuba seguirían enfrentando dificultades para ingresar en un oficio tan limitado. Al final de su manifiesto, los escogedores reclamaban que 80 de los 350 miembros de su organización, 43 de los 110 aprendices, fueran de hecho cubanos. Estos bien podían ser españoles que adoptaron la ciudadanía cubana o nacidos cubanos descendientes de padres españoles.

La cuestión del aprendizaje no fue sino un factor dentro de la situación de la época y sin embargo, dados los ideales independentistas, uno de los más irritantes tanto desde el punto de vista político como material. Los dueños norteamericanos ya estaban concentrando la producción, socavando tradiciones establecidas en la manufactura y restringiendo la sindicalización. La actitud de favorecer a los españoles era más de la que esperaban los cubanos.

No fue coincidencia, pues, que las grandes fábricas del Trust volvieran a ser el centro de las luchas violentas en una fecha bastante temprana. La Liga ya se estaba preparando para la confrontación en 1902 con los fabricantes acerca de la cuestión del aprendizaje, entre septiembre y diciembre, los meses picos por la demanda de Navidades, cuando los tabaqueros en la fábrica Cabañas formularon una demanda para una mejor hoja. El Trust se había empeñado en su política de estrangular al trabajo, y uno de los medios utilizados era exigir una calidad de primera de una hoja de segunda. Debido a que la hoja podía fácilmente desbaratarse, cada tabaco requería tiempo y cuidado extra, de ahí la rebaja de los jornales. La demanda fue lanzada por tarifas más altas en esta fábrica y después en otras del Trust. Acerca de la huelga en Villar y Villar, Zapata escribió:

> Las causas inmediatas y manifiestas del conflicto no eran muy claras. Se hacían cargos contra capataces... Contra uno, porque era gallego; contra otro, porque era americano. No atendían con las debidas cortesías al obrero del país. No mojaban el tabaco a tiempo. Hacían perder tiempo a los obreros. El Trust estaba compuesto por un hato de millonarios imperialistas de los Estados Unidos, que explotaban al obrero y oprimían a Cuba. En suma, aquello se hacía intolerable y los obreros estaban dispuestos a mantenerse en lucha hasta 'vencer o morir'.[7]

El 8 de noviembre se creó un comité del Trust que formuló las siguientes demandas: 1) que se acepten a los hijos de Cuba en todos los departamentos, 2) que se limite el aprendizaje al 5%, 3) que los que se desplacen tengan preferencia para reubicarse, 4) que haya tarifas estipuladas para las distintas clases y vitolas, y 5) que se reconozca un comité obrero en cada departamento de la fábrica. El Trust rechazó por completo la petición y acto seguido se inició la huelga. Casi simultáneamente con el Trust, los obreros de la fábricas independientes se lanzaron a la calle por las mismas reivindicaciones, especialmente por las tarifas estipuladas ya que las suyas eran generalmente más bajas. Una anécdota de la huelga es que la fábrica Águila de Oro abrió sus puertas a los aprendices cubanos por lo cual los obreros decidieron continuar el trabajo, alegando que una huelga general eliminaba la competencia y favorecía al Trust. Entonces unos quinientos trabajadores se encaminaron a la fábrica para pedirles a los otros que se les unieran al movimiento huelguístico. El 11 de noviembre, un proyecto de ley sobre el desempleo de los cubanos fue presentado ante el comité de agricultura, industria y comercio del Senado, pero de ahí no pasó.[8] El 20 de noviembre muchas bodegas y otros comercios no abrieron sus puertas y los muelles se paralizaron. Al día siguiente se calculaba en 30.000 el número total de huelguistas.

Desde Tampa y Cayo Hueso, procedía el dinero recolectado y los alimentos adquiridos para ser distribuidos entre los más necesitados. El Trust y otros fabricantes amenazaron con trasladar sus fábricas fuera de La Habana donde no tendrían problemas laborales. Con el pretexto de asegurar la ley y el orden, el gobierno de Estrada Palma ordenó que se tomaran severas medidas. Y así fue. La represión por parte de las tropas fue cruenta y muchos de los 'sediciosos' fueron encarcelados.

Solamente la 'calma' posterior a la represión permitió que comenzaran sus gestiones conciliadoras los veteranos – Máximo Gómez, Juan Gualberto, Sanguily y otros. Ellos, que catalogaron a los huelguistas como 'gente perturbadora, enemiga del orden público e influida por los anarquistas españoles cuyo propósito era obstaculizar el establecimiento de la República' imploraban 'Cubanos... estáis hundiendo la patria. La independencia peligra por vuestras violencias. Es necesario que este estado de huelga revolucionaria cese al instante. Por vuestra parte, ¿qué es lo que queréis, si no es hacer abortar la República?' Su hostilidad provenía claramente de la presión ejercida por Estados Unidos, la dependencia económica del tabaco y su propia y extremadamente delicada situación, pero los agravios se enardecían. La mala cosecha de 1906 hizo que estallara otra gran huelga. Hoja de baja calidad significaba trabajar más despacio en momentos en que los salarios reales – pagados en moneda española o cubana – estaban bajando en la medida en que cada vez más productos tenían sus precios fijados en moneda norteamericana, mucho más cotizada.

De nuevo el Trust estaba bajo ataque. En febrero de 1907, en pleno apogeo de la segunda ocupación militar norteamericana (1906-08), los tabaqueros de Cabañas exigieron una mejor hoja y pago en dólares. Con los obreros de Cabañas en huelga, ésta se extendió rápidamente a otras fábricas del Trust, lo que dio en llamarla 'Huelga de la moneda americana'. Bock utilizó su poder para 'persuadir a los fabricantes independientes que declararan un lockout'. Pero a quienes no pudieron controlar fue a los pequeños chinchaleros[9] y a los torcedores privados. Ellos, a raíz de esa acción, comenzaron a prosperar controlando el mercado local y se ha llegado a creer que fue esta competencia la que ayudó a quebrar el 'lockout' y obligar al Trust acceder frente a las demandas obreras. Las fábricas independientes quedaron libres de lograr acuerdos individuales con sus trabajadores. Con la fuerza de estos éxitos, estalló otra huelga de los obreros del Trust al recibir amenazas de cesantía en enero de 1908. Duró seis semanas, aunque culminó en un fracaso total.

El fracaso fue significativo y apunta hacia las muy serias limitaciones en la actividad obrera durante los primeros tiempos. En 1902, los obreros de las grandes fábricas, y en especial el Trust, fueron el centro del movimiento huelguístico, aunque tanto por razones de índole económica como política sus reivindicaciones tuvieron mayor relevancia. La huelga de 1907 estuvo inicialmente confinada a las grandes fábricas – otras se vieron solamente afectadas por el 'lockout' de los fabricantes. Los chinchaleros y otros fabricantes independientes que posteriormente rompieron el 'lockout' fácilmente encontraron operarios. En 1908, la huelga no sólo fue limitada sino que los rompehuelgas aseguraron su extinción.

En lo absoluto se puede pensar que las huelgas eran indicios de alguna organización obrera fuerte que pudiera canalizar la actividad huelguística. Luego de largos años de lucha independentista, pocos gremios merecían ese nombre. Aquéllos que si lo merecían – los escogedores de tabaco constituyen un caso para destacar – a menudo aglutinaban a los muy controvertidos obreros españoles y por ese motivo fueron gremios muy encerrados en sí mismos. Intentos de reorganizar el movimiento obrero al estilo de la Liga, con un nacionalismo revolucionario, tuvieron amplia repercusión aunque apenas podía, a esas alturas, perdurar en forma palpable alguna. La gran masa desempleada, donde se había originado la Liga, siguió estando desempleada, y por lo tanto impotente en términos de una acción industrial directa. Aquéllos que sí tenían trabajo, máxime frente a los que carecían de éste, se preocuparon más en conservarlo. Solamente los de las fábrica del Trust, sometidos como lo fueron a nuevas formas de explotación económica y política, siguieron vociferando sus demandas. Constantemente se les negaba el derecho a formar comités obreros hasta 1907, cuando los fabricantes aseguraron que estarían limitados al nivel de la fábrica.

Baliño y Rivero hicieron sucesivos intentos de fundar un partido socialista de obreros – Partido Obrero de la Isla de Cuba (1904) y Agrupación Socialista Internacional (1906) – pero hallaron muy poco apoyo concreto para tales pasos. Baliño en especial, siempre estuvo alerta en explicar que 'Sin libertad económica, la libertad política no es más que un espejismo engañoso.'[10] La violenta represalia de los huelguistas y las privaciones a las que ellos y sus familiares fueron sometidos – de tal forma que hasta hubo una ola de retorno a Tampa y Cayo Hueso – dejó a los obreros en un estado de sumisión. Por su parte, Baliño trató de contrarrestar esta situación, al explicar en 1905 que:

> … el propósito de los socialistas es nivelar elevando; hacer extensivo á todos el bienestar y el goce que hoy es privilegio de unos pocos.
>
> Para esto es necesario en primer término, que la gran masa proletaria, que constituye la inmensa mayoría de la humanidad, se convenza de que el hambre, la desnudez, la inquietud, el trabajo excesivo o la holganza forzada, la angustia sin término no se justifica con las leyes de la revolución… cruel que se complace con el dolor de los hombres.[11]

Como socialista, Baliño se opuso fuertemente a los anarquistas de la Agrupación que no enarbolaron la lucha contra los grupos privilegiados de trabajadores. En una carta dirigida en febrero de 1909 al presidente de la Agrupación, Benigno Miranda, Baliño escribió:

> Donde hay privilegio no puede haber unión sin la cual el socialismo es irrealizable… En todos los países los obreros tienden a la fraternidad social reconociendo que entre los trabajadores no debe haber preocupaciones de raza ni nacionalidad, etcétera… pero aquí hay gremios, que pudiera citar, donde

el trabajo está tan monopolizado por los obreros españoles, que sólo trabajan en él muy corto número de cubanos blancos y *ni un solo negro*. Para esos acaparadores del trabajo, que tan hondamente dividen a los obreros de aquí, no tiene la Agrupación Socialista ni una palabra de censura, ni una exhortación a la Fraternidad Social… A los obreros españoles que se llaman conscientes, que se agrupan bajo la bandera roja del Socialismo Internacional, que vienen aquí con un verbo de redención en los labios a ser guías y mentores de esta muchedumbre obrera que proclama la hermandad de todos los trabajadores del mundo, corresponde la labor ardua pero necesaria, la labor preparatoria indispensable de matar esos inicuos privilegios. Ellos deben acometer esa labor, porque, no sintiéndose en sí mismo el dolor y el vejamen que encierra esa postergación, pueden hacerla sin la ira de que la harían los postergados obligados de la defensa propia. Y únicamente cuando hagan esa labor, tendrá este pueblo confianza en ellos, y escuchará sin recelo…[12]

Fue por esta cuestión que finalmente Baliño abandonó la organización, aunque en modo alguno echando a un lado sus convicciones socialistas. En otra carta posterior a Miranda en aquel mes, Baliño declaró:

Mientras los obreros se conformen en ir como meras comparsas en los partidos burgueses, con pedir y pedir a los gobiernos que no son, según la frase de Marx, sino los comités administrativos de la burguesía; mientras se pasa la vida de rodillas, con la mano extendida, acostumbrándose a los desprecios como Diógenes delante de la Estatua, no recibirían sino el hueso que se arroja a las muchedumbres, inconscientes que se agitan sin ideal o sin rumbos en la noche sin fin de su miseria.

El proletariado universal realiza hoy dos movimientos simultáneos tan indispensable el uno como el otro para llevarlo a la victoria, y en ella no deben existir los privilegios de castos. El otro es la acción política en su partido de clase que tenga por objetivo la socialización de la industria. Solamente con la consecución de este ideal se abre campo para todos en la esfera del trabajo, se prepara asiento para todos en el banquete de la vida, y se borran todos los exclusivismos que impiden la fraternidad humana.[13]

Hombre de gran perspicacia, Baliño estuvo, en cierto sentido, muy adelantado para su época. Su gran ideal estuvo muy lejos de realizarse. Los trabajadores – incluidos los de la industria tabacalera – apenas constituían en ese momento una clase como para tener una organización de masa.

12

Los torcedores a la defensiva

El año de 1914 marca un viraje en la historia del movimiento obrero en la industria tabacalera. Luego de una gran calma en la acción obrera después de la huelga de 1908 y el carácter limitado de la organización misma aparecieron a partir de 1914 los primeros intentos para fundar gremios regionales y más tarde nacionales y confederaciones generales incorporando a obreros de todo oficio e industria. Sin embargo, hasta qué punto estos intentos fueron novedosos podría exagerarse fácilmente ya que los torcedores siguieron desempeñando en ellos un papel notable.

Los nuevos intentos de 1914 correspondían en gran medida a tres factores. El primero fue el rápido aumento del costo de la vida (reflejado especialmente en el precio de los alimentos) que estaba causando una caída del salario real en todos los sectores. El segundo fue el empeoramiento de la situación económica de la industria tabacalera de La Habana y sus alrededores, golpeada por la obstrucción del mercado de exportación al estallar la Primera Guerra Mundial. Las fábricas estaban reduciendo la producción y el número de sus empleados – en 1914 se reportaron unos 7.000 torcedores desempleados en La Habana, 2.000 en el cercano pueblo de San Antonio de los Baños y entre 6.000 y 7.000 despalilladoras. En agosto, se estableció un Comité de Auxilios por y para los torcedores y artesanos anexos; y, con la insistencia de los obreros de la Partagás, se organizó una manifestación para exigir del gobierno un crédito de 100.000 pesos. En vísperas del Congreso Nacional Obrero, que se efectuó entre el 28 y el 30 de agosto, los tabaqueros y sus familiares en su mayoría, realizaron una huelga de hambre que tuvo lugar en Güines.

Después de las grandes huelgas tabacaleras y el fallecimiento en 1910 de Gustav Bock, Presidente del Havana Trust, G. W. Hill y Edgar Ware, de la American Tobacco, viajaron a La Habana para inspeccionar personalmente las fábricas del Trust y evaluar la situación local. Se señaló que la benevolencia de Bock había conducido a que 'conservaba empleados inútiles, pagaba las cuentas de hospitalización de los torcedores tísicos y mantenía a sus familias que estaban privadas de todo sustento.'[1] El ahorro por concepto de personal estuvo relacionado con el hecho de que el trabajo dócil y barato no era exactamente una de las ventajas de Cuba. Es interesante destacar que las sociedades obreras de las fábricas del Trust, como La Corona y La Cabaña estuvieron entre las que más presionaron para un nuevo tipo de organización sindical.

El tercer factor fue el cambio de postura de los fabricantes y del gobierno. La activa intervención gubernamental antes de 1914 parece haber sido confinada principalmente a la injerencia ocasional y a la acción represiva policíaca o de tropas en los grandes conflictos. Así había ocurrido en el caso de los torcedores, debido a su tamaño numérico, las serias implicaciones de la huelga de estos obreros y el contexto político particular de la acción huelguística e intentos de organización obrera; de aquí los encuentros públicos entre las autoridades civiles, los fabricantes y los obreros en 1887, la represión del Congreso de 1892 y el empleo de tropas para reprimir la huelga de 1902.

Hacia 1909 (después del periodo 'estabilizador' de la intervención militar norteamericana de 1906-08), hubo síntomas de cambio. La comisión que redactó el informe de 1909 sobre la industria proclamó que no tuvo suficiente tiempo para estudiar la 'cuestión obrera' aunque incluyó en el cuestionario 'un particular de verdadera actualidad universal... relacionado con las desidencias entre los factores esenciales de la producción: el trabajo y el capital, representados por el obrero y el fabricante o patrón.'[2] Recomendó además que el gobierno manifestara especial atención a los asuntos laborales y considerara la creación de tribunales de arbitraje 'con proporcionada representación de ambos elementos, é intervención de alguno ajeno particularmente á los intereses debatidos á manera de agente moderado'[3] lo que reduciría o posiblemente evitaría completamente 'diferencias perturbadoras' en la industria. Aunque los tribunales de arbitraje no llegaron a establecerse sino hasta mucho más tarde, es significativo que ya por entonces se habían tenido en consideración. En diciembre de 1913 se creó un comité de asuntos sociales en el marco de:

> Un movimiento científico de reforma social, al cual los gobiernos tendrán ahora que prestar atención, no sólo por razones de justicia y humanidad sino también para procurar... la normalidad social y una adecuada solución a los problemas colectivos, evitando, mediante oportunas medidas, conflictos entre las diferentes clases sociales...[4]

Se había manifestado la esperanza de que los códigos laborales y las provisiones sociales vendrían seguidamente y, en febrero de 1914, apareció el primer proyecto conocido para una secretaría de trabajo, precursora del ministerio.

Con un telón de fondo de infortunios y dentro del marco de cierto ambiente de colaboración de clase, se celebró el Primer – aunque fuera el tercero – Congreso Nacional Obrero en agosto de 1914.

Este Congreso tuvo un ámbito considerablemente limitado. Los delegados provenían en su mayoría de la industria del tabaco y de los grupos tradicionales de artesanos tales como sastres, pintores y carpinteros que también estaban pasando por tiempo difíciles y cuyos gremios habían formado también sus comités de auxilios. Por la total fuerza numérica, el Comité de Auxilios de los torcedores era inevitablemente el más poderoso y financieramente más solvente, aunque al mismo tiempo se luchaba para cubrir las necesidades de todos los torcedores afectados por el cierre de las fábricas. Era lógico que este sector obrero sería visto como si estuviera ensimismado y por consiguiente estaba perdiendo cierto prestigio que había gozado entre otros grupos. 'Los tabaqueros que siempre habían marchado a la cabeza de los obreros, esta vez habían cerrado las puertas de la caridad a los trabajadores que no fueran tabaqueros o similares,' declaró un delegado del gremio de pintores, a quien Ramiro Neyra, secretario del Comité Central de Auxilios de los tabaqueros respondió que ellos 'tenían cariño para los demás obreros pero el Comité Central no podía darle cabida a los demás gremios mientras no perdiera su carácter de Comité Central de Torcedores'.[5]

La gran mayoría de los delegados al Congreso de la industria tabacalera fueron representando a sus gremios a nivel de fábrica o comités de auxilios para cada oficio, y por supuesto, fueron con las preocupaciones y problemas específicos de cada cual. Producto de que la industria en su conjunto y otros sectores de la economía se afectaron con la guerra otra vez volvieron a ampliarse los horizontes de los trabajadores. Fue la Sociedad de Resistencia 'La Corona' la que sometió el trabajo premiado del Congreso sobre 'Sociedades de Resistencia en Cuba. Necesidad de Reorganizarlas'. Entre las sugerencias se encontraba la de que se creara un comité para el resto de los trabajadores, y ellos, conjuntamente con delegados de otros sectores, fundaran un Comité Central de Auxilios para los desempleados. Únicamente el Gremio de Rezagadores retiró a sus delegados para constituir una federación aparte para los rezagadores, los escogedores de tabacos y los fileteadores.

El Congreso fue, pues, una tentativa de encaminar una organización obrera más unificada. El hecho de que esto no podía aún materializarse reflejaba los diversos acontecimientos ocurridos durante los años siguientes. Aún así, los tabaqueros constituían el único núcleo fuerte de la clase obrera industrial. Al mismo tiempo, sus poderosos sindicatos todavía estaban dominados por los grupos más calificados cuya experiencia en conflictos violentos le había enseñado a tener una moderación poco común en los demás sectores.

Lo que contribuyó aún más a ésto fue el hecho de que en períodos en que las fábricas trabajaron a plena capacidad, como cuando la gran demanda anormal de la posguerra, en 1918, estos grupos se beneficiaron relativamente con altos salarios y mejores condiciones. Por lo tanto, no fueron los tabacaleros sino los nuevos y pujantes sectores de obreros quienes se convertirían en el centro de una ola de huelgas que estalló en Cuba a partir de 1917 en adelante – estibadores y portuarios en general, ferroviarios, maquinistas y hasta los azucareros aunque en menor escala. El carácter semiespecializado de gran parte de su trabajo y el tipo de condiciones bajo las cuales trabajaban condujo a que muchos se vieran atraídos a ideas más radicales de carácter anarquista, anarcosindicalista y socialista. Sin embargo, aunque los tabaqueros encabezarían la formación de una federación gremial provincial y luego nacional, y estarían al frente también en la organización del Segundo Congreso Obrero y la primera federación general en 1920, sus ideas serían vehementemente cuestionadas por el viejo artesanado así como por los más recientes grupos industriales y sus dirigentes.

El año de 1918 fue testigo de huelgas a escala sin precedentes. Aparte de las numerosas y pequeñas huelgas locales hubo 20 grandes en 1918, 28 en 1919, centradas alrededor de reivindicaciones salariales y la jornada laboral de ocho horas. Incluso Beck, agregado militar de la legación norteamericana informó después de la huelga general de marzo de 1919:

> He tratado de averiguar las causas de la huelga y he llegado a estas conclusiones: la causa básica es que los salarios no han aumentado tanto como el costo de la vida. En cada huelga los obreros han tenido una razón legítima en el fondo.[6]

Sin embargo, las autoridades fueron rápidas en localizar y arrestar o deportar a los líderes huelguistas y desacreditar a los anarquistas españoles que llegaban a diario. Mientras estaba claro de un lado que los nuevos inmigrantes españoles estaban inyectando nueva fuerza al anarcosindicalismo, al mismo tiempo la Revolución de Octubre de 1917 tuvo sus efectos. 'Abajo el Kaiser de Cuba', gritaban los obreros en noviembre de 1918 durante la huelga de los portuarios, ferroviarios y del transporte en general.

Este fue el antecedente contra el cual se dieron nuevos pasos para aglutinar a la clase obrera en sindicatos locales y provinciales.

El año de 1920 arribó con el Congreso de los Torcedores en enero. Mientras que las huelgas y las divisiones ideológicas estaba resquebrajando otros sectores, los tabaqueros de La Habana y distritos cercanos estaban forjando tranquilamente su organización sindical. Hacia 1920 todos los gremios se encontraban agrupados en torno a la Federación de Torcedores de La Habana y Pinar del Río y su presidente era José Bravo. Hombre de ideas reformistas en la tradición de su gran homólogo, el norteamericano Sam Gompers, Bravo trabajó para fortalecer la unión gremial de los torcedores de La Habana y por mejorar los jornales y condiciones de trabajo. Se recolectaron fondos suficientes como para construir una escuela, una biblioteca, una imprenta y un centro social – unos 70.000 pesos en total. Cuando se completaron los trabajos de la imprenta salió el *Boletín del Torcedor* en 1920. Más interesante aún es que (según se cuenta) cuando el 'crac' financiero de 1920 liquidó los fondos y Bravo finalmente se dio a la fuga con la considerable suma de 39.000

pesos, los tabaqueros reunieron el dinero nuevamente y se completó un plan de construcción por la suma de 85.000 pesos..

Fue Bravo quien, junto con Carlos Baliño, presidió el Congreso de enero y en gran medida fueron sus ideas las que influyeron en el acuerdo para convocar a un congreso obrero nacional en el que participaran trabajadores de todos los sectores para enviar un delegado al Congreso Panamericano de la Federación del Trabajo. Uno de los temas centrales que motivó la celebración del Segundo Congreso Nacional Obrero de aquel año, fue nada menos que el más acaloradamente debatido. *Nueva Aurora*, el periódico de tendencia anarquista, dijo lo siguiente:

> Puesto los citados delegados de los Tabaqueros a resolver las cuestiones de orden internacional, así los que atañen al propio oficio como los que interesan a los trabajadores todos, no encuentran mejor solución que la de reconocer la Internacional de Tabaqueros de Norteamérica, acordar el envío de representantes a la Convención de Cleveland y aconsejar la asistencia de los obreros cubanos al Congreso Panamericano de la Federación Americana del Trabajo.
>
> ¿Con qué autoridad, en nombre de qué sentido lógico acordaron los pseudocongresistas la incorporación de sus representados... a la Internacional de Tabaqueros y por ella a la Federación Americana del Trabajo? ¿Quién ganará, pues, con tan arbitraria medida?... Los obreros no, si acaso los mismos que ganaron con el movimiento del proletariado cubano se agregue al que inspira Mr. Gompers, Holland, Morrison y cien bandidos más.
>
> ¿Y en qué razones basaron la invitación, su recomendación de asistir al Congreso Panamericano de México, al mismo tiempo que omitieron mencionar siquiera el otro Congreso, el de la Tercera Internacional?
>
> ¿La Federación del Trabajo?... ¿La Federación Panamericana?... ¿Sus hombres? La primera un gran trust de trabajo, un inmenso monoplio en contra de los que a ella no pertenecen y una traba a las aspiraciones de los que son sus miembros, la segunda una trampa cebada por el gobierno y los capitalistas americanos para asegurar un tranquilo dominio en la América de habla española y los últimos, un montón de viles dignos de ser ahorcados por las manos de los trabajadores. Y a eso nos quieren llevar los representantes de los Torcedores.[7]

Se considera que asistieron delegados de 128 organizaciones que representaban a 200.000 trabajadores en este segundo y mucho más importante Congreso Nacional. Al parecer, los torcedores más reformistas perdieron el voto esta vez. Otros grupos de artesanos salieron en franca oposición. El voto de los gráficos fue a parar a Antonio Penichet y Alfredo López 'que tenían instrucciones de votar en contra de nombrar un delegado al Congreso Panamericano y a favor del Latinomericano, representante de la Tercera Internacional de Moscú.' Se hicieron proposiciones para mandar saludos fraternales a los camaradas que fundaron la República Soviética. Las críticas al tabaquero Sam Gompers, 'un burgués ensorbecido y fanfarrón'[8] y su sindicato fueron tan fuertes que la resolución final acordó enviar delegados al Congreso Latinoamericano.

El Congreso culminó con la creación de comités que incluían a Penichet, López y Bravo para que consideraran la creación de una confederación obrera. Esto fracasó al ser arrestados Penichet, López y otros anarquistas. Aprovechando la situación, Bravo convocó a un congreso de tabaqueros de La Habana y Pinar del Río, donde, en contra de las decisiones finales del congreso nacional, se acordó reconocer a la Internacional de Trabaqueros y enviar delegados al congreso de México.

En ausencia de cifras exactas sobre la sindicalización, los dos primeros congresos ofrecen indicios muy definidos del carácter de la organización obrera durante este período. Aunque los tabaqueros de La Habana fueron derrotados significativamente en 1920, otros grupos estaban aislados y debilitados, y aún no existía ninguna alternativa de organización viable. Fue así que durante la década del veinte las organizaciones de los torcedores se consolidaron mediante los mismos lineamientos anteriores.

En pueblos como San Antonio de los Baños y Bejucal, había algunos gremios locales bastante fuertes, al igual que en pueblos de la provincia de Las Villas. Bravo dedicó tiempo y esfuerzo considerables a estos últimos, ubicándolos dentro de las organizaciones gremiales a nivel regional. En el interior, muchos viejos tabaqueros cuentan sobre las visitas personales de Bravo, y por cierto, fue en 1920 que también se fundó la Federación de Torcedores de Santa Clara (la provincia). De cualquier manera, el poder de la oligarquía tabacalera local y la absoluta dependencia de los trabajadores trajo como consecuencia que la organización obrera progresara poco. Ranchuelo fue un ejemplo extremo de esto. Octavio Mesa, miembro fundador del gremio de torcedores en aquellos días recuerda que:

> En Ranchuelo, los más poderosos económicamente eran los Trinidad y por consiguiente dominaban la vida política y económica de este pueblo. Uno de

dichos hermanos era el alcalde del pueblo; en aquel entonces no existía la Policía Nacional, sino que era Municipal, bajo las órdenes directas del alcalde y que además de eso, estos señores Trinidad contaban con adláteres o lacayos prestos a hacer rápidamente lo que ellos deseaban. Demás está decir que pertenecían al partido del Presidente de la República (conservador) y por lo tanto gozaban de gran influencia política... botaron del trabajo... a algunos se llegó a poner patitas en la línea del ferrocarril para que tuvieran que marcharse a pie del pueblo, incluso con sus mujeres é hijos... En 1920, los agentes de los dueños fueron visitando a los tabaqueros con planillas para que éstos las firmaran en donde los dueños ponían como condición para reanudar los trabajos el que se dejara fuera la directiva del sindicato.[9]

Sucesos como estos también trajeron por resultado que, cuando posteriormente los sindicatos despegaron, serían mucho más radicales que los anteriores homólogos de La Habana. Al mismo tiempo, también había síntomas de cambios entre los tabaqueros de la capital. Las ideas anarcosindicalistas parecen no haber sido fuertes entre las filas obreras, aunque sí hubo apoyo para la revolución rusa de 1917. Se dice que *Justicia*, el periódico editado primero por José Bravo, había estado en manos de elementos anarcosindicalistas de la Agrupación Socialista de La Habana hacia finales de diciembre. Ese mismo año, la Agrupación había lanzado un manifiesto recabando apoyo de los obreros para la Revolución de 1917 (esto fue publicado en el *Boletín del Torcedor*). En un par de años, Baliño formó la nueva Agrupación Comunista, precursora del Partido Comunista de Cuba, fundado en 1925, cuando *Justicia* fue publicado por Gregorio Marrero y Joaquín Valdés, ambos miembros fundadores del Partido Comunista; también en ese año se formó la Confederación Nacional de Obreros de Cuba (CNOC), que pronto sería de fuertes tendencias comunistas. A través de los años, la confederación llegaría a ser importante no sólo entre las nuevas agrupaciones organizadas, tales como la de los azucareros y la de los portuarios, sino también entre las agrupaciones tradicionales como de los tabaqueros y otros.

13

El león despierta

A través de la historia, la máquina ha traído consigo serias confrontaciones. A menudo, la manifiesta oposición ha tomado formas de hostilidad, aunque ello no siempre ha estado relacionado específicamente contra la máquina como se ha creído. El ludismo clásico en Inglaterra se ha presentado como un movimiento considerablemente sofisticado. La inutilización de máquinas fue un método valioso utilizado por obreros en la sociedad preindustrial, a veces altamente político en contenido, que tuvo el apoyo de muchos fabricantes y de la opinión pública en general. En Francia, hubo menos agitación obrera y más competencia entre los fabricantes. Durante mucho tiempo después de la revolución industrial en muchas industrias la máquina trajo consigo amplias y muy prolongadas luchas obreras.

La industria del torcido se destacó en esas luchas. El hecho de que la máquina torcedora se pusiera en marcha en una época relativamente tardía y que existiera una fuerte tradición del torcido a mano trajo como resultado que en Estados Unidos, por ejemplo, solamente un puñado de fabricantes introdujera la máquina, sólo logrando esto a veces trasladando la producción a otras áreas y empleando mujeres maquinistas y también resquebrajando la influencia de los sindicatos. En Cuba tierra del mejor tabaco torcido del mundo, donde el desarrollo de la industria había sido tan refrenado que fabricantes y obreros estaban diseminados en más de 1.000 talleres y fábricas dispersas, era inevitable que el problema de la máquina se extendiera más allá de los obreros y patronos y asumiera proporciones que revestían una envergadura nacional y un contenido político.

A finales de los años veinte, cuando Por Larrañaga instaló la máquina torcedora norteamericana, muchos fabricantes se dieron cuenta rápidamente que más tarde o temprano serían desplazados del negocio. Es por ello que la lucha contra la máquina se convirtió pronto en un amplio movimiento de obreros y fabricantes que logró inclinar la opinión y eventualmente promulgar decretos que prohibieran su introducción en la industria.

La lucha inicial se limitaba en gran medida a los trabajadores habaneros. En 1925, todos menos ocho de los obreros de Por Larrañaga declararon una huelga que duró hasta 1930. Por Larrañaga continuó funcionando con los rompehuelgas durante ese período aunque con una fuerte oposición de la recién constituida Federación Nacional de Torcedores.

Esta primera organización a nivel nacional fue creada en un congreso especial de tabaqueros efectuado en Santa Clara en 1926. Comprendía a las sociedades de resistencia y a los gremios de toda la Isla, agrupados en tres federaciones biprovinciales, y fue una clara respuesta a los intentos de introducir la máquina en la fábrica Por Larrañaga. Significó un intento de movilizar a los tabaqueros a través de la Isla en su contra. Sus líderes viajaron por todo el país hablando en manifestaciones públicas – especialmente en la provincia de Las Villas, donde el número de tabaqueros que suministraba sus productos al mercado local había aumentado considerablemente durante las dos últimas décadas.

La unidad y la moral de los tabaqueros y sus organizaciones sobre este punto eran altas y hasta un exitoso boicot contra los tabacos de Por Larrañaga pronto se vio henchido con cierto grado de nacionalismo y patriotismo.

Por otra parte, hubo casi una total coincidencia de puntos de vista entre obreros y fabricantes en contra de la máquina. El informe de 1926 de la FNT difería poco del trazado por los fabricantes. Fue dirigido también al Presidente de la República, haciendo gran énfasis en la importancia de los tabacos torcidos a mano para el prestigioso mercado de exportación y cómo sería destruido por la máquina. Se indicó que todo el sustento de miles de hombres, mujeres y niños sería cortado, concentrando la producción y el bienestar en manos de unos cuantos antipatriotas.

Ya en 1928 la lucha contra la máquina se había extendido. Un artículo del diario *El Mundo* del 26 de agosto dice así:

> Remedios: A las doce del día, llegó a esta ciudad la representación de la Federación Nacional de Torcedores de Cuba, al frente de la cual viene su presidente señor Juan Abelardo Mujica. Para asistir al recibimiento, llegaron temprano representaciones de los gremios de la provincia, quienes asistieron también a una reunión del Comité provincial. En honor de los visitantes se celebró un banquete al que asistieron más de doscientos comensales, las autoridades y la prensa...

En Santa Clara miles marcharon a través de la ciudad hacia un mitin donde los alcaldes y los delegados de diferentes pueblos tabacaleros estuvieron presentes. Escenas similares se repitieron en Cienfuegos, Cárdenas, Matanzas y Pinar del Río. El 11 de noviembre se organizó en La Habana una gran manifestación que contó con la participación de:

> los veteranos... de la Independencia, instituciones patrióticas, logias masónicas, sociedades culturales, la Federación de Despalilladoras y gremios anexos, una banda de música, autoridades diversas, la prensa, la Unión de Fabricantes de Tabacos y Cigarros de la Isla, la Comisión Nacional de Propaganda y Defensa del Tabaco Habano, el ejecutivo nacional de la Federación de Torcedores, los ejecutivos de los torcedores de las distintas provincias donde éstas existían, colectividades obreras del interior, la Sociedad de Torcedores de Federados de la República, y otras instituciones del interior del país.[1]

El Presidente Machado recibió a una delegación de tabaqueros a la cual le prometió que haría lo que estuviera a su alcance.

Cuando finalmente Por Larrañaga llegó a un acuerdo con los obreros, los términos se basaban en el hecho de que 'la firma Por Larrañaga, Fábrica de Tabaco, SA, usaba para la fabricación mecánica de tabacos POR LARRAÑAGA prestigiada y enaltecida por la labor manual de los tabaqueros, cometiendo con ello una usurpación de un legítimo derecho...' El acuerdo firmado entre la FNT y Por Larrañaga estipulaba que ni ésta ni otras compañías podrían producir a máquina el famoso puro habano 'que debe ese crédito a la labor manual'. La FNT sancionó a los rompehuelgas 'que cometieron una violación manifiesta de la moral proletaria' y Por Larrañaga se comprometió en despedir a todos aquellos que habían trabajado con la fábrica durante los últimos cuatro años.

Como resultado de lo anterior el control quedó reafirmado sobre todos sus miembros y así lo planteó su comité central no sin poca fastuosidad:

> El Comité Central... dando prueba de generosidad y nobleza deberá, cuando lo estime oportuno, y en la forma que considere más viable y breve, conceder a los que un día dejaron sus filas, la rehabilitación necesaria a fin de que los torcedores federados los admitan nuevamente en su seno, cumplimentando así este árbitro difícil labor, en la que no ha habido otra inspiración de ese laudo, que la de la justicia y el bien, completando la trilogía con el amor que lleva este ruego final de perdón...[2]

Los intentos de mecanizar surgieron en momentos en que las condiciones de la industria fueron tales que los salarios y tarifas habían sido rebajados y el desempleo aumentaba. Por ellos, la mecanización y la cesantía iban a permear todos los aspectos de la situación laboral, quebrantando la fuerza de los primeros tiempos de los sindicatos

> **NO FUMEN TABACOS DE POR LARRAÑAGA.** Están hechos a máquina, que es un sistema que perjudica grandemente a la Industria Cubana.
>
> **LOS TABACOS MECANICOS SON NOCIVOS A LA' SALUD** y los hechos por ROMPEHUELGAS son perjudiciales a la salud moral de las Personas Decentes.
>
> **NO FUMEN TABACOS DE "POR LARRAÑAGA"**

Cartel para la huelga de Por Larrañaga

habaneros y, a largo plazo, abriendo el camino para una radicalización de la estructura sindical y su ideología.

En 1925 el presidente Gerardo Machado había llegado al poder. Aunque inicialmente elegido sobre una base casi populista, tanto él como su gobierno promovieron un nacionalismo que correspondía más bien con los intereses de los elementos más conservadores de la burguesía nacional que había sido sacudida por la crisis de 1920-21. El gobierno de Machado fue, en gran medida, un intento de estimular su precaria posición y tomó una dura línea anti-obrera. En los primeros años, ésta fue tenue respecto a las organizaciones más moderadas y muchas organizaciones tabacaleras, incluyendo la FNT misma, no fueron molestadas durante varios años. Esto lo señaló Zapata en sus apuntes sobre el movimiento obrero:

> La realidad de la situación creada por ese gobierno, se hacía muy notoria. La organización obrera de carácter moderado y legalista, podía subsistir. Los sindicatos del giro gastronómico, de un espíritu moderado que le era tradicional, subsistían sin dificultad. Los antiguos gremios portuarios, muchos de los cuales eran igualmente moderados, se mantenían indemnes. La recién fundada Federación Nacional de Torcedores se desenvolvía normalmente. La Hermandad Ferroviaria con los nuevos gobiernos que siguieron después de la última huelga, se desenvuelve tranquilamente. Muchas instituciones, antiguas y respetables, de vida ordenada y fecunda, como la Unión de Conductores de Carros y Camiones y todas las que siempre se mantuvieron libres de toda contaminación anarquista y comunista, seguían siendo igualmente respetadas por el nuevo gobierno. En cambio, todos los sindicatos que se aventuraron a desafiar la fuerza del poder público fueron eliminados de manera rápida y drástica.[3]

En resumen, fue la evidente incapacidad del gobierno de Machado para frenar la depresión de la década de 1930 que se avecinaba la que provocó una amplia oposición y un fuerte movimiento de sentimientos antiimperialistas. A medida que maduraba la crisis económica que producía otra crisis gubernamental cambiaban drásticamente los sindicatos establecidos y la política oficial sobre ellos.

En 1929, la Federación Nacional de Torcedores pudo haber estado cerca del éxito en su lucha contra la máquina, pero fue también en un punto crítico de su joven historia. Esto quedó reflejado en el nuevo *Boletín del Torcedor* que apareció en junio de aquel año, con una importante tirada de 10.000 ejemplares. *El Boletín* empezó con artículos que informaban sobre la mecanización. Uno de ellos lo firmó Eduardo Plochet, un tabaquero que trabajó una vez en Estados Unidos:

> No soy un viejo adocenado que se pasó toda la vida añorando mi juventud; soy un viejo que suspiro innovaciones y bostezo decadencias; yo vivo mi época… no me asusta la máquina torcedora de tabacos; y la conocí y la combatí allá por el año 1900 siendo secretario de 'La Unión de Torcedores de Tabacos de Nueva York', y la combatí, persuadido de que tarde o temprano invadirán las tabaquerías y anularían el esfuerzo del torcedor, y si no logramos entonces suprimirla totalmente, al menos estorbamos que fueran implantadas en las tabaquerías donde se torcía a mano por cubanos y españoles; y así sostuvimos el prestigio de la industria y de nuestro innegable superioridad en el arte. Entonces, nunca creí que ese anti-artístico e inhumano artefacto llegaría a implantarse en Cuba, en donde tenemos forzosamente que exaltar, y cada día más, la destreza y la superioridad del tabaquero de Cuba y premiar su empeño artístico, su afán de producir el mejor torcido del mundo [4]

Plochet describió la máquina como inhumana. No había sido perfeccionada y solamente podía utilizar las mejores hojas. Para Plochet, era evidente que los fabricantes mantendrían una fuerza laboral cuyo único trabajo sería con la hoja de inferior calidad, 'que rechaza la máquina, menguando así un jornal diario y rompiéndose el lomo para beneficio del fabricante.' La posición del *Boletín* sobre la campaña contra la máquina se resume en un ataque general del primero de diciembre en un editorial donde concluye que fue 'la protesta de un pueblo, que está cansado de sufrir las opresiones del capitalismo más cruel, el americano'.

Al mismo tiempo, los primeros números del *Boletín* denunciaban la existente apatía y división entre los tabaqueros. Pero se argumentaba que el viejo boletín apenas se leía. Como un eco de viejas quejas apareció señalando que el sindicato de torcedores de La Habana estaba inactivo hasta el punto en que el promedio de asistencia a las reuniones había disminuido a 60 u 80 cuando en el pasado 1.000 era una cifra común. Cuando las protestas contra la máquina estaban en su pleno apogeo apareció un dibujo cómico en un número del *Boletín* de 1927 que caricaturizaba al fuerte, pero inactivo sindicato habanero como un enorme león dormido que estaba siendo pinchado por animales más pequeños.

Entre sus páginas se incluían también reportajes sobre los abusos de los fabricantes y torcedores y algunas 'malas costumbres' que se estaban desarrollando entre los propios obreros – incluyendo el garrote – y sobre el estado o no de existencia de los sindicatos a través de la Isla. 'Podemos decir,' escribió el comité de reorganización de la FNT de la provincia de Matanzas, 'que en todos los pueblos que visitamos encontramos grandes deseos por parte de los compañeros torcedores de mantener la organización pero por arriba de esos deseos, está la escasez de trabajo.'5 En la provincia de Las Villas la situación no era mucho mejor. Algunos sindicatos locales se las arreglaron para defender ciertos derechos y mantener los salarios y las condiciones aunque a menudo solamente insistiendo en que los fabricantes emplearan únicamente mano de obra local. Esto conllevó a un localismo fuerte que le resultó difícil combatir a la FNT.

En el *Boletín* se reflejaron fuertes diferencias políticas. Se puso mucho énfasis en la educación de los obreros. 'Hay que demostrar que estamos preparados,' escribió Juan Lara, que tenía una columna fija en el *Boletín*. Existía un elemento de tradicional desconfianza por la política. 'Mi humilde opinión es,' escribió el tabaquero Eusebio Sandarán en el número de junio de 1930, 'que el obrero debe huir a todo lo que se relacione con

Caricatura del *Boletín del Torcedor*, 15 de abril de 1927.

política, tanto burguesa como de clase.' Un himno entusiasta por el Primero de Mayo, escrito en 1919, fue publicado en todo su esplendor:

> Capital y trabajo es el lema
> de mil luchas y mil agonías,
> que se estirpe la vil tiranía;
> – defender nuestro honor es deber.
>
> Que los años de rudas faenas
> sea aliento triunfal de la Gloria,
> tiempo es ya de obtener la victoria;
> – defender nuestro honor es deber.
>
> Ya las huestes de obreros unidos,
> las regiones serán redentoras,
> socialista es la fé salvadora;
> – defender nuestro honor es deber.
>
> Socialismo viril y consciente,
> que hace al hombre vivir como hombre
> su justicia a los siglos asombre;
> – defender nuestro honor es deber.
>
> Que se acabe la cruel villanía
> y se rompan las fuertes cadenas,
> cuántos años de rudas faenas;
> – defender nuestro honor es deber.
>
> Que por siempre marchemos unidos
> compartiendo los crueles dolores
> y seremos al fin triunfadores;
> – defender nuestro honor es deber.

Por esa época la FNT se estaba adhiriendo a los principios de la CNOC que se publicaban en el *Boletín*. En el número de enero de 1931 apareció en la portada la figura de Marx con el llamado de '¡Trabajadores de todos los países, uníos!' Finalmente, las grandes huelgas de los tabacaleros de

1931-33 – comparables únicamente con aquéllas de las décadas de 1880 y 1900 – sacudieron a la industria y las ideas reformistas y anarquistas entre los obreros. Ahora se sentía mucho más el llamado para una fuerte organización de clase como la de la CNOC y un unido y auténtico sindicato nacional.

Existen evidencias de las huelgas de los tabacaleros a lo largo y ancho de la Isla durante aquellos años, aunque se conoce mucho más de las de La Habana. Una vez más, éstas se concentrarían en el Trust y otras grandes fábricas de exportación. Las de la industria del tabaco impulsaron el ya crítico estado de la industria de exportación y en adelante fueron objeto de particular atención. No obstante, la primera fue en el sector cigarrero y no en el tabacalero.

La depresión económica mundial de finales de la década del veinte y principios de la del treinta golpeó con fuerza a la industria del tabaco. El cierre, las cesantías y las rebajas salariales se convirtieron en la orden del día, mientras los fabricantes trataban de resistir. La depreciación de las ganancias provocó que los fabricantes se volvieran hacia una guerra sindical y, en esa guerra, las fábricas del Trust llevaron la delantera. En diciembre de 1930, el Trust llevó a cabo un estudio sobre los salarios pagados en diferentes fábricas en Cuba y las comparó con las de la sucursal en Durham de la American Tobacco Company en Estados Unidos. La conclusión fue que en las fábricas cubanas se pagaban salarios más altos, cuando paradójicamente, existía mayor prosperidad en la industria norteamericana. El estudio explicaba los más bajos salarios en la mayoría de las fábricas cubanas en términos de que pocos de los obreros, sobre todo fuera de La Habana, estaban sindicalizados.[6] Fue durante el 'boom' industrial de la posguerra que se fundó la primera Unión de Obreros de la Industria de Cigarrería en General y se lograron acuerdos salariales. Dada la competencia de las fábricas con mano de obra no sindicalizada los fabricantes de La Habana habían pedido sin éxito en 1921 una rebaja salarial. Sin embargo, en 1926 los cigarreros habaneros se vieron obligados a aceptar una rebaja salarial del 20% a cambio de una jornada mínima de ocho horas con pago por tiempo extra y un acuerdo de emplear solamente mano de obra sindicalizada.

Como miembro prominente de la Unión de Fabricantes de Tabacos y Cigarros de la Isla de Cuba, el Trust fue a finales de 1930 determinante en persuadir a todos los fabricantes para que formaran un frente unido en contra de los obreros, para lograr implementar significativas rebajas salariales y resquebrajar el poder de los sindicatos. El 11 de diciembre de 1930, la Unión de Fabricantes escribió a la Secretaría de Agricultura, Trabajo y Comercio, explicando que circunstancias especiales en la industria trajeron por consecuencia que se vieran en la imposibilidad de pagar los salarios que habían pagado durante los últimos años. A su vez, propusieron normar la escala salarial para toda Cuba basada en lo que en ese momento se estaba pagando en las fábricas no sindicalizadas.

En marzo de 1931 estalló una disputa en la fábrica Henry Clay sobre la interpretación de un convenio colectivo de trabajo de 1926. En mayo se inició una huelga en La Competidora Gaditana sobre un intento de rebajar los salarios en un 27%. Y en el sindicato de los cigarreros comenzó la lucha para sindicalizar a los obreros en las fábricas donde todavía no existían sindicatos.

A mediados de septiembre, los hombres se negaron a cargar o descargar los cigarros porque un empleado había sido despedido y el Trust cerró la fábrica. El 14 de octubre el sindicato de los cigarreros declaró una huelga oficial. Entonces se trajeron a los rompehuelgas[7] para continuar la producción como de costumtbre. Se preparó un amplio boicot contra el Trust, organizado por el sindicato de los cigarreros, pero sin duda que con el apoyo de muchos de los demás fabricantes. Se detectaron cupones dentro de las cajetillas de otras marcas de cigarrillo y los fabricantes habaneros empezaron a decir en sus anuncios: '¡Es una fábrica cubana !'[8] Con aliados como éstos y el apoyo de otros sectores obreros – la CNOC resaltó el 'caso de La Corona' como penetración y opresión imperialistas – los cigarreros del Trust resistieron durante casi dos años. Sin embargo, su poder de negociación no era suficiente ni para parar la producción ni para impedir a los rompehuelgas durante ese tiempo. Fue únicamente el clima político de 1933 el que prestó apoyo adicional a los huelguistas y condujo a la compañía a un paro eventual de la producción para al final ponerse de acuerdo con los obreros.

El acuerdo logrado fue: 1) despedir a todo el personal que había trabajado en la fábrica durante el período de huelga; 2) reubicar a los obreros sindicalizados; 3) reapertura de la fábrica con una jornada de ocho horas; 4) derechos por antigüedad y 5) tarifas reconocidas por el sindicato. 'Por el momento basta con decir,' escribió a Hernández, hombre del Trust en La Habana, a Gregg, el vice-presidente de la Cuban Tobacco, 'que nos pusieron en una posición en la que no tuvimos más remedio que entablar negociaciones con los huelguistas. La vida de todos los empleados de la compañía y sus propiedades estaban en gran peligro.' En una carta al día siguiente dirigida a Houston, presidente de la Cuban Tobacco, añadió Hernández: 'el júbilo que nos produjo la caída del tirano fue para nosotros amargo por una situación llena de peligro en relación con nuestro problema de la cigarrería. Gracias a Dios, hemos podido poner término a una situación insostenible y comenzamos ahora a respirar un ambiente de tranquilidad aunque, desde luego, no optimista.'[9]

Dos días antes de que capitulara el Trust, la Unión de Fabricantes había logrado un acuerdo con el sindicato de los cigarreros en el cual se normaron las tarifas salariales y se reconocieron a los sindicatos en las fábricas donde no habían existido hasta ese momento. Con pocas excepciones, el acuerdo fue aceptado por los fabricantes de las provincias. Casas, Ravelo y Cía, protestó de que no hubiera compensación para las pequeñas fábricas. Con cautela, Trinidad y Hnos. planteó que ellos aceptarían una vez que las demás fábricas pusieran en práctica el plan.

La situación en La Habana empezó a calmarse. El día 29 Hernández escribió una nota final a Gregg: 'Todos los agentes policiales encargados de la custodia de la fábrica y de proteger a algunos de nosotros han sido despedidos,' reportó. 'Ya no portamos armas en nuestras cinturas y ahora podemos usar nuestra imaginación libremente para el bien del negocio.'[10]

Si el resultado de la huelga de los cigarreros fue eventualmente favorable no puede decirse lo mismo para la gran huelga de los tabaqueros en 1932. Citamos el irónico, devastador y desdeñoso relato de la revista *Fortune* sobre el desarrollo de esa huelga:

> Los dos negros deambulando por las calles son tabaqueros. Tenían que ser eso o cañeros. Pudieron haberse detenido en una pelea de gallos o en un juego de pelota al que hubieran tenido que renunciar. Se les paga por unidad, no a diario o semanal, por consiguiente vayan o no a la fábrica responde a sus caprichos y ello es bastante agradable. En las fábricas sus manos hábiles alisarán la hoja de tabaco, asombrando cómo tuercen el tabaco cubano. Es un trabajo monótono y ellos lo saben y para pasar el tiempo escogen a uno de sus miembros y le pagan para que les lea. Comienza con los periódicos. Después vienen las revistas o una novela, a menudo Víctor Hugo. Así han trabajado y así creyeron una vez que sus hijos cubanos trabajarían después de ellos. Pero alguien en Estados Unidos inventó una máquina.

Cuba es una isla muy agradable como para tener una revolución industrial. Y sin embargo, puesto que alguien inventó una máquina torcedora y puesto que más de la mitad de la población laboral de Cuba se dedica a elaborar tabacos a mano, una revolución se hizo inevitable. La de Cuba, como la de Inglaterra, aunque no fue sangrienta, fue igualmente amarga. Hubo reuniones en los sindicatos, puños amenazadores y ceños fruncidos por la mañana en las fábricas. No hubo huelgas porque no tenía sentido. Si el obrero se iba a la huelga, simplemente estaba ayudando a la máquina. Esto cualquiera podía entenderlo, aunque cuando la primera máquina entró a Cuba, nadie sabia que iban a hacer con ella y a nadie parecía importarle. Solamente cuando se instalaron las primeras y los tabacos empezaron a salir uno tras otro, la gente se dio cuenta de lo que esto significaba.

Los sindicatos estaban indignados, la batalla empezó e inevitablemente se extendió hasta el público, convirtiéndose en 'social y epicúreo', señala *Fortune*:

El buen fumador se llegó a distinguir porque no sabía fumar otra cosa que tabacos torcidos a mano. El epicúreo boicot pudo haber surtido efecto y ganado la batalla para los sindicatos si Cuba hubiera sido el mayor consumidor de sus propios tabacos o inclusive el mayor fabricante de puros hechos con tabaco cubano. Pero, Cuba no es ninguna de las dos cosas. Y en Estados Unidos, las máquinas rápidamente monopolizaban el proceso de la manufactura. En Cuba se hizo evidente que el bello habano no fue destinado a un futuro industrial brillante, que su nicho en el mundo estaba entre los lujos esotéricos, que el fabricante a mano irónicamente debe mantener el atractivo de su producto con la misma calidad que asegure que nunca será muy lucrativo, su rareza.

Sin embargo, los sindicatos cubanos ganaron su batalla hasta cierto punto. El prestigio del bello habano todavía está asegurado. De las muchas fábricas cubanas de tabacos, solamente una hoy día, Larrañaga, la quinta más importante, emplea máquinas y no las utiliza exclusivamente. Pero si G. W. Hill persuadiera el mundo de que inclusive este gran lujo, el habano hecho a mano, es mejor y más sano cuando se hace a máquina – bueno, ese día el pintoresco cubano habrá perdido de una vez y para siempre.[11]

En verdad, G. W. Hill no pudo convencer al mundo de esto. Los puros habanos todavía mantenían su estima y lujosa cotización en el mercado mundial. Sin embargo, sí pudo convencer a la mayoría de los fumadores que los tabacos hechos a máquina eran tan buenos, si no mejores, que la mayor parte de los que eran torcidos a mano. Esto en sí tuvo grandes repercusiones en la industria de La Habana, una de las cuales fue que el Trust trasladó toda su producción de exportación de Cuba a Trenton, Nueva Jersey. Una decisión argumentada sobre la base de reducir los derechos de importación, impuestos y costos generales de producción, también tuvo que ver con la máquina.

Hill nunca consideró fabricar a máquina las finas Coronas. Sin embargo, la producción a máquina le enseñó las economías que lograba al emplear mujeres en vez de hombres en la fabricación de puros. 'El trabajo femenino' tenía la ventaja de que costaba menos, era 'menos problemática' y no esperaba su fuma diaria. La American Cigar ya había tropezado con 'dificultades laborales' entre los obreros cubanos que elaboraban los tabacos Antonio y Cleopatra y Flor de Cuba en Tampa, a raíz de lo cual trasladó la producción hacia Trenton, donde empleó a mujeres para realizar la labor en la cual los hombres cubanos anteriormente habían sido considerados esenciales. Y en 1932 el veterano tabaquero, Albert Gold, con cuarenta años en el giro, comenzó a entrenar a las mujeres de Nueva Jersey en La Corona.

Entretanto, en Cuba, Hill lanzó una ofensiva contra los obreros de La Habana y sus sindicatos. Sucintamente, *Fortune* narró su versión de los hechos:

> El señor Hill estaba a favor de que se entregara un ultimátum a los cubanos. Stuart Houston, presidente de la Cuban Tobacco, Albert Gregg, vicepresidente y presidente de la American Cigar, ambos hombres del tabaco que conocían a Cuba desde que George Hill era un muchachón, estaban un poco preocupados con la idea. Ellos sabían que los tabaqueros cubanos fácilmente podían paralizar toda la producción de los tabacos finos. Hill, pensando en el enorme sobrante de Coronas que tenía guardado en el almacén del viejo Palacio, no estaba preocupado. Decidió seguir adelante y, si tropezaba con dificultades retiraría la manufactura de primera hacia Estados Unidos.

Houston conferenció con la Unión de Fabricantes de Tabacos y Cigarros y se encontró con que los otros fabricantes que nada tenían que ver con el Trust del señor Hill estaban muy dispuestos a cooperar para probar el poder de la Federación de Torcedores.

Cartel para apoyar a los trabajadores de La Corona.

En enero de 1932, se le dijo a la Federación que sus miembros tendrían que aceptar un 12% de rebaja salarial, y una fuma estrictamente limitada a ocho tabacos diarios por operario. Y la guerra comenzó. Se le hizo entender al sindicato que cualquier victoria obtenida sería pírrica, porque de no ganar los fabricantes, el señor Hill trasladaría sus actividades de torcido fuera de Cuba para siempre. La Federación Nacional respondió a estas amenazas con una huelga. Durante cinco meses no se fabricó un solo tabaco en La Habana. En mayo, a instancias del presidente Gerardo Machado, los fabricantes acordaron comprometerse sobre un 10% de reducción salarial. La Federación se negó y la huelga siguió. Los tabaqueros, privados incluso de su fuma, deambulaban por las esquinas de las calles fumando cigarrillos baratos, confiados de que los fabricantes tendrían que ponerse de acuerdo. Pero ellos no se daban cuenta de la cantidad de Coronas que el señor Hill tenía almacenadas en el viejo Palacio. En Nueva York, y Londres, los fumadores de frac y leontina de oro seguían adquiriendo sus Coronas como de costumbre – que provenían de los 13 millones que estaban almacenados desde 1931. El primero de junio de 1932, la ciudad tabacalera de La Habana supo que había perdido gran parte de sus fábricas de tabaco. Demasiado tarde ya, los obreros aceptaron el 10% de reducción, pero todas menos dos de los fabricantes independientes se habían trasladado de La Habana, temiendo nuevos conflictos.[12]

El 12% de reducción salarial inicialmente propuesto significaba un retorno a la escala salarial de 1917 y naturalmente encontró la oposición de los obreros. 'Ya se habla,' reportó *El Mundo*, 'de actividades violentas y de huelga que afectarán de cinco a seis mil familias, precisamente en momentos en que se hace indispensable la paz de los espíritus y que no sea conturbada la economía doméstica ya desgraciadamente bien afectada en todos los órdenes.'[13] La fábrica de Henry Clay fue la primera en irse a la huelga el 14 de enero. Al día siguiente Houston le escribió a Gregg: 'La acción de los trabajadores está más acorde con la actitud adversa que hace 25 ó 30 años atrás era la moda entre ese elemento obrero.' El 18 de enero, la Unión de Fabricantes tomó la decisión de 1) pagar medio mes de salario y declarar cesante a aquellos que se solidarizaron con los operarios de la Henry Clay; 2) no dar respuesta alguna a los trabajadores 'siendo clara y mesurada nuestra posición'; 3) enviar un cable a la Asociación de Importadores de Londres notificándoles sobre la actitud de los trabajadores y; 4) declarar un paro laboral hasta nuevo aviso. Es interesante como la única compañía que rompió filas fue Por Larrañaga y los fabricantes presionaron para que se les uniera.

En marzo, se formuló el Plan Camacho para una reducción salarial de un 10% la que fue aceptada por los tabaqueros de Güines, Bejucal, Guanajay, Artemisa y otras localidades. La Federación Nacional y algunos sindicatos locales como los de San Antonio de los Baños se pusieron firmes aún cuando los fabricantes demostraron su intransigencia. El 13 de abril, Houston escribió a Gregg: 'La total capitulación de los fabricantes no solamente traerá por consecuencia nuestro fracaso en cumplimentar las economías que teníamos el derecho de exigir de los trabajadores, sino que hará la operación de nuestras fábricas casi imposible desde el punto de vista moral. Usted está lo suficientemente al corriente de nuestras condiciones laborales aquí como para juzgar por si mismo cuál sería el estado de ánimo de nuestros tabaqueros si regresaran al trabajo después de obtener una victoria de ese tipo.'[14]

El día 23, la FNT se entrevistó con el presidente Machado, quien propuso que se creara un comité de arbitraje entre los líderes huelguistas y los fabricantes. Esa misma semana, Alfonso Fors, jefe de la policía, que había sido designado como mediador en la situación, propuso un nuevo

Plan Fors de reducir la tarifa de un millar de tabacos por uno, dos y tres pesos, según la vitola. Al no diferenciarse casi del Plan de Camacho, los obreros lo rechazaron y seguidamente el Trust anunció su decisión de retirar la producción para la exportación. Meses antes, la revista norteamericana *Tobacco* había alertado que: 'los tabaqueros cubanos todavía están fuera de las fábricas – y fuera es la palabra – Henry Clay and Bock y algunos otros de los fabricantes están surcando el mar hacia Tampa y el viejo Cayo Hueso, para elaborar sus productos allá, y a más bajo costo.' En su informe del 2 de junio al CNPDTH, donde indicaba la decisión de la compañía de 'abandonar' la fabricación en Cuba, Houston declaró: 'Es evidente que la industria del tabaco en Cuba para la exportación sólo puede sostenerse mediante la más estrecha, sincera e inteligente cooperación de los fabricantes y los trabajadores. La posibilidad en que se encuentra la industria de lograr esa cooperación asumió caracteres de crisis en el mes de enero último.'

Mientras que los tabaqueros de La Habana se quedaban para emprender su lucha, las Coronas se estaban fabricando en Trenton bajo condiciones más armónicas: 'Durante el torcido, pesado e inspección, de una plataforma colocada en cada uno de los amplios pisos soleados, llegan las notas de un piano que entretiene a las muchachas mientras realizan su tarea,' escribió *Fortune*:

> El calmo elemento musical se sustituye por el otro más peligroso de la lectura pública a la que están acostumbrados los tabaqueros de La Habana y en la cual los lectores cubanos, contratados por los propios obreros, a menudo intercalaban comentarios y críticas sobre las condiciones laborales. En Trenton, la música la pone la compañía y si el pianista evita cosas como Études Revolutionaires de Chopin, eso apenas crearía ninguna inquietud. Además, es muy pintoresco.[15]

En la Habana la nueva Tabacalera Cubana anunció que la fábrica de la compañía trabajaría con un número reducido de obreros – posiblemente 150 (contra los 590 antes de la huelga) – pagando un salario acorde al Plan Fors; que la compañía puede o no abrir la fábrica de La Habana de acuerdo a si la FNT aceptaba o no esas condiciones.

En julio, la fábrica Partagás ya había vuelto a abrir en Bejucal, le siguieron la Tabacalera Cubana y otras en Santiago de las Vegas. Al trasladarse a los circundantes y postrados pueblos, manipulaban una considerable reserva de mano de obra barata y no sindicalizada, totalmente ansiosa de trabajar por menos de lo que sus homólogos habaneros. Para los obreros capitalinos y sus sindicatos, la tierra se abrió debajo de sus pies. Se quedaron 'completamente en el aire,' como afirmara Gregg, del Trust, y, ya por el mes de septiembre, se vieron obligados a rendirse.

Los obreros se sentaron a la mesa de negociaciones con variados matices de expectaciones. José Huerta, presidente de los fileteadores, ofreció el sentir de su sindicato de que si hubiera más trabajo y los que estaban actualmente desempleados fueran reubicados, entonces ellos considerarían el sacrificio que implicaba una reducción salarial. Cossío habló en nombre de los rezagadores, diciendo que su sindicato estaba preparado para aceptarla si los fabricantes probaban con hechos y cifras que tales reducciones eran necesarias. Las despalilladoras y los tabaqueros tomaron una línea más firme. Inocencia Valdés, de las despalilladoras afirmó que si ello no se probaba las despalilladoras iban a ser las últimas en regresar. Irurzún, presidente de la FNT, planteó que si, como dijeron los fabricantes, la base de las reducciones era una demanda insuficiente, entonces sería mejor afrontar el fin de la industria que aceptar tales reducciones. Entonces llegó el turno de Houston a nombre de los fabricantes 'con palabra amable y una sonrisa a flor de labios' a ofrecer una reducción menor a modo de concesión. En un referendum de la FNT la mayoría de los obreros – 1.173 contra 570 – aceptó. Los obreros de la Henry Clay siguieron resistiendo, pero la FNT se rigió por la decisión mayoritaria.

De esa manera se asestó un golpe demoledor. A través de la huelga, la moral de los obreros habaneros había sido fuerte, pero había sido muy poco provechosa cuando otros trabajadores no estaban con ellos y los fabricantes estaban en plena libertad de llevarse su producción a otra parte. Aún así, se sacaron muy buenas lecciones. Durante los años siguientes, un nuevo radicalismo, aunque todavía esencialmente defensivo en sí, iba a situar a los tabacaleros en general y a los tabaqueros en particular, una vez más en una posición de vanguardia en relación con la clase obrera cubana. El león dormido se había despertado, pero estaba aún por encontrar su estrategia de ataque.

14

La unidad sindical de 1936-48

Los años treinta en Cuba y Latinoamérica en general fueron años de luchas obreras: lucha por una legislación laboral, lucha por su promulgación y un tremendo crecimiento del movimiento obrero. En Cuba, la clase obrera fue, en gran medida, responsable de la caída de Machado y de que los gobiernos sucesivos a 1933, junto a los patronos, se ocuparan de elaborar legislaciones sociales y laborales orientadas especialmente hacia las industrias, como la tabacalera, donde hubo un fuerte sector obrero. Las esperanzas de la clase obrera durante la revolución de 1933, evidentemente fueron defraudadas a raíz de la represión. Al mismo tiempo, fue dividida entre quiénes apoyaban al nuevo gobierno de Grau San Martín (todavía representando a los elementos conservadores de la burguesía nacional aunque de carácter más progresista) y aquéllos que se oponían a éste. Los sentimientos antimperialistas eran fuertes, mientras que la CNOC y miembros de los sindicatos que luchaban para cambiar la vieja estructura gremial que había asegurado a la larga la debilidad del movimiento obrero en los acontecimientos de 1933, denunciaban a Grau como un 'fascista social'.

Al mismo tiempo, las reformas adoptadas por Grau no eran tanto del agrado del gobierno norteamericano que intervino apoyando el golpe militar del joven sargento Fulgencio Batista. A pesar del carácter breve del período en que Grau estuvo en el poder, fue no obstante, en ese lapso de tiempo que se establecieron las líneas de rivalidad política que dominarían el movimiento obrero durante las décadas de 1930-40, es decir, entre los seguidores del Partido Auténtico de Grau y el ala más comunista. Los años de 1934-44 fueron testigos de un predominio en la dirigencia comunista de los sindicatos a una escala hasta entonces desconocida. Los años de 1944-48 vieron a Grau y Prío Socarrás en el poder y la destrucción de aquellos sindicatos. En los dos períodos, los tabacaleros se destacaron mucho en la edificación y posteriormente en la defensa de lo que ellos consideraban como su 'legítima' organización sindical.

En efecto, la huelga general de 1935 estalló con una huelga en la industria tabacalera de La Habana. A principios de ese mes el gobierno había ofrecido protección militar a los rompehuelgas que estibaban tabaco para Estados Unidos. La indignación de los tabacaleros se extendió a los obreros portuarios y posteriormente a los de la industria eléctrica y de artes gráficas, camioneros y choferes de autobuses, trabajadores químicos, enfermeras y empleados de hospitales, distribuidores de pan, leche y hielo y muchos otros más. Bajo la orientación de la CNOC, cuyo

Lázaro Peña (centro), líder obrero, en una apariencia menos familiar que su trabajo sindical: la pelota

secretario general era en ese momento el tabaquero Lázaro Peña, más de 200.000 trabajadores se lanzaron a la huelga. La represión desatada contra los trabajadores fue tanta que pronto terminó con la huelga, se persiguió a los dirigentes y el movimiento obrero se vio forzado a replegarse momentáneamente a la clandestinidad. No obstante, mucho del arduo trabajo de fines de los años veinte y principios de los treinta estaba muy lejos de ser desperdiciado, especialmente en el tabaco.

Se recordará que el ejecutivo de la Federación Nacional de Torcedores había viajado por el país tratando de reorganizar la estructura sindical a nivel local. Lo que hallaron fue que en muchos pueblos, cuatro o cinco tabaqueros luchaban para mantener en funcionamiento su gremio local, que muchos tabaqueros estaban trabajando únicamente dos o tres días semanales, muy a menudo por menos de la tarifa estipulada, y que muchos simplemente se veían imposibilitados de pagar sus cuotas. Existen informes de 'los que hacen algún tabaco... para negociarlo por víveres... a los bodegueros.'[1] Muchas eran zonas donde sólo la mediación directa del Comité Nacional podía asegurar un éxito local en las disputas, ya fueran contra los intentos de reducir la tarifa o 'las formas inadecuadas y procedimientos incorrectos que empleaba el capataz' o el despido de un delegado sindical por tratar de 'armonizar a las dos partes en cuestión... como era su misión, empleando las formas más adecuadas.'[2]

La insistencia del sindicato local de que solamente se utilizara la mano de obra de la localidad, había sido fuertemente criticada por la FNT y la Unión de Torcedores de Camagüey fue expulsada por hacer uso de esta política. Tales localismos dividen a los obreros, se había declarado, 'se abrirá la lucha de pueblo contra pueblo, y entonces... lucha perenne que existe entre nosotros... y, por ende, al saber los fabricantes lo que ocurre entre nosotros vendría la rebaja de precios de las vitolas...'[3] Volantes de 1930 en La Habana exigían el consumo de tabacos hechos únicamente en las fábricas habaneras. De nuevo fue la FNT la 'que mantiene principios, que sustenta ideales, que no define a los trabajadores por su nacionalidad, provincia, pueblo o raza,' declarando que una campaña de esa índole seria en contra de 'doctrinas puestas en práctica para lograr la verdadera emancipación de los trabajadores...'[4]

El nuevo *Boletín del Torcedor* trataba de unir las divergencias políticas, a la vez que dejaba un amplio margen de expresión política en sus páginas. El gran énfasis de los primeros números fue característicamente cultural: 'Hay que instruirse; esa es el arma que tenemos que emplear, la instrucción, porque cuanto más preparado se está, más disposición se tiene por no ser esclavo,' fue el llamado. El editor, Pablo Palenzuela, escribió: 'por así exigirlo la cultura de nuestros lectores, que en nuestro periódico tengan cabida todas las formas en que las ciencias, las artes y la literatura se manifiestan más expresivamente... [es] el esfuerzo de una clase consciente que brinde tributo a la cultura y al progreso.'[5]

El nuevo *Boletín* publicaba información sobre las actividades sindicales, más algunos cuentos, poemas, artículos sobre teoría, filosofía y la historia de la industria tabacalera y sus trabajadores. Guillermo Gener, del comité ejecutivo de la Sociedad de Torcedores de Santiago de las Vegas, captó este nuevo sentimiento cuando escribió en el primer número:

> El *Boletín del Torcedor*, será ahora algo más de lo que ha sido, será como luz de estos relámpagos para iluminar la noche de la ignorancia y disipar la oscuridad de las conciencias; será como la voz del trueno, formidable para llevar hasta los más apartados confines del Planeta, el grito de nuestra emancipación y de nuestro mejoramiento cultural...[6]

Guillermo Gener escribió obras teatrales que tuvieron mucho éxito en el centro social de los sindicatos. Cuando una de sus obras, *Dolor* – 'un día en la vida de un tabaquero, de los trabajadores en general,' como la había calificado un crítico – se estrenó en Santiago de las Vegas, levantó una ovación por parte de los trabajadores y una entusiasta reseña en el *Boletín*:

> ...se desenvuelve de manera fácil, con la misma naturalidad con que se desenvuelven las cosas en la vida real. En fin, una obra que exalta y pone de relieve los méritos y los sentimientos nobles de los tabaqueros, de esa sufrida clase trabajadora que tan eficazmente contribuyó a la libertad de Cuba y que en la actualidad, a pesar de su precaria situación, trabaja calladamente, sin ruido por su mejoramiento cultural y por mantener el prestigio de nuestra personalidad. Una obra de la que la Federación Nacional de Torcedores debe estar orgullosa ...[7]

Este noble sentimiento del sacrificio y sufrimiento cotidianos, estaba encontrando una nueva militancia política al unirse la FNT a la CNOC y lanzarse a la gran huelga de 1932. Esta renovada militancia a su vez estaba encontrando una renovada rivalidad por parte de la Alianza Tabacalera, más defensiva, que había quedado constituida en 1930 por la Unión de Dependientes, la Sociedad de Escogedores, la Sociedad de Fileteadores y la Unión de Rezagadores, a la que se adhirió en 1932 la Sociedad de Anilladoras y Envolvedores de La Habana. Un manifiesto de 1933 de la Alianza fue la válvula de escape de quejas singulares. 'Hay que acabar con el llamado tabaco a kilo... Hay que evitar el grave peligro que para la industria y cuantos de ella vivimos encierra la fabricación de productos de ínfima calidad a precios de hambre.' Ese mismo manifiesto atacó un boicot declarado contra las fábricas de Partagás y H. Upmann en Bejucal por emplear rompehuelgas:

> Ese boicot cuyo propósito es únicamente la destrucción de nuestros gremios, y la aniquilación de la industria tabacalera, tiene, necesariamente, que ser repelido y combatido por las organizaciones de la Alianza, porque además de ser una medida arbitraria e ilegal, sienta el funesto precedente de someter los legítimos intereses de una mayoría de las bastardas maquinaciones de elementos sin escrúpulos... Lo que queremos es que no se repita el deplorable hecho que aún no hace mucho tiempo hemos presenciado en nuestra industria precisamente, cuando determinada firma, donde se elaboraba casi el 30 por 100 de la producción cubana se retiró, lo que ha significado miseria y hambre para centenares de hogares.[8]

Este punto de vista fue compartido en 1933 por la columna Tribuna Obrera de la revista *Tabaco*, recordando cómo después de la huelga de 1932:

> Se volvió al trabajo como vuelve un ejército del campo de batalla donde acaba de sufrir una derrota; a la desbandada. En aquel, ¡sálvase como pueda! nadie se ocupó de pedir explicaciones. La única preocupación consistió en hallar trabajo, y como éste, desgraciadamente, no alcanzaba para todos, muchos fueron los que tuvieron que quedarse en la calle en espera de tiempos mejores... Nadie protestaba... brindándose a realizar trabajos en condiciones aún mucho más onerosas a aquellas que hasta entonces venían ejecutándose.[9]

El grupo que llevó a los obreros a la huelga de 1932 y a la consiguiente retirada de Henry Clay, estaba ahora conduciendo, se dijo, a una situación en la que otras fábricas posiblemente seguirían ese ejemplo. Sin embargo, fue la Alianza la que salió en desbandada para disolverse en ese mismo año, mientras que otras organizaciones estaban por consolidarse.

Poco a poco, el llamado para una organización sindical más militante sería escuchado en el interior del país y por primera vez no sólo los tabaqueros, sino también los tabacaleros temporales, escogedores y despalilladoras, empezaron a asociarse de forma sistemática para exigir algunas condiciones básicas. Algunos miembros afiliados a los sindicatos en aquel período, muchos de los cuales siguen trabajando hoy día, hablan todavía de cómo los dirigentes comunistas llegaban desde La Habana y pueblos más grandes a explicar las causas reales de sus sufrimientos y discutir las formas en las que debían empezar a ripostar. En un recuento de la huelga de 1929 en la fábrica Pascual, de Placetas, José Alejandro Reyes se refirió a cómo las primeras acciones se habían desarrollado 'bajo un sistema gremial donde la mayor parte de las reivindicaciones de los trabajadores se veía frenada por la acción, unas veces de directivas entregadas a la Patronal, y otras por la intervención de la policía y la Guardia Rural, así se hizo necesario romper la vieja y carcomida

Inocencia Valdés, La Niñita, despalilladora, hija de tabaqueros, combatiente mambí, sindicalista y comunista militante.

estructura del movimiento obrero, y crear las condiciones de hacer un organismo capaz de defender las grandes ansias de la clase obrera.'[10]

Pedro Arbolaez, que formó el círculo de Carlos Baliño en Santa Clara, en 1933, explica que: 'En ese tiempo la dirigencia obrera estaba en manos de elementos reformistas – que prácticamente eran agentes de los patronos – y siempre tendían a rebajarles las tarifas a los trabajadores con el fin de explotarlos mejor.'[11] Manuel Cáceres recuerda cómo aquellos con ideas revolucionarias en el gremio de escogedores de Cabaiguán 'teníamos que luchar contra la agresividad de los patronos y la actitud de dirigentes que servían a estos patronos'.

Las despalilladoras llevaban la delantera a los escogedores en el hecho de que existía una Federación Nacional de Despalilladoras bajo la militante dirigencia de Inocencia Valdés, de donde surgió estrecha identidad de lucha entre las militantes despalilladoras y los tabaqueros. En La Habana, el edificio de los tabaqueros abrió sus puertas para que las despalilladoras celebraran sus reuniones, y el *Boletín del Torcedor* comenzó a prestar bastante atención a la necesidad de organizar ese sector altamente explotado. Por supuesto que la segunda mitad de la década de 1920 fueron años de organizaciones femeninas; las despalilladoras – el mayor sector y, a pesar de todas sus deficiencias, uno de los más militantes de mujeres trabajadoras – fueron blanco de una considerable propaganda tanto por parte del movimiento femenino por la emancipación sexual y social de la mujer, más bien burgués, como por sus compañeros obreros.

Es así que comenzaron a forjarse fuertes movimientos en el sector tabacalero. Es escasa la información recogida sobre el nuevo Sindicato Nacional de Obreros de la Industria Tabacalera en 1933 afiliado a la CNOC. No obstante, apenas dos manifiestos iniciales dan testimonio de su carácter radical y su tajante oposición al también recién formado gobierno:

De las despalilladoras de Cumanayagua:
 A todos los obreros y obreras de Cumanayagua, Manicaragua, Cienfuegos, etcétera.
 Desde el día dos las despalilladoras de Cumanayagua venimos sosteniendo un militante movimiento de huelga por que el tabaco sea pesado antes de elaborarse y que se nos pague a 5 c. la libra de tabaco elaborado: a pesar de la justeza de nuestras demandas el pulpo imperialista Kaffemburg quiere seguir

sometiéndonos a la más espantosa explotación pagando jornales de miseria como en zafras pasadas cuando estábamos organizadas en gremios y dirigidas por reformistas que aceptaban de acuerdo con los patronos las tarifas bajas; hoy organizadas en el sindicato por industria y en escala nacional al igual que todo el proletariado de Cuba levantamos la bandera de combate por nuestro mejoramiento inmediato y definitivo para barrer con el reinado del hambre y la miseria y la desocupación, nuestra huelga tiene el apoyo de todos los sectores obreros en la localidad que ayer día 28 en que asaltado por el llamado gobierno democrático que dice dar amplias libertades democráticas para los obreros, impidiendo su desarrollo y apoyando abiertamente la explotación de las compañías imperialistas...[12]

Del Buró Regional de tabacaleros de Cienfuegos:
... contra la dictadura militar, retirada inmediata de las fuerzas de los lugares de trabajo, por la retirada de los buques yankis en aguas cubanas, por el mantenimiento de todas las demandas conquistadas; y por un gobierno de obreros y campesinos apoyados por comités de soldados y marinos que nos dará las 8 horas jornal mínimo de un peso, seguro contra desocupación y todas las demandas económicas y políticas del proletariado...
Viva la huelga general tabacalera
Viva la huelga general política
Viva la Confederación Nacional Obrera de Cuba.[13]

Era obvio que organizaciones militantes de esta naturaleza levantarían gran oposición y casi fueron eliminadas durante la represión de 1934-35. De cualquier manera, la fuerza que los trabajadores demostraron en los años treinta significó que más tarde o más temprano, de ser únicamente para estabilizar su posición, los gobiernos posteriores a 1933 tendrían que trabajar dentro de algún tipo de colaboración. En efecto, las condiciones para una organización sindical fuerte ya estaban maduras aunque los nuevos pasos que se dieran tendrían que formularse dentro del mismo marco. Esto contribuyó a explicar el moderado aunque muy efectivo llamado hecho por el ex-secretario general de la CNOC, Lázaro Peña, para 'el cumplimiento de la legislación social', y una nueva Confederación de Trabajadores de Cuba en 1939.

Significativamente, el preludio de la nueva CTC fue la Federación Tabacalera Nacional, el primero de los nuevos sindicatos industriales, además del Primer Congreso Nacional de Tabaqueros en 1938, en el que estuvieron presentes destacadas figuras del gobierno como el secretario de Agricultura y el secretario y subsecretario de la cartera del Trabajo.

Desde el principio, el Congreso puso énfasis en la continuada tradición obrera del sector tabacalero:

> … guía a sus directores el propósito, desprovisto de toda vanidad pero saturado de legítimo orgullo, de dar a conocer al proletariado cubano, es decir, a nuestros hermanos de lucha y de sufrimientos, como actúan los trabajadores del tabaco, luchadores ayer por el advenimiento de una patria libre y soberana y mantenedores hoy de sus instituciones democráticas, dispuestos en todo momento a prestar su solidaridad al compañero en desgracia o a la colectividad que brega por su mejoramiento moral o material, atentos siempre a cuanto redunde en prestigio y beneficio de la industria del tabaco y por ende, de la felicidad y bienestar del pueblo del cual forman importantísima parte.

'Hemos llegado al momento histórico que determina que la gran familia obrera ocupe un lugar digno, decoroso y humano, como factor preponderante en la marcha de los asuntos nacionales', declaró Alivio Riveira Vidal, secretario de Reorganización y Propaganda. Esto fue explicado detalladamente por el entonces secretario general de la FTN, Lázaro Peña:

> Estamos dispuestos desde este plano a defender todas nuestras actividades industriales, cuya defensa no compete sólo a la clase patronal, sino a la propia clase obrera que siente anhelos de redención económica, de acuerdo con las más elementales normas consagradas en el derecho obrero que dé una participación y responsabilidad directas a la misma en los destinos de todo el pueblo que se precie de progresista, liberal o demócrata.[14]

Como líder comunista, Lázaro Peña estaba expresando la política de frente popular, y no caben dudas de que en términos sindicales esto tuvo mucho éxito en Cuba. De una membresía inicial de 15 sindicatos afiliados a la FNT en 1936, ya en 1938 tenía no menos de 72 principales organizaciones afiliadas, llegando a un total de 80.000 miembros, de los cuales unos 30.000 pertenecían exclusivamente a la provincia de Santa Clara.

Este creciente movimiento tabacalero tuvo su paralela repercusión de índole nacional. En 1939 se efectuó en La Habana el Primer Congreso Nacional de Trabajadores, se fundó la Confederación de Trabajadores de Cuba y Lázaro Peña fue electo su primer secretario general. Entre las principales resoluciones del Congreso se encontraba un acuerdo gubernamental negociado sobre salarios mínimos, el levantamiento de las prohibiciones de la organización sindical, severas medidas gubernamentales en contra del traslado de las fábricas, un plan de pensiones, defensa de la industria nacional y de los campesinos, más servicios sociales y comodidades para los trabajadores y acabar con la discriminación por sexo y raza. Estas demandas fueron reafirmadas en los subsiguientes congresos celebrados en 1940 y 1942. Durante estos años, grandes sectores obreros obtuvieron sustanciales aumentos salariales y las actividades de la CTC ampliaron su esfera de acción hasta un programa para combatir la pobreza y los precios inflacionarios que estaban minando los aumentos del salario real, abogando por una congelación de precios a nivel de marzo de 1942.

Durante esos años, los trabajadores tabacaleros, azucareros, ferroviarios, marítimos y metalúrgicos, los oficinistas, empleados públicos y otros trabajadores ya se habían organizado. Los sindicatos nacionales ya estaban formados en 30 industrias en total, y en las seis provincias y sus más importantes ciudades ya existían importantes organizaciones laborales a nivel local. Un total de 567 sindicatos enviaron delegados el Primer Congreso, 592 al Segundo, en representación este último de 218.000 miembros. Al Tercer Congreso asistieron delegados de 973 organizaciones que representaban un total de 407.000 miembros. Los convenios colectivos de trabajo se hicieron comunes, y se debió en gran medida al muy activo movimiento laboral que en 1940 la Constitución de la República fuera la más avanzada en el hemisferio y que en ese año aparecieran dos prominentes ministros comunistas, sin cartera, Juan Marinello y Carlos Rafael Rodríguez.

La fuerza que este tipo de movimiento dio a los trabajadores puede observarse en los logros de la industria tabacalera en ese período. Los convenios colectivos de trabajo y un considerable aumento en las tarifas se lograron para todos los sectores a la vez que se introdujo un plan para pensiones y otras medidas de bienestar social. Los cosecheros, trabajadores agrícolas, escogedores, despalilladoras y cigarreros a través de la Isla fueron atraídos en gran escala al movimiento sindical. En 1942, la sindicalización se hizo obligatoria para los fabricantes, los cosecheros

Manifestación de trabajadores tabacaleros, 1º de mayo 1944

y los obreros. Sin embargo, la considerable variedad de las cifras basta para mostrar determinados factores. Las estadísticas de la CTC para 1944 – un año de alto desempleo, especialmente en La Habana – dan una cifra global considerablemente baja de aproximadamente 66.000 aunque más de 35.000 en Santa Clara. Excluyendo el trabajo en el campo, había un 80% de sindicalización en toda la industria: 100% de los tabaqueros de toda la Isla, 58% de los cigarreros, 94% de las despalilladoras y 66% de los escogedores (33% en Pinar del Río y La Habana, aunque más del 90% en Santa Clara).

Desde un primer momento la FTN había dirigido las actividades hacia sectores mucho menos sindicalizados. En junio de 1939 se celebró la Primera Conferencia Nacional de Despalilladoras, con la presencia de Lázaro Peña y del Comité Ejecutivo de la FTN. Se puso gran énfasis en la importancia de las demandas por una rigurosa inspección y estudio de las tarifas en el despalillo y la escogida así como en normar los salarios en la industria cigarrera en una comisión nacional por el salario mínimo.

Esto estaba avalado por largos años de lucha en la base. Reinaldo Fundora, que militaba en las filas del movimiento en aquellos años, nos narra lo siguiente:

> A partir del año 38, cada temporada la escogida tenía como preámbulo una fuerte

lucha con movimiento huelguístico, ciudades muertas, en la que participaba toda la población y en muchas ocasiones enrolábamos a los llamados Concejales que decían representar al pueblo en los Ayuntamientos Municipales.[15]

Los cigarreros en las provincias habían estado luchando durante los años treinta para establecer salarios mínimos y por el derecho a sindicalizarse. Debe recordarse que la fábrica Trinidad, de Ranchuelo, fue la que se consolidó a raíz de los paros en la producción habanera durante la depresión de las décadas de 1920-30, además de la mano de obra barata local. No fue hasta agosto de 1933 que un sindicato – afiliado a la CNOC – quedó establecido en la fábrica. En menos de dos años (con el fracaso de la huelga de marzo de 1935) éste quedó destruido y todos los huelguistas, casi la mitad del total de los obreros activos, cesanteados. No obstante, durante ese corto período, se estableció la jornada laboral de ocho horas, el primer convenio colectivo de trabajo y un fuerte núcleo de militantes obreros. Es así que se organizó un victorioso boicot y 'el sabotaje en los cigarros, cohetes, materiales infumables, hasta la quema de carros de reparto, camiones locales,' todo esto hasta que los obreros no fueron reintegrados a sus puestos en 1940. Ese año los comunistas Wilfredo de Armas y Faustino Calcines fueron elegidos al Comité Ejecutivo del Sindicato, los trabajadores lograron un aumento salarial del 20%, un edificio para el sindicato y un plan de seguro de vida. Ya por 1946 las sucesivas reivindicaciones habían aumentado los salarios cinco veces.

Evidentemente, el sindicato de Ranchuelo obtenía fuerza adicional de un apoyo sindical más amplio aunque su éxito se debía en gran medida al fuerte poder local de negociación y a la militante dirigencia. Otros trabajadores no siempre tuvieron esa fuerza local y tenían en su contra la fluctuante e irregular característica del trabajo. Los sindicatos nacionales y provinciales trataron de prestar a los sindicatos locales tanto apoyo como les fuera posible, pero demasiado a menudo todo dependía, en última instancia, del limitado poder local que los obreros mismos sustentaban. De esta manera, para la gran mayoría – ya fueran tabaqueros o cigarreros, despalilladoras y escogedoras – las resoluciones y legislaciones aprobadas a nivel nacional quedaban como algo más que una pauta en la lucha sindical. El tiempo y la energía invertidos por los sindicatos nacionales para que se cumplimentaran tales legislaciones no es más que el testimonio de la debilidad de la organización sindical en la base. Paradójicamente, el hecho de que la legislación sólo podía hacerse cumplir cabalmente en las grandes fábricas y talleres y en algunas localidades de vital importancia, no sólo creó más disparidad sino a su vez dio también más fuerza al poder de negociación a nivel de taller en el sector fábril.

Incluso entonces, el gran sindicato *industrial* tabacalero dependía más del reducido número de obreros en las fábricas habaneras y en otros de los más grandes centros tabacaleros, de lo que las cifras pudieran sugerir. Esto no los hizo menos militantes, pero conllevó a cierto radicalismo defensivo. El apoyo en la base para una reestructuración de la industria como para que garantizara salarios y condiciones, emanaba de la no poca hostilidad y del temor que yacía entre los obreros de las fábricas de que su trabajo fuera arrebatado por ese sector chinchalero y casero cada vez mayor. En las provincias, donde los trabajadores literalmente casi no tenían qué perder, los movimientos fueron marcadamente menos defensivos, con pueblos enteros involucrados en violentos enfrentamientos sobre lo que era estrictamente un asunto laboral. De cualquier manera, hayan o no sido más o menos defensivos, no caben dudas de que hacia mediados de los años cuarenta, los tabacaleros bajo la consigna de que 'en la unión está la fuerza' habían edificado un movimiento con el cual había que contar en el escenario nacional.

15

La máquina y el asalto a los sindicatos

La 'purga' de la dirigencia sindical comunista de 1947-48, el proceso de división y la destrucción misma de muchos sindicatos, formó parte de la política de Guerra Fría que emanaba de Estados Unidos. En términos nacionales, correspondía a un cambio en la posición de la burguesía nacional con la llegada al poder del líder del Partido Auténtico Grau y luego Prio Socarrás, quienes se alejaron de toda política de colaboración con aquellos sindicatos que cada vez eran más fuertes. En el caso de la industria tabacalera ésta sirvió de doble propósito. Se utilizó para que los grandes fabricantes habaneros socavaran, por un lado algunos de los sustanciales logros de los trabajadores y, por el otro, la oposición de la FTN en cuanto a los nuevos intentos para introducir la máquina torcedora.

Debe recordarse que a finales de los años veinte, solamente uno de los grandes fabricantes, Por Larrañaga, había tratado de instalar dicha máquina. En aquel entonces, se había enfrentado a la oposición del resto de los fabricantes, obreros y la opinión pública en general, al igual que una eventual prohibición del gobierno sobre la producción mecanizada. A finales de los años cuarenta, habían seis u ocho fabricantes de La Habana listos a instalar la máquina, abogando por la necesidad

Trabajadores de la fábrica de tabacos Romeo y Julieta, durante protestas, 1946

de lograr el consentimiento gubernamental para que Cuba volviera a competir en el mercado mundial y recuperara los mercados exteriores avisorados durante la Segunda Guerra Mundial. Los tabaqueros mismos estaban preocupados de las formas en que mantendrían las condiciones anormales de prosperidad de los tiempos de guerra en tiempos de paz. Mientras que la caída en la demanda ya se estaba sintiendo en 1945 (con más de la quinta parte de los tabaqueros habaneros sin trabajo), los trabajadores formularon sus demandas para una acción por parte del gobierno encaminada a encontrar solución a la nueva crisis que azotaba a la industria.

En septiembre de 1945, unos 8.000 trabajadores respondieron a una manifestación de la FTN en La Habana, precisamente sobre esta cuestión. Dentro del mes se había creado una comisión especial integrada por representantes de la CNPDTH, la Asociación de Cosecheros, la Asociación de Fabricantes y la FTN con el fin de estudiar la situación general de la industria, y en particular, la introducción de la máquina torcedora. Desde el principio estuvo claro que existía una gran hostilidad hacia la máquina. La reacción inicial de muchos comités obreros a nivel de fábrica en La Habana fue la de un rechazo total como lo fue a finales de los años veinte. No obstante, la FTN puso énfasis en el punto de que el problema no era tanto la máquina en sí misma sino las condiciones bajo las cuales quería ser introducida y la distribución a los obreros de los beneficios del progreso económico. Los que representaban a la FTN en la nueva comisión eran Lucas Pino y Evelio Lugo de la Cruz, comunista y secretario general de los torcedores de La Habana desde 1940. Llevaron planteamientos bien definidos en cuanto a las condiciones para que aceptara la Federación.

Se formularon dos cuestionarios. El primero tenía el objetivo general de determinar la posición de los fabricantes del por qué y cómo la máquina iba a ser introducida. El segundo era más bien sobre las condiciones necesarias que exigían los obreros para la mecanización. Los cinco puntos eran: 1) subsidio por concepto de cesantía; 2) censo general de los trabajadores en las fábricas desde diciembre de 1944, cuando la producción estaba en su apogeo, hasta finales de 1945; 3) derechos por antigüedad; 4) preferencia para los trabajadores cesantes de entrar a los departamentos de máquinas; y 5) tabacos hechos a máquina solamente para la exportación. Los fabricantes se mostraron evasivos en cuanto a los puntos 3 y 4, pero insistieron en que ellos no pagarían las cesantías, que era ilógico hacer un censo de 1944 y no en el momento en que se introdujera la máquina y que cualquier tipo de limitación en la producción mecanizada sería 'antieconómico'. La FTN reafirmó sus demandas de que el pago por cesantía era imperativo; que el mercado doméstico se tenía que dejar tal y como estaba para garantizar el bienestar de 'los miles y miles de compañeros que dependen de la producción.'[1] Un manifiesto de la FTN elaborado por Evelio Lugo decía lo siguiente:

> Sabemos que lo malo del progreso está en el sistema que da el monopolio de esos instrumentos mecánicos a un reducido grupo de personas que lo utilizan para acumular riquezas sin tener en cuenta las necesidades de los demás. Por eso dijimos antes y repetimos hoy, que el progreso nos interesa tanto o más que a los patronos, pero que también nosotros tenemos derecho a beneficiarnos con él, y que por lo tanto, hay que encontrar la fórmula que nos permita a todos contribuir al engrandecimiento de la industria del torcido, pero sin actitudes heroicas ni sacrificios estériles.[2]

Fue en este contexto que la ofensiva del gobierno contra el movimiento obrero fue particularmente atractiva a los fabricantes de La Habana en su intento de socavar la posición de la FTN (apoyada por la CTC) sobre las máquinas. A partir de 1945, empezaron a surgir señales evidentes de sacar a los dirigentes comunistas de los sindicatos. Lázaro Peña, secretario general de la CTC respondió con amenazas de una huelga general si a Grau se le ocurriera tocar el movimiento obrero. Entretanto, en septiembre de 1945 y después en enero de 1946, los auténticos Juan Arévalo y Francisco Aguirre, ambos del Consejo Ejecutivo de la CTC, viajaron a Estados Unidos para conferenciar con los líderes de la AFL. Facciones auténticas se formaron dentro de la CTC tales como la Comisión Obrera Nacional (CON) y la que fuera más tarde Comisión Obrera Nacional Independiente (CONI), dirigida por Ángel Cofiño, de los trabajadores de la electricidad. Bajo la cobertura del inciso K se canalizó financiamiento del gobierno para las dos facciones. En abril de 1947, la CON y la CONI utilizaron esos fondos para lograr una mayoría en el Quinto Congreso de la CTC. Se infiltraron pistoleros o porristas que operaban como estafadores, lo cual desembocó en una guerra intrasindical librada por asesinos. Lázaro Peña fue amenazado de muerte si seguía insistiendo en su reelección como secretario general de la CTC. El fracaso de los auténticos de lograr la mayoría en el movimiento obrero fue tal que el único recurso esgrimido para que se suspendiera oficialmente el Congreso fue la imputación de desorden público. Cuando finalmente se llevó a cabo en mayo, reeligiendo a Lázaro Peña, no se le dio reconocimiento oficial a los acuerdos del Congreso y maniobraron para un nuevo congreso en julio en el que Ángel Cofiño resultó electo secretario general de la apodada CTK (por aquellos de los famosos fondos del Inciso K).[3]

Al continuar el apoyo hacia la antigua CTC y Lázaro Peña, en octubre el viejo edificio de la CTC fue asaltado por pistoleros. Fue tanta la indignación entre los trabajadores que se efectuó un paro laboral de cuatro horas, después del cual cientos de ellos fueron detenidos al regresar a sus fábricas. En diciembre, Aguirre fue designado para ocupar el puesto en el Ministerio del Trabajo que tenía Prío Socarrás, quien se postularía para la Presidencia resultando electo. La antigua CTC y sus dirigentes entablaron una buena lucha, pero durante 1948, fueron asesinados los dirigentes sindicales Jesús Menéndez, de los azucareros, Aracelio Iglesias, de los portuarios y Miguel Fernández Roig, de los tabaqueros de La Habana; otros fueron eventualmente obligados al clandestinaje.

Las semillas de la división habían sido sembradas, aunque en muchos sectores, el nuevo y 'oficial' movimiento obrero a menudo no pasaba de ser más que un sindicato de papel.[4] Un buen número de los nuevos líderes era, en el peor de los casos, corrupto, y en el mejor, estaba divorciado de las masas, especialmente entre los más antiguos sectores como el de los tabacaleros que había luchado duro y por largo tiempo para establecer no sólo sus propios sindicatos sino los sindicatos en general. Precisamente por ello y a consecuencia de la máquina, las luchas en el sector tabacalero serían particularmente violentas

Mientras que públicamente intentaban encubrir sus simpatías políticas, los fabricantes cerraban filas en privado para contrarrestar el poder ejercido por los sindicatos. Es así que un anuncio de la TCSA de mediados de 1947 dirigido a los obreros, empleados y público en general planteó que: 'la Compañia es una entidad privada sin nexo con ningún partido político, y que la misma no tiene interés en ayudar a candidato alguno, estando cada cual en libertad de defender al candidato de sus simpatías...'[5] Una circular de la Unión de Fabricantes de junio de 1947, dice así:

> Diariamente algunos de nuestros compañeros claman contra la desorbitación de los organismos sindicales obreros, contra la influencia de que gozan en los centros oficiales o contra el desdén con que la clase patronal es tratada. Y de vez en cuando la voz de los hombres más responsables de Cuba, alarmados por la anarquía imperante en la producción y por el trastrueque de valores y categorías cada vez más acentuados en el mundo económico, deja oir su apelación dramática en pro de la restauración del buen sentido, desplazado por el impacto de la demagogia desenfrenada.
>
> El peligro ha sido comprendido, y la manera de evitarlo también, es de dominio común. Nadie ignora en estos momentos que la solución radica en establecer el equilibrio social mediante la unión coordinada de los patronos que actúe a modo de contrapeso para balancear el poder creciente de los trabajadores. Ni las lamentaciones ni las quejas tendrán jamás potencia suficiente para producir ese equilibrio. La fuerza desatada sólo neutraliza con la fuerza metódica, y esto es verdad en Cuba y el resto del Universo.[6]

Cerrar filas y usar la fuerza inevitablemente acarreaba una acción político y gubernamental.

Tempranos indicios de la colaboración entre el gobierno y los fabricantes – y no en la forma más sana – aparecieron en la industria cigarrera. El 26 de septiembre la Sección de lo Criminal del Tribunal Supremo aprobó la sentencia del ministro del Trabajo, Francisco Aguirre y otros funcionarios de ese departamento, junto con Martin Dosal, dueño de la fábrica de cigarrillos La Competidora Gaditana, 'como autores de los delitos de prevaricación, cohecho, coacción, usurpación de atribuciones contra el ejercicio del trabajo, contra los derechos de reunión y otros cometidos en el empeño de destruir las organizaciones de trabajadores e imponer a los dirigentes gubernamentales en las mismas...'[7] Funcionarios del Ministerio habían recibido 100.000 pesos de manos de Dosal para destruir los sindicatos del cigarro.

Dos extensos memos de 1948 del abogado de la TCSA, Felipe Silva, dirigidos a los gerentes del Trust, narraban los antecedentes de la acción conjunta del gobierno y los fabricantes en la industria.[8] Un memorandum inicial del mes de enero explicaba cómo el gobierno Auténtico había empezado una campaña para sustituir a los viejos dirigentes en las organizaciones obreras locales...'

> Cada grupo opuesto exige de su patrón que trate los asuntos laborales con él advirtiendo al mismo tiempo que tratar con el otro grupo sería considerado como una agresión.
>
> El asunto se complica aun más por el hecho de que el Departamento del Trabajo es el que dispone cuáles dirigentes son los legalmente elegidos pero tales disposiciones están sujetas a apelación administrativa y jurídica. La parte perdedora (comunista) siempre dice que todavia no se ha resuelto el litigio, que el gobierno está tratando sencillamente de introducir a miembros de su partido político en las organizaciones obreras y que es una situación temporal porque son ellos mismos los que continúan con el apoyo de la mayoría de los trabajadores.
>
> Los nuevos dirigentes alegan que el Departamento del Trabajo los ha reconocido (a menudo elegidos con muy dudosos procedimientos como representantes legales de los obreros) y que los patronos ya no tienen por qué tratar con los antiguos líderes.

Felipe Silva ofreció su criterio:

> Todavía no se sabe cuál será la actitud de los trabajadores apolíticos, pero es evidente que muchos siguen apoyando a sus antiguos líderes tomando a la vez la acción del gobierno como un ataque directo contra la masa obrera. Es importante señalar que estas controversias continúan con breves intervalos incluso aunque no haya grandes asuntos que solucionar entre empleados y

patronos. Es algo que brota con la más mínima cosa que haya que discutir entre la administración y los trabajadores de la fábrica.

El memorandum de marzo fue específicamente sobre cómo las cosas habían llegado a un punto culminante en la fábrica de cigarros de la compañía 'entre la vieja dirigencia comunista con el apoyo de la mayoría y la nueva dirigencia auténtica con reconocimiento oficial.' Una valiosa producción se había perdido cuando los delegados de ambos grupos insistieron en ser los que tenían que efectuar la lista para el trabajo extra. El asunto se elevó ante la Unión de Fabricantes – 'donde se pudo comprobar que otros fabricantes confrontaban problemas similares pero que sin embargo en ninguna otra fábrica eran tan difíciles como en las nuestras' – y de allí al Ministerio del Trabajo. La respuesta del Ministro fue que el cambio en la dirigencia de los sindicatos obreros tenía que ser efectuada y que los fabricantes no podían dar ningún paso imparcial en la situación porque ello representaba una lucha contra el comunismo. Su idea de que la industria acogiera a personal nuevo, 'hombres con nuevas ideas,' fue rechazado por irrealizable, aunque aceptaron la oferta de designar un funcionario del Ministerio del Trabajo en cada fábrica 'como una medida inmediata de aliviar a los fabricantes de la

Gonzalo Collado, Secretaria General de la FTN

Llamada de apoyo para la disputa de La Corona

gran responsabilidad que estaban enfrentando... para intervenir en los conflictos existentes.'

A la semana siguiente los interventores fueron a las fábricas y procedieron a notificar a los empleados los nombres de los nuevos delegados sindicales con quienes ellos tenían que tratar sus asuntos, lo cual se efectuó no sin oposición y con algunos incidentes desagradables en las fábricas.

Al unísono con la FTN, el Comité Conjunto de Obreros de la Industria de Cigarrería en General, la Unión de Vendedores de La Habana, la Unión de Obreros de la Industria de Cigarrería en General y la Unión de Dependientes del Ramo del Tabaco consideraron esta situación como el más serio acto de agresión contra los trabajadores desde la represión por la huelga general de 1935. Un comunicado conjunto de prensa publicado en el periódico *Hoy*, del Partido Comunista, decía así:

Este nombramiento de 'dictadores sindicales' para las fábricas, sólo encuentra precedente en el Código de trabajo de Hitler, en la Italia de Mussolini y en la España falangista de Franco... se convierte el Ministerio del Trabajo en jefe de todas las industrias de Cuba ignorándose el derecho de los obreros a la libre organización y nuestra libertad de pertenecer o no a los sindicatos como se consagra claramente en el Decreto 2605.

Nosotros anunciamos que no aceptamos trato alguno con los dictadores sindicales del Ministerio del Trabajo, que mantendremos la conducta de la dignidad y el decoro contra tales intentos; y llamamos la atención de los señores fabricantes sobre tales extremos ya que la intervención de elementos ajenos a las fábricas habrá de ser una fuente de perturbación constante que irrigará graves perjuicios para todos.[9]

En cuestión de días, los obreros de La Corona salieron a la calle protestando contra el terror policial en la fábrica dirigido a obligar a los trabajadores a que apoyaran a la CTK, y la CTC declaró un boicot contra los productos de La Corona.

En marzo de 1948, Felipe Silva informaba que: 'La fábrica de tabacos está tranquila por el momento, pero abrigamos el temor de que los disturbios puedan surgir cualquier día, puesto que los tabaqueros todavía están apoyando a sus líderes. El nuevo grupo es reducido y no se ha mostrado aún muy activo.' En el mes de octubre del año anterior surgieron los dirigentes cetekarios Manuel Campanería y Julio Suárez para los tabaqueros de La Habana y la FTN, respectivamente, pero aun así los delegados obreros del 73% de los tabaqueros de la Isla habían asistido a un congreso extraordinario donde ratificaron como secretarios generales a Gonzalo Collado, para la FTN, y Evelio Lugo, para los tabaqueros de La Habana. Cuando a principios de 1948 el gobierno intentó introducir un decreto sobre la mecanización sin consultarlo con los viejos sindicatos, la Conferencia Nacional de Tabaqueros declaró el 10 de febrero como Día de Lucha. El 18 de febrero, se celebró en el Parque Central de La Habana una gran convención de miles de trabajadores provenientes de Las Villas, Matanzas, Pinar del Río y La Habana.

El primero de abril, tuvo lugar un asalto al edificio de los tabaqueros, aunque frustrado por la acción de los tabaqueros mismos y las despalilladoras que se encontraban en el lugar. Al día siguiente hubo otro asalto a la fábrica La Corona, donde fuera asesinado por Campanería y sus hombres Miguel Fernández Roig, secretario de organización del Sindicato de Tabaqueros de La Habana y secretario del sindicato en La

Corona. Inmediatamente la policía ocupó la fábrica, pero los asesinos se escaparon. La Corona, 'enemiga tradicional de Cuba y de los trabajadores cubanos que se le han enfrentado desde la famosa huelga de Moneda de 1907, ha transformado la fábrica en un campo de concentración,' declaraban los obreros.[10]

Mientras tanto, el despalillo El Siboney de la TCSA estaba luchando contra el cierre. Isaac Martínez Muniains (alias von Muniains) fue bastante atacado por los despidos masivos y los métodos policiales en la fábrica. La FTN y la CTC organizaron una campaña de apoyo a los trabajadores de La Corona que recibían telegramas de todos los sectores obreros provenientes de toda la Isla. El 19 de abril se paró el trabajo en el despalillo a causa de algunos desórdenes. Al día siguiente muchos de los trabajadores se negaron a regresar. La CTC apoyaba financieramente a las despalilladoras en la huelga, mientras que se informaba que Muniains reclamaba 'la necesidad de una sangrienta purga' porque 'habrá que acabar con "las negras".' Lo que hacía falta 'era que hubiera un muerto como había sucedido en la fábrica de tabacos La Corona'.[11]

En septiembre, se registraron más enfrentamientos a consecuencia de la negativa de los fabricantes a pagar los aumentos salariales pedidos por los tabaqueros y los dependientes tanto en la industria de la tabaquería como en la del cigarro, donde exigían un aumento del 40%. Los argumentos planteados por el Sindicato de Tabaqueros de la Habana fueron los siguientes:

> Este sindicato considera que el alto costo de la vida que impera hoy y los bajos salarios que ganan los tabaqueros hace realmente imposible que se puedan sufragar las demandas económicas requeridas.
>
> Este sindicato considera que los decretos presidenciales vigentes... que fueron promulgados para regular la industria cigarrera han sido ignorados o descaradamente violados por todas las partes relacionadas con la industria que están en la obligación de cumplimentar con este cometido y velar porque se implementen en bien de los intereses de la industria cubana del tabaco y el bienestar general de la nación. La ignorancia o la violación han alcanzado un grado de tirantez desde el punto de vista de aquéllos honestamente interesados en el desarrollo y funcionamiento de la segunda industria de la nación.[12]

El incumplimiento de los fabricantes condujo a la ocupación de varias fábricas y al arresto de seiscientos obreros. En noviembre el Sindicato de Tabaqueros de La Habana celebró nuevas elecciones en las cuales Evelio Lugo obtuvo el 90% de la votación. Cuando el edificio de los tabaqueros fue tomado por los líderes de la CTK, cinco días más tarde, los tabaqueros y las despalilladoras se fueron a la huelga hasta tanto no se les devolviera. En esta ocasión más de 900 obreros entraron a las cárceles. Una vez puestos en libertad se decidió que los obreros debían regresar y luchar en las fábricas.

Hacia finales de 1949, se hacía inminente un decreto sobre mecanización lo que dio lugar a una vasta campaña organizada a lo largo y ancho del país para presionar al gobierno a que aceptara las demandas de los obreros. Fue únicamente la persistente represión la que probó ser lo suficientemente discordante como para reforzar cualquier aceptación táctica de los nuevos sindicatos en las fábricas y del decreto final de mecanización de 1950, que poco tomó en cuenta las demandas de los obreros. La máquina sería introducida para la exportación y el 20% del mercado interno, una cuota proporcional para este último fue asignada a cada una de las fábricas de exportación con máquinas instaladas. Se implantó un subsidio de 40 pesos mensuales para los trabajadores directamente afectados por la máquina y para aquellos cesanteados a

Protesta para los derechos sociales: descansos pagados y licencia de maternidad. Cuban Land and Leaf Co., Pinar del Río

Protesta contra las tarifas, Camajuaní, Las Villas

partir de diciembre de 1946. Este subsidio sería provisional y paulatinamente reducido hasta que se suspendiera.

Naturalmente, fueron fuertes las denuncias por parte de los obreros como por los pequeños fabricantes en contra del Decreto. Dos críticas coherentes por parte de Evelio Lugo y Jacinto Torras aparecieron en la revista *Fundamentos*, del Partido Comunista. La última de estas en especial, reiteró que:

> ...no es ni sería correcto que fuera una lucha contra la máquina sino contra las formas en que pretende aplicarse ésta contra los trabajadores y el interés general del país. La máquina debe ser un instrumento de liberación del trabajador de las formas más rudas del trabajo; un elemento que multiplica la capacidad de producir de la fuerza de trabajo humana y que correctamente aplicada debe aumentar los productos del trabajo disponibles para el consumo, para la satisfacción de las necesidades humanas. Esto sucede íntegramente en el sistema socialista de producción donde no existe contradicción alguna entre el carácter social de la producción y la apropiación también colectiva, de los medios de producción y de los productos del trabajo.[13]

En el interior, en Las Villas en particular, se inició la lucha contra el Decreto 1073 y la cláusula del 20% de la producción casera. 'Hay que recordar que la venta de tabaco de nuestro país, por el estado económico imperante era ínfima. Que los tabaqueros trabajaban 15 días, volvían a trabajar una semana, los paraban y que durante todo el año no les alcanzaba el salario para sostener a sus familias y que solamente había algún trabajo en las fábricas para la exportación, siendo una situación terrible para el obrero torcedor y si además se permitía la instauración de esas máquinas esto traerla por consecuencia más hambre y más miseria,' fue el comentario de Manuel Duke Linero como antiguo secretario general de la Federación de Tabaqueros de Las Villas en aquel tiempo.[14] '¿Si el gobierno desea el bienestar del país por qué no mecaniza la industria del torcido para el mercado exterior, a su costo y riesgo?' exigía el comité adjunto de los fabricantes matanceros en 1950. '¿Por qué no nacionalizar esta industria y que sus utilidades reviertan en beneficios públicos y no en beneficio de 4 ó 5 señores?'[15] Mientras que los pueblos tabacaleros de las provincias avizoraban la posibilidad de que les quitaran sus medios principales de subsistencia los pequeños fabricantes, los tabaqueros, las despalilladoras y sus familiares se unieron en un movimiento que adquirió un carácter casi insurreccional.

Dichos antecedentes, en gran medida, fueron desafortunados intentos de reemplazar a los dirigentes sindicales a nivel local que habían llevado a los constantes asaltos a los edificios sindicales. Vicente Avelado de los tabaqueros de Placetas, por ejemplo, recuerda una reunión en la que el interventor Rómulo del Rey, llegó con un ultimátum

> en donde se les ordenaba abandonar la Directiva del Sindicato ya que eran considerados subversivos, comunistas, agitadores por el gobierno, intimidándoles además con acciones represivas por parte del BRAC [Buró para la Represión de Actividades Comunistas].
>
> Fue entonces cuando los lideres se dirigen a la masa que se encontraba presente la cual ratificó de nuevo a sus verdaderos dirigentes siendo éstos presos inmediatamente; hecho éste que fue registrado en un acta notarial. Siendo puestos al poco rato en libertad por la presión de las masas y del pueblo. A los cinco días de este hecho regresan Del Rey y sus secuaces con una directiva entreguista nombrada de dedo para asaltar el sindicato, siendo rechazada en la misma forma que la anterior.
>
> Esa noche, como a las tres de la madrugada, la Guardia Rural rompió la puerta del Sindicato y penetró en el mismo. Ante este hecho, los obreros fueron movilizados de nuevo al calor de sus intereses conculcados reuniéndose en

número mayor de 200, frente a su Sindicato donde se efectuó un mitin en el cual la masa propone seguir pagando la cuota a su legítima organización sindical.[16]

En junio de 1951 la resistencia a los nuevos sindicatos y al Decreto 1073 era tanta que los viejos sindicatos lograron establecer comités adjuntos con los comerciantes, los bodegueros y los fabricantes. El 2 de julio, pueblo tras pueblo en Las Villas – Guayos, Sancti Spíritus, Zaza del Medio, Camajuaní, Cienfuegos, Manicaragua, Caibarién, Cabaiguán, Santa Clara – se paralizaron al declararse 'ciudades muertas'. Por ejemplo, en Santa Clara el tráfico en la Carretera Central y otras vías principales fue interrumpido con botellas, clavos, latones y cosas por el estilo. En Cabaiguán, donde fue ocupado el Ayuntamiento y más de 3.000 personas se congregaron en el Parque Central, las tiendas, las calles y hasta el ferrocarril permanecieron cerrados. Muchos fueron heridos y un joven de 17 años recibió un tiro de bala en los enfrentamientos con la soldadesca.

Fue así que en julio de 1951 el gobierno se vio forzado a suspender la cuota de tabacos hechos a máquina para el mercado interno. Con la revocación de la cláusula, la industria se apaciguó considerablemente, aunque no sin los esporádicos enfrentamientos de los maquinistas que formaron su propio Sindicato de Obreros de Máquinas Elaboradoras de Tabacos y sus Conexos de La Habana que rompió totalmente con el Sindicato de Tabaqueros de La Habana quejándose de que:

> Los tabaqueros de La Habana, los que trabajan en los centros de producción organizados, demagógicamente orientados (plenamente desorientados, afirmamos nosotros) no se percatan en su mayoría de la gravedad de la situación que, de indefectible modo, habrá de conducirlos a desenvolver sus actividades en el caótico ambiente de la 'chinchalería' nacional en muy poco tiempo, a todos...
>
> No tenemos para los torcedores animadversión alguna sino el aprecio fraterno que impone nuestra condición de trabajadores. Nos separamos del Sindicato porque éramos en el seno del mismo un grupo aislado por el propio Sindicato, que veía y ve en nosotros a un enemigo que trata de eliminarlos. Lo indudablemente cierto es que los intereses de los tabaqueros y los nuestros chocan; más no es menos cierto, también, que nosotros no tratamos de eliminar a nadie, porque no puede imputársenos a los que elaboramos en las máquinas su implantación. Son ellas una manifestación del progreso que por sí sólo se

abre paso, sin que nadie, hasta el presente, haya sido capaz de detenerlo, en país civilizado alguno...[17]

Se sembraron además nuevas semillas de división que lograron germinar relativamente en algunas fábricas de tabacos y cigarros (en algunas ocasiones con aumentos sustanciales en el salario) durante la notable mejoría del comercio en los años cincuenta a la vez que se perdía algo de la vieja militancia. El caso de la fábrica de Trinidad, aunque excepcional, es también ilustrativa. La dirigencia del viejo sindicato de cigarros en la fábrica fue echada con muchísima dificultad, pero a lo largo de los años la política de relaciones armoniosas de Trinidad, combinada con altos salarios y una prosperidad general, dio por resultado que el Libro de Cuba de 1952 motivara el comentario de que la fábrica era 'un modelo en el mundo laboral. En ella se desconocen los conflictos sociales.' Y seguía así:

> Algunas referencias ayudarían a entender la normalidad de este caso anormal.
> La semana en la empresa Trinidad y Hermanos es de cuarenta horas de trabajo con pago de cuarenta y ocho, único caso en Cuba en la industria cigarrera. Se practica el pago de salarios a una obrera o a un obrero durante la enfermedad que pueda sobrevenirle, durante días, semanas, meses. Ha habido casos que incluso ese salario íntegro ha seguido recibiéndolo el obrero durante años... Y porque los obreros lo saben, porque lo viven, porque ellos y la empresa Trinidad y Hermanos conviven en armonía y en mutua comprensión y no les falta el buen arrimo y la solidaridad efectiva de la industria en la que rinden su trabajo y prestan sus energías, Trinidad y Hermanos además de ser la fábrica más importante de Cuba en la industria cigarrera es un ejemplo digno de ser mostrado como norma con que establecer de modo durable y provechoso un buen régimen laboral donde el capital y el trabajo, igualmente concientes de lo que exige el equilibrio social y demanden las aspiraciones a un mundo mejor, convivan unidos en la colaboración de los esfuerzos encaminados a un mismo fin.[18]

El empuje de esta filosofía fue la que estaba detrás de los nuevos sindicatos, consolidados en los años cincuenta con el ex funcionario del Ministerio del Trabajo, Eusebio Mujal, pasando a ocupar el puesto de secretaria general de la 'CTC' que tenía Cofiño. Las dos principales publicaciones de los tabaqueros, *El Tabacalero* y *El Cigarrero*, especialmente éste último, se leían como elegantes revistas publicitarias, que daban testimonio de la armonía y el bienestar de la industria. Esto fue desmentido, no obstante, por las constantes denuncias desde sus páginas de 'los comunistas y sus aliados, los demagogos y fanáticos' y por el hecho de que una de las tareas vitales de los nuevos dirigentes obreros fue la de informar sobre los 'comunistas' al Ministerio del Trabajo y al Buró para la Represión de Actividades Comunistas (BRAC).[19]

Al respecto, hubo mucha continuidad entre el período antes y después de que Fulgencio Batista tomara el poder en 1952 mediante un golpe militar. Sin embargo, aunque es difícil hablar de un legítimo movimiento obrero como tal en el tabaco en los años cincuenta, la negativa de pagar la cuota obligatoria a los sindicatos oficiales continuó fuerte en La Habana y en el interior. Aun en septiembre de 1958 se reportó que cientos de obreros de las fábricas de H. Upmann y Partagás habían sido echados o arrestados por no haber pagado sus cuotas.[20] Incluso aquella aura de armoniosas relaciones en la fábrica de Trinidad fue quebrantada con las militantes demandas de un 20% de aumento salarial. Estos eran síntomas en verdad de que lo que estaba ocurriendo en la base no era en modo alguno lo que se aparentaba en las posiciones y pronunciamientos de los sindicatos oficales.

Epílogo: Una nueva vuelta

En abril de 1953, Lázaro Peña escribió: 'Los Mujal y demás jerarcas cetekarios... respondiendo a su condición de agentes de la burguesía y el imperialismo en el seno de la clase obrera – mantienen el divisionismo, burlan los principios de la democracia sindical, tratan de impedir toda la lucha unida de los trabajadores en defensa de sus salarios y actúan al servicio de los patronos y el gobierno en la aplicación de esta política reaccionaria y anti-obrera.'

Uno de los efectos de aquella politica represiva y anti-obrera, contra cualquier reto radical por parte de los sindicatos a la misma canalizaría la militancia obrera fuera de las fábricas y del movimiento obrero como tal hacia un movimiento revolucionario mucho más amplio, incluyendo la lucha guerrillera. Orientada en contra de la dictadura batistiana, fue una lucha por profundos cambios socioeconómicos y políticos, que implicaba una ruptura de la dependencia norteamericana. La revolución del Primero de Enero de 1959 fue en el más cabal sentido de la frase, la culminación exitosa de las luchas que se remontaban al siglo pasado. Fue también el principio de un proceso no exento de dificultades, y el sector tabacalero no fue la excepción.

La historia completa del tabaco cubano en este cuarto de siglo merece un estudio en sí mismo, pero esta historia estaría incompleta si no se hace referencia al menos a algunas de sus más sobresalientes características.

La reforma agraria y la nacionalización de la industria fueron dos elementos claves del programa revolucionario. Ninguna de las dos fueron medidas fáciles y ambas surgieron al calor de la lucha nacional y de clases. La gran burguesía terrateniente e industrial, tanto la norteamericana como la cubana se hicieron rápidamente hostiles a lo que en aquel momento era una revolución popular. Sus acciones iban desde propagar rumores y pesimismo hasta retirar el capital, desatendiendo la propiedad y la producción antes de salir del país. Sobre esto existe el testimonio de obreros y campesinos solicitando del gobierno revolucionario que interviniera en el sector.

La primera Ley de Reforma Agraria se promulgó en mayo de 1959. En términos generales la tierra de la administración en las grandes plantaciones continuó siendo labrada con trabajo asalariado, pero bajo la dirección estatal, mientras que la tierra que había estado labrándose bajo los diferentes sistemas de aparcería, censo, partido y arrendamiento se entregaba a los propios campesinos, dejando hasta un máximo aproximado de 400 hectáreas solamente a los antiguos propietarios. Dadas las complejidades de la tenencia de la tierra y los manejos y cotejos, no fue fácil llevar a la práctica aquella reforma y muy a menudo significó que los antiguos propietarios se quedaran con las mejores tierras donde también estaban ubicados los talleres de maquinarias y servicios para el trabajo agrícola. El acaparamiento de estos útiles de labranza fue una de las razones que motivó la temprana proliferación de sociedades campesinas, cooperativas de créditos y servicios y finalmente la Asociación Nacional de Pequeños Agricultores (ANAP), creada en mayo de 1961.

Un mes antes había sido proclamado el carácter socialista de la Revolución y a partir de ahí comenzó un acelerado abandono de la producción, la propiedad, el capital y los servicios – al lado de una abierta hostilidad política – por parte de la mediana burguesía agraria. En gran medida esto motivó que se promulgara la Segunda Ley de Reforma Agraria de octubre de 1963, según la cual se puso como tope máximo 67 hectáreas para el sector privado. En líneas generales, la Primera Ley afectó al 70% de la tierra agrícola de la cual el 40% pasó a manos del Estado, un 30% restante a manos del campesino medio. Esto último se eliminó en la promulgación de la Segunda Ley de Reforma Agraria. Ya por 1977 la proporción entre el sector estatal y el sector campesino era aproximadamente del 80% contra el 20% de la tierra agrícola quedándose en 85% y 15% en la actualidad.

La mayor parte de la tierra estatal estaba en el sector azucarero, que de forma predominante había sido una economía de plantación. En otros sectores agrícolas donde esto no había sido así esta proporción fue mucho menor. Exactamente a la inversa de las cifras nacionales, con 20% estatal y 80% en manos campesinas, en 1977 el tabaco tenía la más baja proporción estatal. Esto se explica por la estructura agraria en el tabaco antes de la Revolución, donde prevalecía la aparcería, el pequeño arrendamiento, el colonato y el subcolonato.

Los cosecheros de tabaco fueron principales beneficiarios de la Reforma Agraria como también fueron los pioneros en promover sociedades campesinas, y cooperativas de créditos y servicios desde los primeros meses de la Revolución. Solamente en Pinar del Río ya existían en 1962 más de 280 cooperativas de créditos y servicios y más de 100 sociedades.[1] Las facilidades crediticias provenían del nuevo DECAI (Departamento de Crédito Agrícola-Industrial) que había incorporado al viejo BANCAIC, y que fuera creado en 1960 por el Instituto Nacional de Reforma Agraria (INRA).

En el Segundo Congreso de la ANAP, celebrado en 1963, ya existían 345 sociedades agrícolas, además de 587 cooperativas de créditos y servicios. Estas últimas eran principalmente en el sector tabacalero de Pinar del Río y Las Villas que agrupaban a 46.133 campesinos para el uso colectivo de las casas de tabacos, irrigación y maquinaria, créditos e insumos. Hacia 1967 el número total de las sociedades había mermado a 136 y en 1971 a 41, aunque el número de cooperativas de créditos y servicios habla aumentado a 1.119.

La baja en el número de sociedades fue un índice de los problemas que afectaban al tabaco y que solamente pueden entenderse dentro del contexto de desarrollo nacional. Fue una reacción lógica que en los primeros años de la Revolución hubiera una 'fuga' de la caña y del tabaco y se contemplara la diversificación y la industrialización. Este programa resultó ser a la vez ambicioso y costoso en términos de la importación de bienes de capital y materia prima a la vez que los ingresos sobre la inversión industrial resultaban insuficientes. Además, el colapso relativo en la exportación de los derivados del azúcar y la aguda baja en la cantidad y calidad de las exportaciones tabacaleras significó también una caída vertiginosa en los ingresos en divisas para financiar semejante programa, encima de tener que financiar todos los planes de la Revolución en la educación, la salud, bienestar social y viviendas.

Desde 1963, la lógica fundamental de la nueva estrategia de desarrollo fue que las inversiones industriales se redujeran mientras se restauraba y luego se expandía la capacidad de exportación. El renovado énfasis en el crecimiento industrial tuvo que esperar hasta que se construyera la necesaria infraestructura y se financiara por renglones que proporcionaran el ingreso de divisas, principalmente el azúcar, aunque también el tabaco, ganado, cítrico, minería, etc. El principal mercado antes de la Revolución, Estados Unidos (que en 1960 impuso a Cuba el bloqueo económico total que aun perdura) iba a ser reemplazado por nuevos y más diversificados mercados, incluyendo los del campo socialista.[2]

En este contexto, al sector azucarero se le concedió la prioridad otra vez, y en correspondencia la granja estatal fue vista como el 'modelo' de la agricultura socialista, permitiendo la aplicación de la tecnología y la mecanización. Muchas sociedades agrícolas perecieron en los años sesenta, en gran parte porque el gobierno dio mayor prioridad al traspaso directo de las tierras privadas a las granjas estatales (ya sea por venta, arriendo u otros acuerdos). Un mancomunado esfuerzo por la zafra azucarera record de 1970 canalizó más recursos hacia el sector azucarero, exacerbando el ya creciente problema de la no priorización de créditos y otras facilidades al sector campesino, que era mucho más amplio en otras ramas, especialmente en el tabaco. La cosecha tabacalera de 1969-70 no fue sino el 44% de la de 1965-66, y de hecho indicó la necesidad de una revisión de la política agrícola y el sector campesino.

El congreso de la ANAP celebrado en 1971 fue elocuente sobre este particular y a partir de ahí comenzaron a dirigirse recursos hacia otras ramas, y especialmente el sector campesino lo que trajo por resultado un aumento total de la producción. Los años de 1971-76 se definieron como el período de recuperación tabacalera. Esto incluyó una mayor atención por parte del Estado a los pequeños agricultores, mucho más tierra sembrada de tabaco, variedades de más alta calidad y más altos rendimientos y mayores estímulos en los precios. Las inversiones en fertilización, equipamiento hidráulico, reparaciones en las casas de tabaco y trabajos generales de investigación dieron por resultado un aumento del 100% en la cosecha tabacalera de ese período. En 1975-76 el área total de acopio fue de unos 52.000 hectáreas (más de 44.000 en el sector campesino) en comparación con poco menos de 24.000 en 1970-71 (20.000 en el sector campesino), aproximadamente 46.000 (40.000 en el sector campesino) en 1967-68 y 44.000 (39.000 en el sector campesino) en 1963-64.

El Quinto Congreso de la ANAP celebrado en 1977 se pronunció por un movimiento cooperativista en el sector campesino.[3] En realidad, las nuevas cooperativas de producción agropecuaria fueron una variante de los primeros intentos de cooperativización en unidades de producción colectivas que fueron dirigidas por los pequeños agricultores. Se puso mucho énfasis en el carácter voluntario del proceso, con una valorización de cada contribución independiente en cuanto a tierra y otros medios de producción para ser reembolsada de los fondos comunes. Se pedía un mínimo de conocimientos de contabilidad y las cooperativas fueron acreedores de bajas tasas de interés sobre los créditos y trato preferencial en la asignación de la maquinaria y equipamiento agrícolas. Su éxito fue bien divulgado durante los años siguientes explicándose en términos de su más avanzada división del trabajo en coordinación con medios de producción y técnicas más avanzados. Las ventajas sociales fueron igualmente resaltadas: electricidad, agua corriente y otras facilidades en los nuevos pueblos de las cooperativas, ruptura con el aislamiento social, especialmente el de las mujeres y su contribución a la producción y a los ingresos a medida que se organizara colectivamente el trabajo.

Aunque la granja estatal se ve todavía como 'la más alta forma de producción', el movimiento cooperativista reflejaba un cambio relejante en el modelo para el sector campesino. Poniendo a un lado las consideraciones políticas, la gran ventaja de la granja estatal, que era poseer una alta tecnología mecanizada como corolario de la industria, no existía del todo en la Cuba de los años sesenta y setenta, ni siquiera en el azúcar donde sólo en la década de 1980 las condiciones están siendo realmente propicias. En otros sectores, las granjas estatales a menudo se proyectaban como un gasto de recursos que hubieran sido más eficaces en manos campesinas. Las nuevas cooperativas son más modestas en escala y tecnología, controladas por los propios agricultores en coordinación con las necesidades agrícolas nacionales. Como tales, éstas empezaban a mostrar todo indicio de ser más relevantes como instituciones y más prometedoras en su tiempo, en cuanto a la producción y el avance social.

En el tabaco, el record de los años iniciales ha sido excepcional, los rendimientos se duplicaron y en plenas zonas tabacaleras surgieron pintorescos pueblos cooperativistas. En mayo de 1983, en la provincia de Pinar del Río, el 40% de la tierra campesina dedicada al tabaco – 5.381 caballerías – estaban agrupadas en 166 cooperativas con un promedio de 32 caballerías de tierra por cooperativa y 52 socios, llegando a totalizar 9.466 miembros. Cifras similares se reportaron en las provincias de Villa

Clara y Sancti Spíritus (pertenecientes ambas a la antigua provincia de Las Villas). Villa Clara tenía el 40% de la tierra campesina dedicada al tabaco – 2.816 caballerías – distribuida en 60 cooperativas, para lograr un promedio de 46 caballerías y 63 socios para un total de 3.217 miembros.[4]

Un proceso paralelo de reorganización industrial empezó luego de la Primera Reforma Agraria, pero los hechos de entonces se sucedieron rápidamente. Ya por diciembre de 1959 las demandas de los tabacaleros habían aumentado a nivel de fábrica, unidos a las de la FTN, para que el gobierno revolucionario interviniera en la industria. En efecto, los trabajadores desempeñaron un papel decisivo en detectar anomalías tales como la reducción en la producción y la retirada de capital por parte de firmas cubanas y extranjeras.

Uno de los tantos expedientes del Ministerio del Trabajo de estos primeros tiempos fue el de la General Cigar. Desde febrero a mayo de 1960, el Ministerio empezó a recibir cartas de obreros en varios despalillos y escogidas de la compañía. En una carta culminante de Lucilo Vázquez Molina, presidente de la Unión de Empleados de Tabaco de Las Villas y Josefa Pozo, presidente de la Asociación de Despalilladoras y Ripiadoras de Santa Clara, se pedía formalmente que se tomara una acción oficial en el caso del despalillo de la General Cigar de Santa Clara y de las escogidas de Placetas, Báez, Fomento, Zaza del Medio y Cabaiguán, fundamentándose en que la compañía, 'haciendo uso de la reaccionaria e imperialista maniobra alega que va a retirar sus negocios de la República de Cuba, desplazando de hecho a más de 1.500 obreros y trabajadores'.[5] Entre los puntos planteados estaban los de que la compañía había amenazado con enviar todos los libros – incluyendo los de las pensiones – a La Habana justificando el paro laboral bajo el pretexto de que no vendrían más remesas de hojas y que se iba a exportar la hoja sin despalillar, dejando sin empleo a las despalilladoras y a otros trabajadores. El 23 de mayo de 1960, la General Cigar solicitó formalmente autorización legal para cerrar sus sucursales en Cuba, debido a los controles monetarios norteamericanos que implicaba que no habría capital para la compra ni para costos operacionales.

En julio de ese mismo año se nacionalizaron todas las firmas norteamericanas en Cuba. En el caso del sector tabacalero, la Resolución 20260 del Ministerio del Trabajo con fecha 15 de septiembre decretó una más amplia intervención fundamentada explícitamente en los por cuantos siguientes:

POR CUANTO: La representación legal de la Federación Tabacalera Nacional ha venido denunciando ante este Ministerio la crisis planteada en su sector como consecuencia de la política llevada a cabo por los fabricantes de tabacos y cigarros y almacenistas de tabaco en rama, que ha provocado una considerable merma en la producción, el desplazamiento de gran número de obreros y grave perjuicio para la economía nacional.

POR CUANTO: Es evidente la actitud egoísta y de franca hostilidad al desarrollo económico de la nación, adoptada por los patronos del sector tabacalero con el desarrollo de una política comercial estrecha que sólo mira la obtención de mayores ganancias para el lucro personal, disminuyendo extraordinariamente la producción del consumo interno, así como la destinada para la exportación en los mercados naturales de Cuba, disminución que sobrepasa los 15 millones de unidades en el primer semestre del corriente año, como consecuencia del aumento excesivo en los precios.

POR CUANTO: La actitud personal atentatoria contra los intereses económicos del país y de los trabajadores no ha tenido límites y se ha manifestado en todos los aspectos relacionados con la producción, desde la venta de la materia prima que debía tenerse en depósito para elaborar los distintos tipos de liga, la negativa a adquirir la correspondiente a las nuevas cosechas, y el abandono total de los distintos departamentos de las fábricas, han traido como consecuencia la merma considerable en la calidad del producto que ha ido perdiendo no sólo prestigio sino mercado en los países habituales.

POR CUANTO: La retirada del capital de operación de las industrias por parte de los patronos ha contribuido, además, a la ostensible restricción y limitación de la producción desenvolviendo exclusivamente sus actividades a base de préstamos principalmente del Estado, lo que determina que la actitud de los patronos está dirigida conscientemente a provocar una situación de desorganización y paralización de la industria con el consiguiente perjuicio que ello representa.

POR CUANTO: Algunos de estos patronos han abandonado sus negocios y se han ausentado del territorio nacional dejando cuantiosas deudas y numerosos obreros sin trabajo, lo que constituye un aumento en la problemática situación de desempleo que el Gobierno Revolucionario y principalmente este Ministerio deben evitar.

POR CUANTO: Se hace necesario garantizar el suministro a los mercados habituales de Cuba, produciendo el tabaco con la calidad que siempre ha caracterizado al tabaco cubano, para todo lo cual se impone que el Gobierno Revolucionario adopte las medidas necesarias a los efectos de normalizar la situación creada en la industria tabacalera o cigarrera nacional, asegurando la estabilidad de los obreros en su trabajo y la producción en general, por lo que procede decretar la intervención de los centros de trabajo en que concurren los hechos expresados...[6]

Este fue el preludio a la más amplia Ley de Nacionalización de 1960, que afectó a las más importantes empresas privadas. El sector tabacalero estuvo primeramente bajo la dirección del INRA y posteriormente bajo los recién creados Ministerios de Industria y Agricultura. En 1961 se fundó la empresa de exportación CUBATABACO que fue ampliada en 1966 al unificarse en un sólo organismo la empresa estatal del tabaco que comprendería la planificación, producción, distribución y exportación tanto agrícola como industrial. Se efectuó una gran reorganización industrial que a grandes rasgos concentró la producción y unos 60.000 obreros en 402 escogidas, 30 despalillos, 6 fábricas de cigarros y 95 fábricas de tabaco a través de la Isla. Esta estructura ha cambiado poco hoy día, aunque teniendo en cuenta la reorganización institucional del gobierno en la década de 1970, la parte agrícola del tabaco la dirige el Ministerio de Agricultura, la industrial bajo el Ministerio de la Industria Alimenticia y la exportación a cargo del Ministerio del Comercio Exterior. Al parecer esto creó cierto grado de confusión, pero no mayores inconvenientes para el desarrollo.

El trabajo manual ha continuado predominando en el sector del torcido, aunque también a las máquinas se les ha mirado con otra óptica. Con el diverso programa de desarrollo socioeconómico nacional, las máquinas ya no significaban el desempleo masivo y la miseria sino la liberación de brazos que se necesitaban en otras esferas de una nueva economía en proceso de diversificación. Ya a mediados de la década de 1960, la escasez general de mano de obra en Cuba conllevó en la industria tabacalera a una campaña para entrenar a mujeres tabaqueras por lo que hoy día cualquiera galera de tabaquería tiene una fuerte representación de mujeres en sus filas.

La reorganización industrial de esa década debe ser vista como un intento de racionalizar la producción, eliminando el sector de los chinchales y de la producción por cuenta propia que había prevalecido tanto en el sector tabacalero antes de la Revolución, mejorando de este modo las condiciones y las normas salariales. La demanda interna creada por la redistribución de los recursos sociales significó que, aunque en 1966 el consumo doméstico de tabacos y cigarros se había triplicado, respectivamente, en relación a 1958, la oferta nunca llegó a ser suficiente. Por otra parte, mientras que la calidad y el volumen del cultivo del tabaco había sido duramente golpeado durante la década de 1960, igualmente, lo fue la calidad y el volumen de la producción industrial. Los intentos de estandarizar sobremanera el cultivo, la producción y los salarios, crearon, sin duda, un desestimulo a la producción y la calidad tanto de la hoja en sí como del tabaco torcido y el cigarrillo.La industria de exportación de puros fue especialmente golpeada por el bloqueo decretado por Estados Unidos, dado que (son cifras de 1958) más de las dos terceras partes del volumen de exportación del tabaco en rama, la mitad del volumen de los tabacos exportados – incluso en proporción mayor en términos de valor – se destinaba al mercado norteamericano. El problema de Cuba fue que tuvo que ampliar los mercados existentes y buscar nuevos, en ciertos casos ofreciendo tabacos a precios bajos. En contra de esto estaban los primeros intentos de diversificar la economía y aminorar la dependencia del cultivo del tabaco y el azúcar que fueron modificados en cuanto el azúcar antes de mediados de la década de 1960, pero no lo fueron en cuanto al tabaco hasta principios de la década siguiente.

La década de 1970 fue testigo de una introducción gradual del nuevo sistema nacional de planificación y dirección de la economía. En términos generales, mientras el énfasis seguía poniéndose en una centralizada planificación nacional, la clave del sistema se buscaba en cierta autonomía administrativa, con fábricas funcionando con los principios del cálculo económico y la rentabilidad, con una creciente participación obrera en la gestión económica, así como estímulos materiales tanto como morales para colectivos obreros. Las ganancias de fin de año se repartirían entre el Estado para financiar los amplios programas de desarrollo, la fábrica para la reinversión, y los obreros en forma de primas o premios o instalaciones colectivas, incluyendo viviendas y círculos sociales. Este sistema fue parejo con la reforma nacional de salario y seguridad social, y con un fortalecimiento de las organizaciones de masas, particularmente el movimiento sindical. El sindicato se concibió como la contrapartida de la dirección, en busca de una mayor productividad y mejor calidad de la producción, mejor eficiencia administrativa y mayores beneficios sociales y materiales para los trabajadores y el resto de la población.[7]

Como resultado de todo esto, el sector tabacalero empezó a trabajar en aras de recuperar la producción y la calidad de la hoja y del tobaco de exportación, así como el arte del torcido a mano.

Sujeto a las fluctuaciones naturales de un producto de esta índole, las cifras de exportación son el reflejo de este proceso. Las exportaciones de puros bajó de 79 millones en 1958 a 55 millones en 1970, aunque subieron a 120 millones en 1976. Un decisivo esfuerzo para promover los tabacos con prestigio acuñado[8] en seis fábricas de exportación de La Habana – cuatro de las cuales son las tradicionales Romeo y Julieta, Partagás, La Corona y H. Upmann – aumentó las ventas, especialmente en mercados igualmente tradicionales de Europa Occidental como España, Gran Bretaña, Francia, Suiza, Bélgica y Holanda. Los fumadores estaban recibiendo sus acostumbrados Montecristo, Romeo y Julieta, Partagás, H. Upmann, Por Larrañaga, Bolívar y otros, junto con los más recientes Davidoff. Simultáneamente se abrían mercados en los países socialistas, en particular la Unión Soviética y la República Democrática Alemana. A principios de la década de 1980, Cuba había diversificado sus mercados a más de 90 países, y aún así la demanda estaba lejos de ser satisfecha. En el caso de la importadora española, Tabacalera SA, las importaciones se mantuvieron alrededor de los 40 millones mientras que las ventas potenciales se estimaban alrededor de los 68 millones.[9] Entretanto, se abrían mercados para los cigarrillos en la comunidad socialista, contando con la URSS y Checoslovaquia como sus mayores importadores.

Las exportaciones del tabaco en rama, que habían bajado de 58.000.000 de libras en 1958 a 31.000.000 en 1970, ya en 1976 llegaron a subir hasta 33.000.000, teniendo como principales mercados a España, Holanda y la Unión Soviética, aunque también había muchos otros. Lo más significativo fue que mientras que en 1970 el valor de las exportaciones de tabaco en rama superó el de las exportaciones de puro en un 50%, en 1976 fue únicamente las dos terceras partes de su valor. Por una parte, la eliminación del mercado norteamericano y, por otra una política controlada de exportación habían producido un cambio en una tendencia que databa de un siglo. Aunque fluctuaba, la proporción de tabaco en rama con respecto a la de tabaco manufacturado ha permanecido favorable desde entonces, a tal punto que cuando la cosecha de 1979-80 fue diezmada por el moho azul, las exportaciones de la rama no se cumplimentaron para garantizar por lo menos en un mínimo la hoja para la industria nacional. En 1980, las exportaciones de tabaco fueron casi de 60.000.000 de unidades, las de tabaco en rama menos de 7.000.000 de lbs. y únicamente una sexta parte del valor de las exportaciones de tabacos.

Tal fue el esfuerzo nacional para reponerse del moho azul que azotó los campos en 1979-80 que la cosecha del año siguiente llegó a ser un verdadero record (más de 121.000.000 lbs.). La calidad era de tanta envergadura que hasta un importador británico comentó que '¡Los cubanos cuidan tanto de su tabaco como los británicos de sus jardines!'[10] Las exportaciones de tabacos en aquel año llegaron a más de 75.000.000 de unidades, y en valor de exportación, todavía los tabacos superaban a la hoja en un 20%.

La cosecha de 1981-82 se vio afectada por fuertes lluvias e inundaciones por lo que marginalmente bajó a 11.000.000 de lbs., reportándose también una baja correspondiente en los niveles de exportación. Fluctuaciones de esta naturaleza son imposibles de regular. Aunque, no obstante, lo más importante de todo es que el peso de tales fluctuaciones ya no las tiene que soportar el cosechero o el obrero como individuos. Cuando se presentó la plaga del moho azul, las granjas estatales, las cooperativas y los cosecheros privados recibieron una indemnización de los seguros de siembra y cultivo y un monto de 8,2 millones de pesos en préstamos bancarios a la vez que se canalizaban materiales y recursos humanos hacia el tabaco. Además, estaban mejor preparados colectivamente para enfrentar una situación así. Las fábricas que fueron afectadas por falta de suministros de la hoja se vieron obligadas a cerrar, aunque los trabajadores de la industria tuvieron la alternativa de ocupar otros puestos temporalmente o recibir el 70% de su salario hasta tanto la producción se reiniciara.

Destacadas figuras en las luchas campesinas y obreras del pasado han tomado un papel activo en la reorganización del tabaco, ya fuera en la nómina de las granjas estatales o en la ANAP – donde el antiguo aparcero de Pinar del Río, Adelfo Martín, es actualmente jefe del programa de cooperativas – o a cargo de las fábricas o en CUBATABACO – donde el tabaquero Evelio Lugo fue durante muchos años su jefe industrial. Esto en sí mismo ha asegurado que los intereses obreros y campesinos hayan predominado, aunque siempre dentro de las limitaciones nacionales e internacionales de Cuba.

Esto no quiere decir que esos intereses hayan sido siempre uniformes o uniformemente servidos, ni significa tampoco que no haya habido pruebas y desaciertos en la práctica. Los intentos de estandarizar sobremanera el cultivo, la producción y los salarios frenaron la calidad del producto. Los obreros, con un empleo estable, regular y garantizado sobre la base de un sistema tradicional de trabajo a destajo, no siempre pensaba en la necesidad de cumplir las metas de producción que a su vez no eran necesariamente realistas.

No fue sino hasta principios de los años setenta que el movimiento sindical como tal empezó a desempeñar su papel otra vez. En el proceso de fortalecimiento de la base sindical en aquellos años, una de las asambleas más importantes se efectuó en la vieja fábrica La Corona – hoy Miguel Fernández Roig. Con sus setenta años entonces, el mismo Lázaro Peña, que fue figura clave en organizar el congreso obrero de noviembre de 1973 (continuando la enumeración dejada en 1947), fue la evidente selección en las elecciones para el cargo de secretario general de la nueva y revolucionaria CTC.

Para una nación de productores y fumadores, no hay modo de pensar en la eliminación del tabaco por ahora, ni aún basándose en los riesgos para la salud. Un continuo racionamiento a bajos precios de los productos principales, garantiza el abastecimiento mínimo al mayor número de personas, incluyendo de tabacos (uno semanal para hombres) y cigarrillos (una cajetilla semanal para adultos) a precios bajos. Existe además un mercado estatal paralelo en el cual se puede adquirir la cantidad deseada a un precio mucho más alto aunque, contrastando con la producción para el mercado exterior, la calidad para el consumo doméstico todavía deja mucho que desear. Puede que esto provoque quejas pero, acoplado con la actual campaña sobre los daños de fumar, mantiene el hábito dentro de parámetros razonables.

La estructura global de la producción, distribución, consumo y exportación del tabaco puede que tal vez no haya cambiado tanto durante los últimos 25 años, pero en Cuba realmente si ha cambiado. Ya no existe aquella dependencia que recala impúnemente sobre el más infeliz. Puede ser que las condiciones disten de ser óptimas, y son los propios cubanos quiénes primero lo admiten. Sin embargo, no caben dudas que por lo menos el tabaco en Cuba se aproxima a ese 'dominio poblado de almas afines y más bondadosas emociones humanas'[11] en una forma que jamás Carl Avery Werner pudo haberse imaginado.

Apéndice A
Gráficas

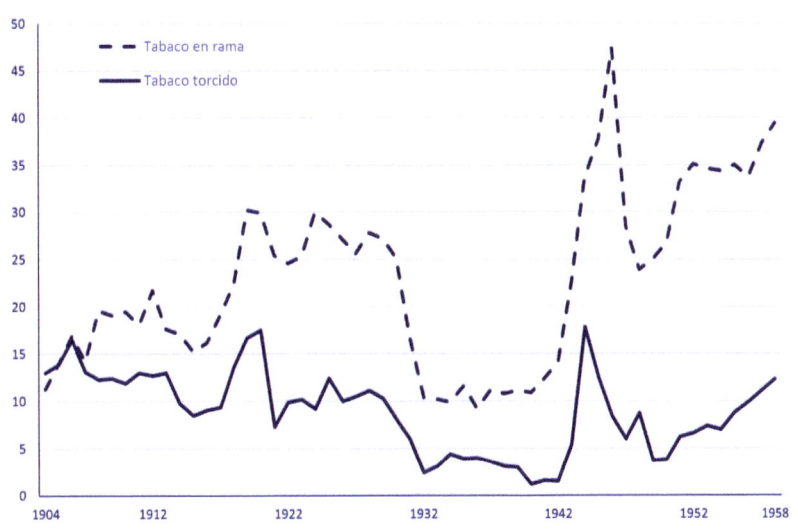

Exportaciones tabacaleras de Cuba, 1904-58 (millones de pesos)

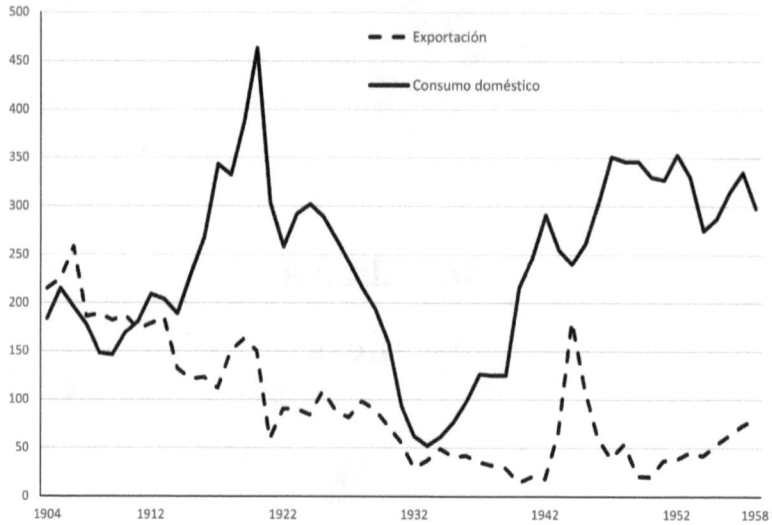

Producción de tabaco torcido en Cuba, 1904-58 (miles)

Movimiento registrado en la materia prima, 1904-46 (millones de lbs)

Apéndice B
Tablas

Trabajar con estadísticas siempre entraña ciertos riesgos. Las cifras de las tablas a menudo son las únicas disponibles y tienen que tomarse como dadas, pero no necesariamente exactas. Donde éstas parecen muy raras, he tratado de aventurar posibles explicaciones. No siempre suman correctamente pero, sin tener otras fuentes, ha sido imposible juzgar cuáles son las cifras incorrectas, y por lo tanto se han dejado tal y como aparecen en la fuente original. Por otro lado, hay estadísticas que se contradicen tanto que ha sido de interés ponerlas en yuxtaposición. Hay que enfatizar que se deben usar con cuidado, tomando en cuenta fuentes de otro tipo que puedan esclarecerlas.

1. Producción y comercio — 232
2. Vegas y fábricas de tabaco — 247
3. Fuerza de trabajo agrícola e industrial — 259
4. Salario, desempleo y sindicalización en el tabaco — 270
5. Población económicamente activa y la sindicalización — 276

1. PRODUCCIÓN Y COMERCIO

Tabla 1: Producción de tabaco en Cuba, 1841-59

	Tabaco en rama arrobas (25 lbs)	Tabaco elaborado, lbs
1841	230.303	150.836
1842	237.715	751.445
1843	230.303	1.289.985
1844	237.713	792.525
1845	288.329	1.022.525
1846	353.041	766.782
1847	372.780	1.224.060
1848	251.025	807.400
1849	160.765	618.600
1850	319.125	1.063.200
1851	377.463	2.162.504
1852	389.497	1.140.536
1853	321.591	1.898.800
1854	392.366	2.010.504
1855	396.868	2.852.656
1856	496.819	1.806.888
1857	520.509	1.232.112
1858	495.651	1.128.866
1859	530.701	1.969.968

Fuente: Don Jacobo de la Pezuela y Lobo, *Diccionario geográfico, estadístico, histórico de la Isla de Cuba*, vol.4, La Habana, 1866

Tabla 2: *Exportación de tabaco de Cuba, 1840-59*

	Tabaco en rama, lbs	Unidades, miles	Tabaco elaborado, lbs
1840	4.211.775	141.638	849.828
1841	5.757.577	170.171	1.021.026
1842	5.942.883	150.290	902.740
1843	7.208.238	255.997	1.535.982
1844	4.633.768	158.505	951.030
1845	6.674.873	204.505	1.227.030
1846	8.826.047	153.336	920.136
1847	1.309.500	244.813	1.468.878
1848	6.275.625	161.480	968.880
1849	4.019.125	123.720	742.200
1850	7.978.143	212.640	1.275.840
1851	9.436.591	270.313	1.621.878
1852	9.737.443	142.567	855.402
1853	8.039.797	237.350	1.424.100
1854	9.809.150	251.583	1.507.878
1855	9.921.711	356.583	2.139.498
1856	12.420.451	225.862	1.355.172
1857	13.612.741	154.015	924.090
1858	12.391.289	141.108	846.648
1859	13.549.670	246.863	1.481.178

Fuente: Ramón de la Sagra, *Cuba 1860*, La Habana, 1963 [1863]

Tabla 3: Exportación de tabaco torcido de Cuba, 1866-92 (miles)

	Total	EeUu	GB	Francia	España	Hamburgo/ Bremen
1866	156.226	39.384	30.794	56.764	19.201	
1867	199.027	46.199	59.889	57.233	17.663	
1870	165.781	57.177	21.708	13.451	9.188	11.396
1871	161.272	64.451	38.397	10.373	10.294	26.753
1873	224.695	99.136	38.723	18.116	19.569	43.964
1874	208.559	94.863	44.115	21.844	24.476	20.181
1875	164.538	79.244	36.729	16.970	12.677	17.745
1876	209.525	76.885	102.651	16.815	9.287	
1877	156.176	78.636	56.358	6.069	9.597	701
1878	174.639	75.212	66.795	18.327	9.541	
1879	112.215					
1880	129.675					
1881	118.465					
1887	162.741	129.966	52	13.668	14.576	
1888	219.892	188.755		11.375	17.119	
1889	250.467	101.700				
1890	211.823	95.100				
1891	196.644	52.115				
1892	166.712	54.500				

Cifras para los años 1879-81 y 1889-92 no fueron desglosadas. Las de 1887 y 1888 reflejan como la gran parte de las exportaciones pasaron por Estados Unidos a partir de ese período.

Fuente: Tabla compilada por cifras de British Consul Trade and Shipping Reports, *British Parliamentary Papers, Blue Books*

Tabla 4: Cuadro comparativo de exportación de tabaco, 1859 y 1890

Producto		Volumen (miles)		Valor (miles de pesos)	
		1859	1890	1859	1890
Tabaco torcido	(unidades)	146.863	217.885	5.664	6.537
Cigarrillos	(cajetillas)	8.886	39.989	221	480
Tabaco en rama	(lbs)	13.550	20.750	2.595	11.096
Picadura	(lbs)	388	738	48	122
Otro	(lbs)	322		8	
TOTAL				8.537	18.235

Fuente: Tabla compilada por cifras de Don Pedro López Trigo y Pezuela, *Estadística de Exportación de la Isla de Cuba*, La Habana, 1890; *Balanza General del Comercio de la Isla de Cuba, 1859*, La Habana: Imprenta del Gobierno y Capitanía General y Real Hacienda, 1861

Tabla 5: Producción de tabaco torcido en Cuba, 1904-58 (miles)

	Consumo doméstico		Exportaciones		Total
	No.	% Total	No.	% Total	
1904	184.216	46,1	215.013	53,9	399.229
1905	214.516	48,8	225.181	51,2	439.697
1906	196.228	43,2	257.776	56,8	453.904
1907	177.912	48,9	186.245	51,1	364.217
1908	148.165	43,9	189.001	56,1	337.166
1909	145.700	44,4	182.149	55,6	327.849
1910	169.216	49,5	186.823	50,5	341.360
1911	180.537	49,1	172.681	47,0	367.360
1912	209.374	53,9	179.378	46,1	388.752
1913	204.142	52,5	184.942	47,5	389.084
1914	188.816	58,8	132.104	41,2	320.920
1915	230.217	65,5	121.170	34,5	351.387
1916	268.464	68,6	122.747	31,4	391.211
1917	343.455	75,4	112.038	24,6	455.593
1918	331.750	68,9	149.501	31,1	481.251
1919	385.897	70,4	162.185	29,6	548.082
1920	463.402	75,5	150.440	24,5	613.842
1921	303.053	83,7	59.066	16,3	362.119
1922	258.426	74,2	89.768	25,8	348.194
1923	292.491	76,4	90.148	23,6	382.639
1924	301.869	78,8	84.367	21,2	386.236
1925	289.280	72,7	108.722	27,3	398.002
1926	266.076	75,1	87.940	24,9	354.016
1927	241.820	72,7	80.864	27,3	332.684
1928	216.247	68,8	97.941	31,2	314.161
1929	194.141	68,5	89.184	31,5	283.325
1930	157.912	68,6	72.346	31,4	230.258
1931	93.112	62,7	55.312	37,3	148.424
1932	61.571	68,3	28.564	31,7	90.135

	Consumo doméstico		Exportaciones		Total
	No.	% Total	No.	% Total	
1933	51.826	58,4	36.832	41,5	88.658
1934	60.973	55,3	49.237	44,7	110.200
1935	75.684	64,9	40.924	35,1	116.608
1936	98.332	70,0	42.045	30,0	140.377
1937	125.840	78,2	34.986	21,8	160.835
1938	125.431	79,6	32.318	20,4	157.749
1939	125.264	80,9	29.492	19,1	154.756
1940	215.579	93,8	14.212	6,2	229.809
1941	245.647	92,6	20.000	7,4	265.647
1942	291.285	94,2	17.818	5,8	309.103
1943	255.271	79,5	65.918	20,5	321.189
1944	240.188	57,0	181.313	43,0	421.501
1945	260.505	70,3	109.955	29,7	370.460
1946	302.660	83,3	59.695	16,7	363.355
1947	350.883	89,9	39.464	10,1	390.346
1948	345.982	86,7	53.811	13,3	398.993
1949	345.627	94,2	21.309	5,8	366.936
1950	329.728	94,2	20.424	5,8	350.152
1951	326.962	89,8	36.956	10,2	369.918
1952	353.196	90,4	37.635	9,6	390.831
1953	330.219	88,0	44.875	12,0	375.094
1954	274.502	86,9	41.673	13,1	315.975
1955	286.828	84,4	52.869	15,6	339.697
1956	314.612	83,4	62.554	16,6	377.166
1957	335.376	82,0	73.496	18,0	408.872
1958	298.432	78,9	79.878	21,1	378.310

Fuente: Tabla compilada con cifras de la Comisión de Propaganda y Defensa del Tabaco Habano, Departamento de Estadística

Tabla 6: Producción de cigarrillos en Cuba, 1904-58 (miles)

	Consumo doméstico	Exportaciones	Total
1904	3.334.152	294.430	3.629.382
1905	3.214.540	290.883	3.405.422
1906	3.487.370	266.942	3.784.312
1907	3.372.710	242.304	3.615.014
1908	3.241.712	163.935	3.405.647
1909	3.659.088	167.904	3.526.992
1910	3.573.099	205.424	3.778.523
1911	3.702.179	226.742	3.928.921
1912	4.781.611	261.580	5.043.191
1913	4.329.809	301.533	4.631.342
1914	3.762.366	231.451	3.975.817
1915	4.040.543	197.524	4.238.067
1916	4.215.451	187.155	4.402.606
1917	4.398.139	193.640	4.591.779
1918	5.468.859	191.248	5.660.107
1919	5.348.018	136.176	5.484.194
1920	5.378.315	130.894	5.509.209
1921	4.679.508	81.173	4.760.681
1922	5.007.351	297.916	5.305.267
1923	5.221.516	36.214	5.257.730
1924	5.773.372	23.752	5.979.124
1925	5.972.806	43.969	6.016.775
1926	5.872.975	38.876	5.911.851
1927	5.841.054	72.073	5.913.127
1928	5.682.596	107.613	5.790.209
1929	5.615.910	93.440	5.709.209
1930	5.519.491	95.385	5.614.876
1931	4.493.513	47.296	5.010.809
1932	2.858.831	41.388	2.900.219
1933	2.994.643	30.973	2.825.436

ESTADÍSTICAS

	Consumo doméstico	Exportaciones	Total
1934	3.421.652	32.541	3.454.193
1935	4.079.329	33.603	4.113.332
1936	4.351.275	25.355	4.379.628
1937	4.939.580	23.928	4.963.508
1938	5.012.518	30.847	5.043.365
1939	4.935.580	23.928	4.963.508
1940	5.004.880	25.401	5.030.281
1941	5.156.654	30.160	5.186.814
1942	6.035.398	40.478	6.675.876
1943	6.263.344	26.660	6.290.201
1944	6.736.310	36.674	6.772.984
1945	6.689.832	34.098	6.723.930
1946	7.024.459	34.865	7.059.264
1947	7.299.420	28.003	7.327.423
1948	7.660.486	24.373	7.684.859
1949	7.943.840	18.642	7.962.482
1950	8.133.644	22.616	8.156.260
1951	8.314.259	20.298	8.334.477
1952	8.950.510	24.292	8.974.802
1953	8.867.738	20.296	8.888.034
1954	9.411.578	16.878	9.428.456
1955	9.424.206	17.296	9.441.602
1956	9.631.680	26.920	9.658.600
1957	7.896.373	24.737	9.921.110
1958	10.166.488	30.211	10.196.699

Fuente: Tabla compilada con cifras de la Comisión de Propaganda y Defensa del Tabaco Habano, Departamento de Estadística

Tabla 7: Producción de tabaco en rama en Cuba, 1904-58 (miles de lbs)

	Total	Exportaciones	% Total
1904	39.371	28.194	71,6
1905	52.001	32.808	63,1
1906	57.400	28.568	49,8
1907	35.250	19.135	54,6
1908	57.346	40.112	70,0
1909	72.182	49.468	68,5
1910	64.498	34.822	54,0
1911	54.798	31.789	58,0
1912	41.776	42.390	—[a]
1913	79.984	30.245	37,8
1914	79.904	36.359	47,3
1915	87.772	38.264	43,6
1916	56.293	29.025	51,6
1917	54.029	27.937	51,7
1918	72.668	26.973	37,1
1919	89.927	35.934	39,8
1920	71.325	27.670	38,8
1921	54.185	26.540	49,0
1922	59.257	34.515	58,2
1923	55.959	28.819	51,5
1924	83.498	31.660	37,9
1925	59.272	33.670	56,8
1926	95.537	40.234	42,1
1927	64.158	40.130	62,5
1928	69.370	46.020	66,3
1929	67.693	45.857	67,7
1930	82.153	57.634	70,2
1931	80.670	39.727	49,2
1932	34.693	36.356	—[a]
1933	36.352	29.504	81,2

ESTADÍSTICAS

	TOTAL	EXPORTACIONES	% TOTAL
1934	45.102	26.508	58,8
1935	41.913	30.901	93,5
1936	41.545	22.728	54,7
1937	54.615	26.997	49,3
1938	54.539	27.616	50,6
1939	44.502	28.363	63,7
1940	55.426	25.992	46,9
1941	41.934	19.091	45,5
1942	50.675	26.852	53,0
1943	41.054	33.949	82,7
1944	64.741	31.993	33,8
1945	63.655	29.596	46,5
1946	83.489	46.086	55,2
1947	77.108	26.455	34,3
1948	55.600	28.104	50,5
1949	52.558	26.021	49,5
1950	92.323	27.030	29,3
1951	78.272	37.662	48,1
1952	73.636	39.781	54,0
1953	77.054	35.624	46,2
1954	89.821	41.756	46,5
1955	80.155	47.432	59,2
1956	80.486	46.274	57,5
1957	90.575	54.687	60,4
1958	91.527	58.060	63,4

[a] Las exportaciones pueden ser mayores que la producción por las reservas de un año para otro.

Fuente: Tabla compilada con cifras de la Comisión de Propaganda y Defensa del Tabaco Habano, Departamento de Estadística

Tabla 8: Valor de exportaciones anuales de tabaco en rama y elaborado de Cuba, 1904-58 (miles de pesos)

	Tabaco en rama	Tabaco torcido	Cigarrillos	Picadura	Total
1904	11.290	13.046	528	93	24.042
1905	14.045	13.875	323	73	28.316
1906	16.901	16.521	446	140	34.008
1907	14.201	13.092	423	127	27.843
1908	19.557	12.340	301	131	32.329
1909	19.085	12.431	298	171	31.985
1910	19.451	11.903	362	158	27.874
1911	18.146	12.952	405	246	31.749
1912	21690	12.706	502	330	35.228
1913	17.604	13.026	559	294	31.483
1914	17.087	9.765	424	211	27.487
1915	15.232	8.518	366	297	26.414
1916	16.156	9.081	409	315	25.888
1917	19.169	9.367	459	252	29.397
1918	22.369	13.562	416	449	36.839
1919	30.196	16.701	464	431	47.744
1920	29.894	17.450	315	894	48.702
1921	25.402	7.304	413	226	33.247
1922	24.586	9.911	80	158	35.068
1923	25.335	10.163	67	273	35.851
1924	29.950	9.208	126	181	39.465
1925	28.749	12.370	113	228	41.473
1926	27.057	9.979	205	196	37.879
1927	25.557	10.507	297	176	36.445
1928	27.847	11.109	253	161	39.414
1929	27.191	10.278	254.	57	37.879
1930	25.089	8.805	176	113	33.541
1931	16.635	5.951	104	85	22.847
1932	10.381	2.366	74	75	12.926

	Tabaco en rama	Tabaco torcido	Cigarrillos	Picadura	Total
1933	10.166	3.092	73	63	13.395
1934	9.898	4.416	74	101	14.498
1935	11.604	3.948	64	73	15.699
1936	9.153	4.008	57	46	13.331
1937	11.211	3.638	68	18	14.924
1938	10.839	3.127	56	10	14.044
1939	11.057	2.972	60	9	14.094
1940	10.889	1.193	72	6	12.139
1941	12.423	1.612	110	10	14.117
1942	14.094	1.534	95	31	15.769
1943	22.481	5.444	114	31	28.051
1944	33.743	17.827	166	30	51.744
1945	37.667	12.528	160	85	55.881
1946	28.502	6.032	138	17	34.689
1947	28.502	6.032	138	17	34.689
1948	23.872	8.656	129	14	32.669
1949	25.002	3.693	94	36	29.785
1950	26.683	3.772	108	12	30.575
1951	33.229	6.186	100	4	39.520
1952	35.073	6.552	112	7	41.744
1953	34.649	7.365	97	11	42.122
1954	34.383	6.996	81	8	41.468
1955	34.955	8.776	83	31	43.845
1956	33.731	9.901	114	23	43.769
1957	37.261	11.128	107	34	48.824
1958	39.373	12.256	140	65	51.824

Fuente: Tabla compilada con cifras de la Comisión de Propaganda y Defensa del Tabaco Habano, Departamento de Estadística

Tabla 9: *Movimiento registrado en la materia prima (hoja sin despalillar), 1904-46 (millones de lbs)*

	Tabaco en rama usado en				Picadura		Rama exportada		Total
	Tabaco torcido		Cigarrillos						
	No.	% tot.	No.	% tot.	No.	% tot.	No.	% tot.	
1904	8,8	17,2	12,7	25,0	1,1	8,2	28,3	55,6	50,9
1905	9,7	17,5	11,9	21,5	0,9	1,6	32,8	59,3	55,3
1906	10,1	19,2	13,1	25,0	0,7	1,3	28,6	54,5	52,5
1907	8,0	19,4	12,7	30,8	0,6	1,5	20,0	48,4	41,3
1908	7,5	12,3	11,9	19,5	0,6	1,0	41,1	67,2	61,1
1909	7,3	10,2	12,3	17,2	0,9	1,3	50,9	71,3	71,4
1910	7,5	13,0	13,2	23,0	0,7	1,2	36,1	62,8	57,5
1911	8,1	14,4	13,7	24,3	0,9	1,6	33,7	59,8	56,4
1912	8,5	11,9	17,7	24,8	1,1	1,5	44,2	61,8	71,5
1913	8,5	14,7	16,2	28,1	1,0	1,7	32,0	55,5	57,7
1914	6,9	11,6	13,9	23,3	0,8	1,3	38,1	63,8	59,7
1915	7,5	11,7	14,8	23,2	1,4	2,2	40,2	62,9	63,9
1916	8,3	12,2	15,4	22,8	1,3	1,9	42,6	63,0	67,6
1917	9,6	16,7	16,1	28,0	1,0	1,7	30,9	53,6	57,6
1918	10,2	16,6	19,8	32,1	1,2	1,9	30,4	49,6	61,6
1919	11,7	16,3	19,2	26,8	1,2	1,7	39,6	55,2	71,7
1920	12,9	19,3	19,3	28,9	2,0	3,0	32,5	48,7	66,7
1921	7,5	13,5	16,7	30,2	0,9	1,6	30,2	54,6	55,3
1922	7,3	11,1	18,5	28,2	0,6	0,9	39,1	59,7	65,6
1923	8,0	13,3	18,4	30,5	0,9	1,5	33,0	54,7	60,3
1924	8,1	12,4	20,3	31,0	0,7	1,1	36,4	55,6	65,5
1925	8,4	12,2	21,1	30,4	0,8	1,2	38,8	56,2	69,1
1926	7,4	9,9	20,7	27,0	0,8	1,1	46,0	61,4	74,9
1927	7,0	9,3	20,7	27,5	0,8	1,1	46,9	62,2	75,4
1928	6,7	8,4	20,3	25,5	0,6	0,8	51,9	65,3	79,5
1929	6,0	7,6	20,0	25,6	0,6	0,8	52,1	66,2	78,7
1930	4,9	5,5	19,7	22,2	0,5	0,6	63,5	71,7	88,6

	TABACO EN RAMA USADO EN		PICADURA		RAMA EXPORTADA		TOTAL
	TABACO TORCIDO		CIGARRILLOS						
	No.	% TOT.	No.	% TOT.	No.	% TOT.	No.	% TOT.	
1931	3,2	4,9	17,5	26,6	0,4	0,6	44,6	67,9	65,7
1932	1,9	3,6	10,2	19,6	0,4	0,8	39,6	76,0	52,1
1933	1,9	4,3	9,9	22,2	0,3	0,7	32,4	72,8	44,5
1934	2,4	5,4	12,1	27,3	0,4	0,9	29,4	66,4	44,3
1935	2,5	4,8	14,4	27,9	0,3	0,6	34,5	66,7	31,7
1936	3,0	6,8	15,3	34,8	0,3	0,7	25,4	57,7	44,0
1937	3,4	6,6	17,4	33,9	0,2	0,4	30,4	59,1	51,4
1938	3,3	6,3	17,7	33,8	0,1	0,2	31,2	59,7	52,3
1939	3,2	6,0	17,4	32,7	0,1	0,2	32,5	61,1	53,2
1940	4,6	8,7	17,6	33,5	0,1	0,2	30,3	57,6	32,6
1941	5,4	9,3	18,2	31,3	0,1	0,2	34,5	59,3	58,2
1942	6,2	10,3	21,3	35,0	0,2	0,3	32,6	54,1	60,3
1943	6,7	9,5	22,0	31,1	0,2	0,3	41,9	59,2	70,8
1944	9,0	12,3	23,8	32,5	0,2	0,3	40,2	54,9	73,2
1945	7,7	11,3	23,6	34,7	0,2	0,3	36,5	53,7	68,0
1946	7,9	9,0	25,1	28,6	0,2	0,2	54,5	62,1	87,7

Fuente: Tabla compilada con cifras de la Comisión de Propaganda y Defensa del Tabaco Habano, Departamento de Estadística

Tabla 10: *Principales mercados de exportación para el tabaco de Cuba, 1931-58 (millones de lbs)*

	1931		1944-48		1950		1954		1958	
	RAMA	TABACOS	RAMA	TABACOS	RAMA	TABACOS	RAMA	TABACOS	RAMA	TABACOS
Estados Unidos	18,4	11,5	23,2	34,7	19,1	27,1	25,1	29,4	34,5	34,8
España	5,6	11,8	4,1	4,8	2,6	1,1	8,4	4,9	8,4	7,3
Países Bajos	5,8	—	0,5	0,2	1,4	0,5	1,0	0,4	4,0	1,4
Gran Bretaña	—	21,6	—	—	—	—	—	0,9	—	1,4
Alemania Occidental	—	—	0,7	0,01	0,6	0,2	1,6	0,5	2,6	1,0
Uruguay	—	—	0,4	—	0,6	—	1,1	—	0,4	—
Francia	—	4,4	—	0,003	—	0,6	—	0,6	—	0,9
TOTAL	39,7	55,3	32,5	88,8	27,0	29,6	41,6	41,7	58,1	79,9

Fuente: Tabla compilada con cifras del *Censo de la República de Cuba*, La Habana, 1943; y *Resumen analítico de las exportaciones de tabaco y sus productos durante los años de 1950-59*, La Habana, 1960

2. VEGAS Y FÁBRICAS DE TABACO

Tabla 11: Cuadro comparativo de vegas de tabaco en partidos, 1800 y 1862

1800	Vegas	Capital
San Cristóbal	41	342
Los Palacios	59	755
Consolación	89	1.025
Pinar del Río	84	1.105
San Juan y Martínez	96	1.052
Guane	70	830
Mantua	39	410
TOTAL	478	5.429

1862	Vegas	Capital
Pinar del Río	887	282.706
Consolación del Sur	546	320.045
San Juan y Martínez	603	276.920
Guane	329	68.784
Mantua	132	12.430
Baja	86	18.877
Consolación del Norte	112	32.858
TOTAL	2.695	1.102.620

Fuente: Tabla compilada con cifras de José Rivero Muñiz, *Tabaco y su historia*, Vol.11, La Habana, 1965; e Intendencia de Hacienda, *Noticias estadísticas de la Isla de Cuba en 1862*, La Habana, 1864

Tabla 12: Tabla comparativa de vegas de tabaco en Pinar del Río y Santa Clara, 1899 y 1929

1899	Pinar del Río	Santa Clara
Menos de 1 *caballería*	14.500	14.500
1-3 *caballerías*	344	614
3-5 *caballerías*	79	471
Más de 5 *caballerías*	5	

1929	Pinar del Río	Santa Clara
Menos de 2 *caballerías*	1.561	2.855
2-5 *caballerías*	1.463	2.832
5-10 *caballerías*	604	1.524
10-20 *caballerías*	361	975
20-50 *caballerías*	280	734
50-100 *caballerías*	90	186
Más de 100 *caballerías*	95	108

Fuente: Tabla compilada con cifras del *Report on the Census of Cuba*, 1899, Washington, 1900; y *Estadística agropecuaria*, La Habana: Ministerio de Agricultura, 1929

Tabla 13: Vegas de tabaco y valor de producción según el tamaño de la vega, 1945

Tamaño de la vega (hectáreas)	Pinar del Río		Las Villas	
	No. Vegas	Valor (000 pesos)	No. Vegas	Valor (000 pesos)
Hasta 0,4	12	4	4	1
0,5-0,9	51	20	25	3
1-5	3.174	2.894	2.031	1.206
5-10	5.197	4.689	4.685	1.516
10-25	6.771	7.408	2.804	4.452
25-50	1.482	2.088	4.685	2.396
50-75	305	647	1.507	661
75-100	105	345	392	254
100-500	223	519	161	457
500-1.000	35	124	258	82
1.000-5.000	25	82	13	4
Más de 5.000	7	16	3	—
TOTAL	17.387	18.836	11.883	11.031

Fuente: Cifras tomadas de Ministerio de Agricultura, *Memoria del censo agrícola nacional de 1946*, La Habana, 1947

Tabla 14: Vegas de tabaco y valor de producción según la tenencia de la tierra, 1945

TIPO DE TENENCIA	CUBA		PINAR DEL RÍO		LAS VILLAS	
	NO. VEGAS	VALOR (000 PESOS)	NO. VEGAS	VALOR (000 PESOS)	NO. VEGAS	VALUE (000 PESOS)
Propietario	6.730	6.457	2.130	2.938	3.019	2.490
Administrador	726	1.081	249	565	255	192
Arrendatario	8.895	7.673	3.374	2.557	4.152	3.975
Sub-arriendo	1.547	967	728	288	690	621
Partidario	15.820	17.353	10.699	12.361	3.701	3.693
Precarista	553	153	156	79	28	19
Otros	166	160	51	48	38	42
TOTAL	34.437	33.844	17.387	18.836	11.883	11.031

Fuente: Tabla compilada con cifras del Ministerio de Agricultura, *Memoria del censo agrícola nacional de 1946*, La Habana, 1947

Tabla 15: Fábricas de tabaco en las jursidicciones de Cuba, 1862

	No. Fábricas		No. Fábricas
Bahía Honda	2	San Antonio	31
Bejucal	61	Santa Clara	50
Cárdenas	42	San Cristóbal	2
Cienfuegos	36	Sta María del Rosario	24
Colón	9	Santiago	11
Guanabacoa	44	Sancti Spíritus	4
Guanajay	21	Trinidad	0
Güines	21	Isla de Pinos	0
Habana	498	Baracoa	11
Jaruco	10	Bayamo	2
Matanzas	56	Cuba	36
Nuevitas	10	Guantánamo	1
Pinar del Río	179	Holguín	15
Puerto Príncipe	45	Jiguaní	2
Remedios	25	Manzanillo	19
Sagua la Grande	25	Tunas	10
TOTAL			1.802

Fuente: Cifras tomadas de Intendencia de Hacienda, *Noticias estadísticas de la Isla en 1862*, La Habana, 1864

Tabla 16: Fábricas de tabaco en los municipios de Cuba, 1945

Fuente: Comisión Nacional de Propaganda y Defensa del Tabaco Habano, *Primer censo de los obreros tabacaleros*, La Habana, 1947

PINAR DEL RÍO		TOTAL	68
Artemisa	11	Guane	5
Cabañas	1	Mariel	4
Candelaria	3	Pinar del Río	22
Consolación del Sur	6	San Cristóbal	1
Consolación del Norte	2	San Luis	3
Guanajay	7	San Juan y Martínez	3

LA HABANA		TOTAL	249
Aguacate	3	Marianao	9
Alquízar	2	Melena del Sur	1
Bauta	3	Nueva Paz	2
Batabanó	2	Quivicán	2
Bejucal	7	Regla	6
Guanabacoa	11	San Antonio de los Baños	7
Güira de Melena	9	San Nicolás	8
Güines	4	Santiago de las Vegas	10
La Habana	153	San José de las Lajas	3
Jaruco	3	San Antonio de las Vegas	1
La Salud	2	Santa Cruz del Norte	1

MATANZAS		TOTAL	45
Alacranes	1	Jovellanos	1
Amarillas	1	Martí	9
Bolondrón	2	Manguito	2
Cárdenas	8	Pedro Betancourt	3
Colón	6	Perico	2
Jagüey Grande	4	Unión de Reyes	2

ESTADÍSTICAS

LAS VILLAS		TOTAL	164
Aguada de Pasajeros	1	Remedios	8
Cabaiguán	34	Sagua la Grande	45
Caibarién	21	Rodas	7
Calabazar de Sagua	6	Sancti Spíritus	54
Camajuaní	26	San Diego del Valle	4
Cienfuegos	28	San Juan de los Yeras	4
Cruces	5	Santa Clara	120
Fomento	3	Santo Domingo	5
Encrucijada	6	Trinidad	5
Esperanza	6	Santa Isabel de las Lajas	5
Placetas	49	Vueltas	12
Quemado de Güines	8	Yaguajay	8
Ranchuelo	5	Zulueta	3

CAMAGÜEY		TOTAL	86
Camagüey	27	Jatibonico	1
Ciego de Ávila	17	Morón	6
Esmeralda	3	Nuevitas	1
Florida	9	Santa Cruz del Sur	1
Guáimaro	1		

ORIENTE		TOTAL	164
Alto Songo	5	Manzanillo	12
Antilla	3	Mayarí	2
Banes	5	Palma Soriano	1
Baracoa	5	Puerto Padre	1
Bayamo	4	Sagua de Tánamo	4
Caney	11	San Luis	2
El Cobre	2	Santiago de Cuba	34
Gibara	2	Victoria de las Tunas	6
Guantánamo	9	Yateras	1
Jiguaní	3	Niquero	1
Holguín	43		

Tabla 17: Fábricas de tabaco en Cuba según el número de trabajadores, 1945

No. trabajadores	No. fábricas
1-25	701
26-50	21
51-75	10
76-100	4
101-200	16
Más de 200	9
Total	761
Fábricas con trabajo familiar no remunerado	289
Gran total	1.050
Elaboradores privados	1.382

Fuente: Comisión Nacional de Propaganda y Defensa del Tabaco Habano, *Primer censo de los obreros tabacaleros*, La Habana, 1947

Tabla 18: Producción de fábricas de cigarrillos durante los primeros seis meses de 1930

Fabricantes de La Habana	Marca principal	Producción
H. Clay and Bock Company Ltd.	(sin especificar)	700.201.013
López y Cía	Calixto López	279.185.000
Domingo Menéndez y Cía	El Cuño	171.223.296
Rodríguez, S en C.	Partagás	155.868.758
Gener Hnos.	La Excepción	133.739.927
Martín Dosal	La Competidora	111.766.860
Villaamil Santalla y Cía	La Moda	83.445.691
Rodríguez y Hno.	El Crédito	80.317.760
Ca. Cubana de Cigarros	Romeo y Julieta	55.984.572
Cabañas y Cía	Monkey	47.238.928
Florentín Mantilla	Rey del Mundo	14.356.000
Gaicoya y Ruisánchez	La Victoria	5.195.584
Méndez	Tipo París	4.080.000
Casa y Hno.	Tomás Gutiérrez	2.546.000
Viuda de Francisco Fonseca	Fonseca	1.656.504
Santiago y Hno.	El Capitolio	1.625.140

Fabricantes del interior			
Fabricante	Lugar	Marca principal	Producción
Trinidad y Hno.	Ranchuelo	Trinidad	714.819.640
Trinidad Industrial	Trinidad	Eva	50.069.760
Antonio Mauri y Hno.	Trinidad	Nueva Era	46.104.000
Casas Ravelo y Cía.	Matanzas	Yucayo	31.471.256
Aguirre y Cía	Matanzas	Bella Mar	30.557.392
Cía. Cigarrería Oriental	Santiago de Cuba	Turquino	29.612.000
Rafael Fernández	Santiago de Cuba	El Marino	21.393.800
Doben y Hno.	Guanabacoa	La Viajera	10.447.568
Andrés González	Remedios	El Triunfo	6.209.000
Florencio Machado	Sancti Spíritus	El Escudo	5.312.000
Eduardo Suárez Murías	Bejucal	La Radiante	2.573.256
Cienfuegos Industrial	Cienfuegos	La Villareña	756.184
Eugenio Herrera	Sagua	Sagua Sport	642.176

Fuente: Comisión Nacional de Propaganda y Defensa del Tabaco Habano, Tabacalera Cubana SA, expedientes sin clasificar, Archivo Nacional de Cuba

Tabla 19: Cuadro comparativo de producción de cigarrillos por fábrica, 1930 y 1958 (miles)

Fabricante[a]	Marca principal	1930[b]		1958	
		No.	%	No.	%
Hijos de Domingo Méndez (Domingo Méndez y Cía)	El Cuño	342.447	6,1	2.241.500	22,0
Trinidad y Hermanos	Trinidad	1.429.639	25,5	2.037.605	20,0
Ramón Rodríguez e Hijo (Rodríguez, S. en C.)	Partagás	311.738	5,6	1.661.640	16,3
Tabacalera Cubana SA (H. Clay and Bock)	La Corona	1.400.402	24,9	853.920	8,4
Martín Dorsal	Competidora Gaditana	223.534	4,0	846.452	8,3
Cigarros H. Upmann SA	H. Upmann	[c]		779.040	7,6
José L. Piedra	Edén	[d]		657.744	6,5
Villaamil Santalla y Cía	Royal (La Moda)	166.891	3,0	594.228	5,8
Otros		1.740.224	30,0	524.540	5,1
TOTAL		5.614.876		10.196.699	

[a] Nombre de la compañía y orden de importancia en 1958. De ser otro nombre en 1930, se especifica en paréntesis.
[b] Cifras estimadas en base a los datos para los primeros seis meses.
[c] La compañía no se formó hasta el año 1947.
[d] No especificada.

Fuente: Comisión Nacional de Propaganda y Defensa del Tabaco Habano. Tabacalera Cubana SA, expedientes sin clasificar, Archivo Nacional de Cuba

Tabla 20: Producción mecanizada de tabacos por fábrica, 1953

Fabricante	Producción mecanizada	% de Total de prod. mecanizada
Cifuentes y Cía	5.111.146	23,76
Menéndez, García y Cía, SA	4.709.186	23,73
Tabacalera Cubana SA	4.412.610	22,74
F. Palicio y Cía, SA	2.653.160	13,37
Romeo y Julieta, SA	1.750.000	8,82
Por Larrañaga, SA	795.814	4,02
J. F. Rocha, SA	280.128	1,41
C. Granda y Cía	129.055	0,65
TOTAL	19.841.099	

Fuente: ANC, CNPDTH, TCSA expedientes sin clasificar

Tabla 21: Producción y exportación de tabacos de Tabacalera Cubana SA, 1951-58

	Producción	Exportación de tabacos hechos a máquina	Exportación total
1951	1.166.517	370.000	36.956.000
1952	2.854.787	2.724.909	37.638.000
1953	4.412.610	3.772.928	44.875.000
1954	4.192.550	4.199.105	41.673.000
1955	6.934.345	6.040.229	52.869.000
1956	5.724.849	6.039.819	62.584.000
1957	6.301.654	5.820.700	73.496.000
1958	7.257.745	6.902.247	79.878.000

Fuente: ANC, CNPDTH, TCSA expedientes sin clasificar

Tabla 22: Producción de las principales fábricas de tabacos de La Habana, 1958

Fabricante	Marca principal	Producción (miles)	% de prod, total[a]
Menéndez, García y Cía	H. Upmann	21.296	5,6
Cifuentes y Cía	Partagás	18.255	4,8
Tabacalera Cubana SA	La Corona	9.441	3,0
F. Palicio y Cía, SA	Gener	9.134	2,4
Romeo y Julieta, SA	Romeo y Julieta	6.760	1,8
Por Larrañaga, SA	Por Larrañaga	3.821	1,0
TOTAL		68.707	18,6

[a] Producción total para el año 1958: 378.310.

Fuente: ANC, CNPDTH, TCSA expedientes sin clasificar

3. FUERZA DE TRABAJO AGRÍCOLA E INDUSTRIAL

Tabla 23: Fuerza de trabajo agrícola en el tabaco, 1862

Jurisdicción	Blancos	Libres de color	Emancipados	Esclavos
Bahía Honda	198	39		37
Bejucal				
Cárdenas				
Cienfuegos	637	119		93
Colón				
Guanabacoa				
Guanajay	5			
Güines				
Habana				
Jaruco	66	24		96
Matanzas				
Nuevitas	132	20		
Pinar del Río	36.766	9.024	75	12.174
Puerto Príncipe	831	103		36
Remedios	1.665	290		103
Sagua la Grande	341	56		
San Antonio				
Santa Clara	356	114		12
San Cristóbal	11.580	2.171	3	2.712
Santa María del Rosario				
Santiago	53			
Sancti Spíritus	1.412	127		92
Trinidad	2.338	920		315
Isla de Pinos				
Baracoa				
Bayamo				
Cuba	3.058	8.623		738
Guantánamo	2.641	2.330		728
Holguín	8.455	1.915		374
Jiguaní	1.615	476		61
Manzanillo	2.909	2.176		54
Tunas				
TOTAL	75.058	28.527	78	17.675

Fuente: Intendencia de Hacienda, *Noticias estadísticas de la Isla de Cuba en 1862*

Tabla 24: Cuadro comparativo de operarios de tabaco en 1861 y 1862

JURISDICCIÓN	CIGARREROS				TABAQUEROS Y AFINES				
	1861	1862			1861	1862			
		TOTAL	BLANCO	COLOR LIBRE		TOTAL	HOMBRES BLANCOS	HOMBRES DE COLOR LIBRE	MUJERES BLANCAS	MUJERES DE COLOR LIBRE
Bahía Honda						55	34	17		4
Bejucal		17	17		308	965	414	128	380	43
Cárdenas						111	90	21	380	43
Cienfuegos					120	437	280	157		
Colón						200	100	100		
Guanabacoa						532	412	110		
Guanajay					125	164	134	30		
Güines					140	299	249	50		
Cuba		4	4		400	353	114	239		
Habana	2300				15.128	13.388	5.651	2.036		
Jaruco						48	31	17		
Matanzas		68	68		317	414	319	95		
Nuevitas						32	21	11		
Pinar del Río		7	7		150	225	134	91		
Puerto Príncipe					300					
Remedios					200	138	102	36		

ESTADÍSTICAS

JURISDICCIÓN	CIGARREROS 1861	CIGARREROS 1862 TOTAL	CIGARREROS 1862 BLANCO	CIGARREROS 1862 COLOR LIBRE	TABAQUEROS Y AFINES 1861	TABAQUEROS Y AFINES 1862 TOTAL	HOMBRES BLANCOS	HOMBRES DE COLOR LIBRE	MUJERES BLANCAS	MUJERES DE COLOR LIBRE
Sagua la Grande					300	218	160	58		
San Antonio		42	28	14	200	489	415	76		
Santa Clara					100	190	132	58		
San Cristóbal						93	63	30		
S. Ma. del Rosario						54	38	16		
Santiago de las Vegas					400					
Sancti Spíritus						473	144	93	116	120
Trinidad					100	194	149	45		
Isla de Pinos						24	10	14		
Baracoa						76	37	39		
Guantánamo						80	27	53		
Jiguaní					134	162	21	44	62	35
Manzanillo						88	49	39		
Tunas						38	22	16		
Others					286					
TOTAL	138	124		14	19.608	13.071	9.352	3.719	558	198

Fuente: Tabla compilada con cifras de Valentín Pardo y Betancourt, *Informe ilustrado y estadístico*, La Habana, 1863; e Intendencia de Hacienda, *Noticias estadísticas de la Isla de Cuba en 1862*, La Habana, 1864

Tabla 25: Tabaqueros y cigarreros por sexo y provincia, 1899-1943[a]

	1899		1907		1919		1943	
	V	H	V	H	V	H	V	H
Prov. de La Habana	15.390	1.257	15.800	3.123	11.528	3.234	7.096	516
Ciudad de La Habana	11.312	816	11.299	2.241	4.478	1.716	5.388[b]	
Matanzas	1.030		951	7	946	49	579	21
Pinar del Río	820	69	1.036	39	1.026	582	1.389	124
Camagüey	237	1	286	4	377	18	1.045	37
Las Villas	2.460	128	2.533	148	3.722	907	4.174	330
Oriente	2.652	22	3.495	21	2.985	115	4.601	107
TOTAL	22.589	1.580	24.161	3.342	20.484	4.905	18.814	1.235[c]

[a] Esta categoría ocupacional en los censos de 1899, 1907 y 1919 era de tabaqueros y es de suponer que incluyera torcedores, escogedores, rezagadores, fileteadores, despalilladoras de fábrica y algunos cigarreros, ya que la producción no siempre fue en fábricas distintas. El censo de 1943 usa la categoría de tabaqueros y cigarreros. No hay tabla ocupacional en el censo de 1953.
[b] No hay para la ciudad de La Habana en el censo de 1943. Estas cifras se basan en las citadas en el censo de tabaqueros de 1945.
[c] La cifra para la industria en su conjunto en el año 1943 fue la de 25.185 hombres y 13.507 mujeres, un total de 38.696. En 1953, el total fue 36.468.

Fuente: Tabla compilada con cifras de los censos de 1899, 1907, 1919 y 1943.

Tabla 26: Cuadro comparativo de operarios de tabaco por sexo, raza y lugar de nacimiento, 1899 y 1907

1899	TOTAL		BLANCO NATIVO		BLANCO EXTRANJERO		COLOR	
	V	H	V	H	V	H	V	H
Prov. Havana	15.390	1.257	8.367	939	2.521	50	4.502	268
Ciudad Havana	11.312	816	5.456	599	2.281	44	3.575	173
Matanzas	1.030	93	618	87	31	—	381	6
Pinar del Río	820	69	488	50	40	—	292	19
Santa Clara	2.460	138	1.568	115	108	1	784	2
Puerto Príncipe	237	1	168	1	2	—	67	—
Santiago	2.652	22	593	7	19	—	2.040	15
TOTAL	22.585	1.580	11.802	1.799	2.721	51	8.066	330

1907	TOTAL		BLANCO NATIVO		BLANCO EXTRANJERO		COLOR	
	V	H	V	H	V	H	V	H
Prov. Havana	15.860	3.123	9.064	1.940	1.734	162	5.062	1.021
Ciudad Havana	11.299	2.241	5.827	1.347	1.521	148	3.951	4.746
Matanzas	951	7	525	5	29	—	397	—
Pinar del Río	1.036	39	627	27	60	—	349	12
Santa Clara	2.533	148	1.643	112	70	2	820	34
Camagüey	286	4	198	4	4	—	84	—
Oriente	3.495	21	771	6	34	1	2.690	14
TOTAL	24.161	3.342	12.828	2.094	1.931	165	9.042	1.083

Fuente: Tabla compilada con cifras del *Report on the Census of Cuba, 1899*, Washington, 1900; y *Censo de la República de Cuba*, Washington, 1907.

Tabla 27: Cuadro comparativo de operarios de tabaco por sexo y ciudadanía, 1899 y 1907

1899		Total	Cubanos	Españoles	Sin espe-cificar	Otro
Prov. Habana	V	15.390	12.008	203	2.697	482
	H	1.257	1.097	5	142	13
Ciudad Habana	V	11.312	8.296	183	2.408	425
	H	816	692	5	110	9
Matanzas	V	1.030	908	4	23	95
	H	93	86	—	6	1
Pinar del Río	V	820	734	8	45	29
	H	69	60	1	7	1
Santa Clara	V	2.460	2.222	13	88	137
	H	138	136	1	1	—
Puerto Príncipe	V	237	224	1	6	6
	H	1	1	—	—	—
Santiago	V	2.632	2.587	3	21	41
	H	22	21	—	1	—
TOTAL	V	22.589	18.683	232	2.884	790
	H	1.580	1.401	7	157	15

1907		Total	Cub	Esp	N.Am.	Chino	Africano	Otro
Prov. Habana	V	15.860	14.065	1.630	76	33	7	49
	H	3.123	2.596	142	13	—	—	12
Ciudad Habana	V	11.299	9.722	1.430	68	31	5	43
	H	2.241	2.089	130	10	—	—	12
Matanzas	V	951	897	26	2	21	2	3
	H	7	7	—	—	—	—	—
Pinar del Río	V	1.036	960	60	—	—	—	—
	H	39	39	—	—	—	—	—
Santa Clara	V	2.533	2.440	67	1	19	4	2
	H	148	146	2	—	—	—	—
Camagüey	V	286	281	3	1	—	—	—
	H	4	4	—	—	—	—	—
Oriente	V	3.495	3.442	27	2	—	2	32
	H	21	20	1	—	—	—	—
TOTAL	V	24.161	22.085	1.803	82	87	16	88
	H	3.342	3.172	115	13	—	5	12

Fuente: Tabla compilada con cifras del *Report on the Census of Cuba, 1899*, Washington, 1900; y *Censo de la República de Cuba*, Washington, 1907.

Tabla 28: Inmigración, 1902-1907

	5-AÑOS	1902-3	1903-4	1904-5	1905-6	1906-7
Total inmigración	155.252	12.651	19.817	40.560	29.572	52.656
España (inc. Canarias & Baleares)	119.135	9.082	15.027	32.916	42.103	20.007
Artisanos	15.238	1.468	2.363	3.414	4.729	3.181
Tabaqueros	763	50	162	231	208	112
Carpenteros	2.089	156	253	383	825	472
Dependientes	2.124	220	322	700	601	281
Marineros	3.675	400	776	785	898	776
Maquinistas	947	52	136	185	346	228
Albañiles	966	48	999	218	358	243
Negociantes y comerciantes	11.595	1.313	1.886	2.557	3.187	2.652
Jornaleros	59.841	4.050	6.673	17.085	22.234	9.799

Fuente: Tomado del *Censo de la República de Cuba*, Washington, 1907.

ESTADÍSTICAS 267

Tabla 29: Ocupaciones tabacaleras escogidas por sexo y raza, 1943

	Total Gen.	Masculino					Femenino				
		Total	% Tot Gen	Bl.	Neg.	% Neg	Total	% Tot Gen	Bl.	Neg.	% Neg
Pinar del Río											
Anilladoras	118	7	5,9	6	1	14,3	111	94,1	84	27	24,3
Escogedores	268	29	10,8	25	4	13,8	239	89,2	194	45	18,8
Tabaqeros & cigarreros	1.513	1.289	85,2	748	541	42,0	224	14,8	170	54	24,1
Despalilladoras	1.829	135	7,4	87	48	35,5	1.694	92,6	128	566	33,4
La Habana											
Anilladoras	62	58	93,5	53	5	8,6	4	6,5	2	2	50,0
Escogedores	286	227	79,4	198	29	12,8	59	20,6	55	4	6,8
Tabaqeros & cigarreros	7.612	7.096	93,2	4.331	2.765	39,0	516	6,8	401	115	22,3
Despalilladoras	4.773	180	3,8	155	25	13,8	4.593	96,2	3.599	994	21,7
Matanzas											
Anilladoras	3	3	100,0	3	–	–	–	–	–	–	–
Escogedores	5	3	60,0	–	3	100,0	2	40,0	–	2	100,0
Tabaqeros & cigarreros	600	579	96,5	297	282	48,7	21	35	15	6	28,6
Despalilladoras	10	6	60,0	2	4	66,6	4	40,0	2	2	50,0
Las Villas											
Anilladoras	18	10	55,6	9	1	10,0	8	44,4	7	1	12,5

	Total Gen.	Masculino					Femenino				
		Total	% Tot Gen	Bl.	Neg.	% Neg	Total	% Tot Gen	Bl.	Neg.	% Neg
Escogedores	631	297	47,1	236	61	20,5	334	52,9	258	76	22,8
Tabaqeros & cigarreros	4.504	4.174	92,7	2.549	1.625	38,9	330	7,3	267	63	19,1
Despalilladoras	2.613	179	6,9	139	40	22,4	2.432	93,1	1.462	970	39,9
Camagüey											
Anilladoras	1	—	—	—	—	—	1	100,0	1	—	—
Escogedores	7	3	42,9	2	1	33,3	4	57,1	3	1	25,0
Tabaqeros & cigarreros	1.082	1.045	96,6	648	397	38,0	37	3,4	23	14	37,8
Despalilladoras	25	11	44,0	10	1	9,1	14	56,0	11	3	21,4
Oriente											
Anilladoras	8	8	100,0	5	3	37,5	—	—	—	—	—
Escogedores	4	3	75,0	1	2	66,6	1	25,0	1	—	—
Tabaqeros & cigarreros	4.738	4.631	97,7	1.566	3.065	64,7	107	2,3	36	71	66,4
Despalilladoras	95	41	43,2	28	13	31,7	54	56,8	42	12	22,2
Total											
Anilladoras	210	87	41,4	41.4	11	12,7	123	58,6	93	30	24,4
Escogedores	1.201	563	46,9	462	101	17,9	638	53,1	510	128	20,1
Tabaqeros & cigarreros	20.049	18.814	93,8	10.139	8.675	46,1	1.235	6,2	912	323	26,2
Despalilladoras	9.345	552	5,9	421	131	23,7	8.793	94,1	6.246	2.547	29,3

Fuente: Tabla compilada con cifras del *Censo de la República de Cuba, 1943*, La Habana, 1943.

Tabla 30: Cuadro ocupacional del tabaco, 1944

	TRABAJ. AGRÍC.[a]	ESCOG- EDORES	DESPAL- ILLADORAS	TAB- AQUEROS	CIGARRE- ROS
Pinar del Río	33.066	19.078	4.194	656	134
La Habana	1.671	965	4.314	4.984	1.920
Matanzas	0	0	0	0	0
Las Villas	48.583	28.030	7.101	2.814	540
Camagüey	3.060	1.765	573	582	56
Oriente	1.448	837	271	976	0
TOTAL	87.828	50.675	16.453	10.159	2.650

a Cifra que pueda incluir a vegueros precaristas, aparceros y demás. Se introdujo la sindicalización obligatoria para vegueros en 1942.

Fuente: Tabla compilada con cifras de Felipe Zapata, *Esquemas y notas para una historia de la organización obrera en Cuba*, La Habana, 1952.

Tabla 31: Tipo de trabajo en la industria tabacalera por raza, 1943

	BLANCO NATIVO	BLANCO EXTRANJERO	DE COLOR
Dueños	800	68	300
Empleados	11.000	325	5.000
Cuenta propia	7.000	193	4.000
Desconocido	5.000	118	4.000

Fuente: Compilada con cifras tomadas del Censo de 1943.

4. SALARIO, DESEMPLEO Y SINDICALIZACIÓN

Tabla 32: *Pago diferenciado por oficio, 1860-1955*

	1860	1890	1900	1920	1930	1945	1955
Escogedores & maestros tabaqueros	2	10	—	5-7	2,50-3	2,50-4	2,50-6
Tabaqueros	1	2	—	2-6	1,50	1,50	1,50
Maquinistas de cigarrillos	—	90 cts	1,50	2,50-7,50	5	10	14-20
Otros	—	—	—	1,40-4,50	3	5	10

Fuente: Estimados basados en fuentes primarias y secundarias citadas en el texto, sin tomar en cuenta los días trabajados.

Tabla 33: Alfabetismo en la industria tabacalera, 1899 y 1907

	% VARONES QUE SABEN LEER Y ESCRIBIR		% HEMBRAS QUE SABEN LEER Y ESCRIBIR	
	1899	1907	1899	1907
Prov. Habana	79,3	89,6	51,9	78,1
Ciudad Habana	80,9	91,7	60,5	79,3
Pinar del Río	64,5	81,1	59,4	64,1
Matanzas	66,4	71,5	62,4	85,7
Santa Clara	70,0	80,7	50,0	75,7
Puerto Príncipe	20,0	85,3	100,0[a]	100,0[a]
Santiago	69,3	84,8	72,7	68,2
TOTAL	75,9	87,1	53,0	77,8

a Se reportaron pocas mujeres pero todas sabían leer y escribir.

Fuente: Tabla compilada con cifras tomadas del *Report on the Census of Cuba, 1899*, Washington, 1900; *Censo de la República de Cuba*, La Habana, 1907

Tabla 34: Desempleo en la industria tabacalera, 1945

Sector	Total	Activo	Inactivo	% inactivo
Tabaqueros	12.286	8.510	3.776	30,7
Anilladoras	734	524	210	28,6
Fileteadores	221	156	65	29,4
Escogedores	161	110	51	31,7
Rezagadores	137	102	35	25,6
Despalilladoras	20.208	17.274	2.934	14,5
Empleados	907	788	119	13,1
Dependientes	300	288	12	4,0
Cigarreros	2.476	2.476	—	—
Otros	271	242	29	10,4

Fuente: Felipe Zapata, *Esquemas y notas para una historia de la organización obrera en Cuba*, La Habana, 1952

Tabla 35: Desempleo entre tabaqueros, diciembre 1945

Provincia	Total	Activo		Inactivo	
		No.	%	No.	%
Ciudad Habana	5.388	3.300	61,2	2.088	38,8
Prov. Habana	1.729	1.048	60,6	681	39,4
Pinar del Río	1.025	736	71,8	262	25,6
Matanzas	179	164	91,6	15	8,4
Las Villas	2.692	2.152	79,9	540	20,1
Camagüey	362	322	89,0	40	11,0
Oriente	911	761	83,5	150	16,5
Cuba	12.286	8.483	68,6	3.776	30,7

Fuente: Tomado del *Primer Censo de los obreros de la industria tabacalera*, CNPDTH, La Habana 1947

Tabla 36: Subempleo en la fábrica La Corona, 1949

	TABAQUEROS		REZAGADORES		ESCOGEDORES		FILETEADORES		ANILLADORAS		DESPALILLADORAS	
	No.	Días trabajados	No.	Días trabajados	No.	Días trabajados	No.	Días trabajados	No.	Días trabajados	No.	Días trabajados
Enero	206	19	8	13	18	15	14	15	16	14	136	19
Febrero	124	24	8	18	18	20	14	20	14	20	110	24
Marzo	107	30	7	—	18	25	14	24	15	24	114	30
Abril	207	21	7	—	18	18	14	16	14	17	115	16
Mayo	211	20	7	20	19	17	14	16	15	18	114	13
Junio	206	25	7	25	17	20	13	20	16	19	115	17
Julio	204	—	7	—	19	15	14	16	15	15	116	20
Agosto	200	25	7	25	18	18	12	20	15	19	115	25
Septiembre	200	21	6	21	19	14	11	17	15	15	113	21
Octubre	204	20	6	20	21	14	12	14	15	16	110	19
Noviembre	200	26	6	—	20	16	20	21	15	21	100	—
Diciembre	84	31	8	—	19	—	13	—	14	—	122	—

— Dejado en blanco, ya que se variaban tanto los días trabajados por trabajador que la media hubiera dado una impresión equívoca.
Fuente: Archivo de Seguro Social, Ministerio del Trabajo, La Habana

Tabla 37: Sindicalización en la industria tabacalera, 1944

TORCEDORES	CENTROS DE TRABAJO	NO. DE OBREROS	SIND. AFIL. A LA CTC	OBREROS SIN'DOS	OBREROS QUE COTIZAN
Pinar del Río	63	656	9	622	477
La Habana	239	4.954	13	4.954	2.378
Matanzas	57	211	7	21	211
Las Villas	362	2.814	24	2.814	1.292
Camagüey	87	582	5	582	318
Oriente	115	976	11	976	511
TOTAL	923	10.193	69	10.159	5.187

CIGARREROS	CENTROS DE TRABAJO	NO. DE OBREROS	SIND. AFIL. A LA CTC	OBREROS SIN'DOS	OBREROS QUE COTIZAN
Pinar del Río	3	134	0	0	0
La Habana	9	1.920	1	950	800
Matanzas	0	0	0	0	0
Las Villas	0	540	2	517	450
Camagüey	1	56	1	56	56
Oriente	0	0	0	0	0
TOTAL	16	2.650	4	1.523	1.306

DESPALILLADORAS	CENTROS TRABAJO	NO. DE OBREROS	SIND. AFIL. A LA CTC	OBREROS SIN'DOS	OBREROS QUE COTIZAN
Pinar del Río		4.194	2	4.194	1.338
La Habana		4.314	5	4.314	3.510
Matanzas		0	0	0	0
Las Villas		7.101	8	7.101	4.552
Camagüey		573	0	0	0
Oriente		271	0	0	0
TOTAL		16.453	15	15.609	9.400

Escogedores	Centros de trabajo	No. de obreros	Sind. afil. a la CTC	Obreros sin'dos	Obreros que cotizan
Pinar del Río		19.078	2	6.405	1.113
La Habana		965	2	667	201
Matanzas		0	0	0	0
Las Villas		28.030	19	26.152	13.533
Camagüey		1.765	0	0	0
Oriente		837	0	0	0
TOTAL		50.675	23	33.224	14.847

Cultivadores	Centros de trabajo	No. de obreros	Sind. afil. a la CTC	Obreros sin'dos	Obreros que cotizan
Pinar del Río	2.107	33.066	6	4.513	639
La Habana	290	1.761	2	667	202
Matanzas	0	0	0	0	0
Las Villas	1.412	48.583	0	0	0
Camagüey	168	3.060	0	0	0
Oriente	170	1.448	0	0	0
TOTAL	4.147	87.828	8	5.180	841

Total	Centros de trabajo	No. de obreros	Sind. afil. a la CTC	Obreros sin'dos	Obreros que cotizan
Pinar del Río	2.713	57.128	21	15.734	3.567
La Habana	538	13.824	21	11.552	7.091
Matanzas	57	246	7	211	211
Las Villas	1.777	87.537	53	36.584	19.827
Camagüey	256	6.038	6	638	374
Oriente	285	3.694	11	976	511
TOTAL	5.086	168.467	119	65.695	31.581

Fuente: Tabla compilada con cifras de Felipe Zapata, *Esquemas y notas para una historia de la organización obrera en Cuba*, La Habana, 1952

5. POBLACIÓN ECONÓMICAMENTE ACTIVA Y LA SINDICALIZACIÓN

Tabla 38: Ocupaciones varias, 1899-1943[a]

	1899	1907	1919	1943
Total ocupación	602.113	772.502	948.846	1.520.851
Albañiles	6.557	12.163	14.025	16.609[b]
Carpinteros	14.204	21.422	21.984	32.890[c]
Comerciantes	47.265	50.856	67.483	43.795
Criadas	41.464	39.312	83.157	nd
Carretoneros y cocheros	5.363	10.199	nd	nd
Talabarteros	1.397	nd	nd	nd
Herreros	2.398	nd	nd	3.089
Litógrafos	1.499	nd	nd	nd
Mecánicos	4.672	nd	16.633	28.581
Tabaqueros y cigarreros[d]	24.169	27.503	25.389	20.049
Panaderos	5.444	5.162	nd	12.850
Pintores	1.531	nd	nd	7.369
Sastres	3.481	nd	nd	5.773
Zapateros	6.320	6.848	6.195	25.797[e]
Empleados ferrocarriles	nd	951	10.429[f]	1.887
Empleados tranviarios	nd	587	nd	nd
Maestros de azúcar	nd	572	nd	nd
Choferes de ómnibus	nd	nd	nd	1.426
Estibadores	nd	nd	nd	3.097
Jornaleros[g]	359.377	42.358	31.957	nd

nd   No dada

[a] No hay tabla ocupacional en el censo de 1953.
[b] La industria de la construcción en su conjunto empleó 25.878.
[c] Incluye carreteros.
[d] Esta categoría ocupacional en los censos de 1899, 1907 y 1919 era de tabaqueros y es de suponer que incluyera torcedores, escogedores, rezagadores, fileteadores, despalilladoras de fábrica y algunos cigarreros, ya que la producción no siempre fue en fábricas distintas. La cifra total para la industria fue de 38.696 en 1943 y 36.468 en 1953.
[e] Incluye talabarteros y zapateros.
[f] Se refiere a empleados de transporte en general.
[g] Evidentemente una categoría residual.

Fuente: Tabla compilada con cifras de los censos de 1899, 1907, 1919 y 1943.

Tabla 39: Población económicamente activa en las industrias manufactureras de Cuba, 1943 y 1953

	1943	1953
Alimentos y bebidas	19.199	127.781
Tabaco	38.692	36.468
Azúcar	23.105	19.326
Textiles	3.159	7.707
Calzado y vestimenta	27.762	42.127
Madera y corcho	13.588	29.408
Mueblería	3.165	5.578
Papel	729	2.555
Gráfica	8.433	10.027
Cuero	26.072	3.597
Caucho	nd	1.632
Química	2.854	8.956
Petróleo	nd	1.185
No-ferrosa	nd	9.479
Metalúrgica	8.212	6.023
Mecánica	7.707	21.123
Equipos de transporte	2.321	3.364
Otras	2.590	3.198
TOTAL	187.645	327.208

nd   No dada

Nota: Se aclara en el censo de 1953 que la población económicamente activa incluye los que trabajan de forma más o menos estable el momento de realizar el censo. Las cifras ocupacionales refieren a la ocupación habitual aunque el momento de realizar el censo puede que no estén realizando ese trabajo.

Fuente: Tabla compilada con cifras del *Censo de al República de Cuba*, La Habana, 1943 & 1953

Tabla 40: Población activa en las principales industrias de Cuba, 1952

	Unidad de producción	Valor estimado	No. estimado trabajadores
Azúcar y afines	257	1.091.800	484.777[a]
Tabaco y productos	2.328	51.140	127.500[a]
Ganado y derivados	321	14.939	8.744
Café y cacao	522	890	6.550
Industrias agrícolas	2.986	51.248	16.350
Forestal y madera	788	11.968	12.465
Minería y metalúrgica	341	369.770	15.858
Marítima	260	7.482	10.721
Combustible	114	51.185	4.220
Gas, agua, etc.	290	227.389	7.220
Transporte, comunicaciones	2.119	554.419	48.470
Farmacéutica	472	27.482	9.147
Construcción	404	19.938	18.325
Mecánica	51	206	959
Materia prima	11	4.683	147
Alimentos y bebidas	2.991	51.870	32.897
Textiles	1.154	67.870	23.833
Vestimenta	1.254	8.533	7.597
Gráfica	1.228	32.590	11.047
Papel, cartón	119	7,279	2,571
Pieles y cueros	1.372	21.808	16.539
Efectos domésticos etc.	171	2.142	1.910
Equipos científicos	61	855	510
Joyería	268	4.350	2.696
Cerámica, vidrio, etc.	145	3.013	2.051
Otras	120	2.562	1.501

[a] Incluye trabajadores agrícolas.

Fuente: *Primer Anuario Comercial de Cuba*, La Habana, 1953

Tabla 41: Cuadro comparativo de sindicalización por rama, 1944

INDUSTRIA	No. DE OBREROS	SINDICALIZADOS		COTIZADOS	
		No.	%	No.	%
Azucarera	497.707	122.488	25	51.775	11
Tabacalera	168.467	65.695	39	31.581	18
Transporte	55.342	32.467	58	23.492	42
Metalúrgica	8.874	4.727	53	1.345	15
Maderera	10.254	2.692	28	1.485	14
Minera	20.000	3.495	17	2.014	10
Textilera	26.381	7.109	27	5.750	21
Peletera	11.765	6.847	58	4.227	35
Marítima	31.421	22.638	75	15.802	50
Cafetalera	49.123	667	1	407	0,8
Ganadera	62.261	76	0,1	72	0,1
TOTAL	923.595	269.171	28	137.950	14

Fuente: Felipe Zapata, *Esquemas y notas para una historia de la organización obrera*, La Habana, 1952

Tabla 42: Federaciones nacionales obreras, 1952

	No. de SINDICATOS AFILIADOS	No. de TRABAJADORES AFILIADOS (000)
Federación Aerea Nacional	7	2
Fed. Nac. de Trabajadores Azucareros	240	550
Fed. de Artes Gráficas, papeleros, etc.	25	10
Fed. Nac. de la Industria Alimenticia y Química	36	32
Fed. Nac. de Trabajadores de Barberías, Peluquerías etc.	65	15
Fed. Sindical de Trabajadores Bancarios de Cuba	6	4
Fed. Nac. de Trabajadores Cablegráficos y Radiotelegráficos de Cuba	4	0,6
Fed. Nac. Sindical de Cinematográficos de Cuba	10	5,2
Fed. Nac. de Obreros del Comercio	61	65
Fed. Nac. de Obreros del Ramo de la Construcción	101	150
Fed. Nac. de Espectáculos	8	4
Fed. Nac. de Trabajadores Gastronómicos y an.	24	16,8
Fed. Nac. de Trabajdores de Ganadería e Industrias Derivadas	65	22,9
Fed. Nac. de Hermandad Ferroviaria	23	28
Fed. Nac. de Trabajadores de Harina de Trigo y an.	48	30
Fed. Nac. de Obreros Licoreros, Cerveceros y similares	46	12
Federación Obrera Marítima Nacional	197	32

	No. DE SINDICATOS AFILIADOS	No. DE TRABAJADORES AFILIADOS (000)
Fed. Nac. de Trabajadores de la Industria Metalúrgica y sims.	27	35
Fed. Nac. de Trabajadores de las Inds. Forestales, Madera, Muebles y sims	42	8,5
Fed. Nac. de Músicos	44	4
Fed. Nac. de Trabajadores de Medicina	14	8
Fed. Obrera Nac. de Petróleo, Minas y ders.	23	27
Fed. Nac. de Auxiliares de la Medicina	30	9
Fed. Sindical de Plantas Eléctricas, Gas y Agua	6	6,2
Fed. Nac. de Trabajadores del Seguro, Fianzas y sims	52	28
Fed. Nac. de Obreros del Transporte	135	80
Fed. Nac. de Trabajadores Químicos y ans.	8	5
Fed. Tabacalera Nacional	184	98
Fed. Nac. de la Industria Textil, Aguja y ans.	42	50
Fed. Sindical de Trabajadores Telefónicos de Cuba	6	3,5
Fed. Nac. de Viajantes	8	2
Fed. Nac. de Vendedores y auxs.	6	4

Fuente: *Primer Anuario Comercial de Cuba*, La Habana, 1953

Apéndice C
Biografías tabacaleras

Durante los primeros meses de 1969 llevé a cabo una serie de entrevistas con viejos tabaqueros. Esto no se basó en encuesta alguna, por lo tanto no pretende ser representativa. He decidido incluir biografías de algunos entrevistados que en aquel tiempo trabajaban en la fábrica Miguel Fernández Roig antigua La Corona. Casi todos habían trabajado en las grandes fábricas durante una parte – si no gran parte – de su vida laboral y lo que tenían que contar era sorprendentemente homogéneo. Casi todos nacieron en el seno de familias tabacaleras – el padre y en ciertos casos la madre y los hermanos y hermanas ya trabajaban en la industria. Buen número de ellos no nació en la ciudad, sino en los pueblos cercanos y, en contados casos en las zonas tabacaleras del interior. Esto se aplicaba particularmente al caso de los torcedores. Estos obreros entraron a la industria a una edad muy temprana, ayudando a sus padres en el torcido casero o trabajando en los chinchales de la localidad. Gradualmente iban cogiendo oficio hasta llegar a las grandes fábricas. Sin embargo, una vez ahí, no quería decir esto que se quedaran. Al contrario, muy pocos podían mantener sus puestos en tiempos de crisis económica, poca demanda, etc., y la regla que predominaba entre estos hombres y mujeres era el de un flujo constante. Los siguientes no son sino unos pocos ejemplos.

1. **Tabaquero:** 76 años; comenzó a trabajar a la edad de 12 en un chinchal de 7-8 operarios; se trasladó a uno con 40 y luego a una fábrica con 100 operarios. Después de 9 años pasó a la de Fonseca (cuyos trabajadores en aquellos tiempos llegaban a 300); después de 2-3 años consiguió trabajar en la fábrica Rey del Mundo, donde permaneció durante los siguientes 10-12 años; perdió el puesto durante la depresión de 1932 y fue a parar a la fábrica de Gener en Güines; poco después 100 obreros fueron cesanteados y él se encontraba entre ellos; regresó a La Habana para trabajar en un chinchal hasta 1954 en que pudo conseguir trabajo en la H. Upmann.

2. **Tabaquero:** 61 años; también a los doce años comenzó a trabajar como despalillador; con 14 años aprendió a remendar zapatos y se dedicó al oficio durante cinco años antes de volver a la industria del tabaco como escogedor y torcedor en Sancti Spíritus; durante años trabajó a través de la Isla, aunque especialmente en La Habana, en más o menos todas las grandes fábricas de exportación; en 1945 fue cesanteado en la fábrica Gener y estuvo sin trabajo entre 1948-50; en 1951-53 trabajó en un chinchal en Luyanó, durante los años siguientes en una fábrica de segunda hasta que consiguió entrar en la fábrica La Corona en 1957; cuando estaba sin trabajo torcía tabacos en la casa con su hermano.

3. **Tabaquera:** 56 años; una de las pocas mujeres que ha trabajado durante los últimos cuarenta años en el giro; de padre cosechero y madre torcedora casera; ella y su hermano aprendieron el oficio de la madre hasta que en 1934, ingresaron en una pequeña tabaquería de 60-70 operarios en Artemisa; entre 1944-50 trabajó en la fábrica de Bock en Marianao; en 1952 comenzó a trabajar en Por Larrañaga; cuenta que en junio-julio apenas había trabajado en las grandes fábricas y que durante muchos días de la semana no había trabajo o si acaso para algunas horas.

4. **Tabaquero:** 65 años; cuarenta en la industria; inicialmente trabajó como escogedor en la vega de su padre, pero después se trasladó a un chinchal en Güines donde pasó dos años como aprendiz de torcedor; posteriormente se trasladó a una fábrica mayor de unos

250 operarios y permaneció allí hasta la década de 1950 cuando la fábrica cerró sus puertas.

5. **Despalilladora:** 43 años; 27 en la industria; comenzó a trabajar en un chinchal en Santa Clara donde permaneció por espacio de cinco años antes de pasar a la General Cigar Company, un despalillo de unos 600 obreros; cuando quedó cesante fue a trabajar al despalillo que la Company tenía en Remedios; nuevamente sin trabajo, torció tabacos en la casa para un breve período antes de viajar a La Habana donde trabajó como despalilladora en la fábrica Gener.

6. **Despalilladora:** 61 años; 45 en la industria; ella y sus hermanas se iniciaron como despalilladoras en Candelaria, Pinar del Río; el esposo, tabaquero en Romeo y Julieta se trasladó a trabajar allí; más tarde encontró trabajo en la fábrica Rey del Mundo donde continuó por muchos años; en 1949, Rey del Mundo dejó cesante a casi todas sus despalilladoras y durante una década estuvo sin trabajo.

7. **Rezagador:** 60 años; ha trabajado en la industria desde los 13; primero en Manicaragua, Las Villas, donde trabajó durante la zafra en el ingenio; cuando terminaba la zafra azucarera se iba a rezagar tabaco durante tres o cuatro meses; durante 25 años trabajó así, hasta que se fue a La Habana en 1958 y comenzó a trabajar en Por Larrañaga como rezagador.

8. **Anilladora:** 44 años; 25 en la industria; de esposo fileteador en un taller de unos 20 operarios y después en Gener; durante unos cinco años trabajó en diferentes industrias (en una fábrica de talco, por ejemplo) pero finalmente volvió a trabajar como anilladora en Gener.

9. **Anilladora:** 65 años; 46 en la industria; siempre trabajó en La Corona en ese oficio; nunca se quedó sin trabajo ya que con las demás mujeres del departamento compartía el poco trabajo que había en tiempos malos.

10. **Escogedor:** 62 años; 47 en la industria; de padre tabaquero en la fábrica Henry Clay donde estuvo de aprendiz de escogedor; durante

unos 16 años tuvo más o menos trabajo regular, aunque después se vio obligado a trabajar en pequeños talleres.

11. **Escogedor:** 72 años; empezó a los 13; de padre escogedor en Gener donde él y su hermano consiguieron sus primeros puestos en el departamento de mojado hasta convertirse en escogedores, trabajo que mantuvieron, con excepción de los períodos de crisis económica y aguda escasez en la demanda de tabacos.

12. **Escogedor:** 72 años; 60 en la industria; de tío rezagador en Romeo y Julieta a través del cual pudo ingresar como aprendiz de tabaquero; durante los años de 1928-32 fue torcedor en la fábrica La Belinda pero entre 1932-43 tuvo que trabajar en los almacenes; entre 1943-51, encontró trabajo en la fábrica Gener, pero de nuevo se vio sin trabajo entre 1951-53; a partir de entonces trabajó más o menos regularmente, pero a veces sólo unos días de la semana, sobre todo entre los meses de junio/julio.

13. **Fileteador:** 83 años; comenzó a trabajar en 1906 como aprendiz en el giro; su padre trabajó en la gastronomía pero conocía al dueño de la fábrica La Belinda y pudo asegurarse un puesto allí (en aquellos tiempos una fábrica con unos 300 obreros) donde permaneció durante unos seis años cuando se trasladó a Partagás y luego a las fábricas Gener y La Corona; posteriormente su hijo comenzó a trabajar con él; cesante durante la Primera Guerra Mundial, aunque esa fue la única vez; sin embargo, su hijo como miembro joven del departamento, a veces sólo trabajaba algunas horas del día o pocos días de la semana, teniendo que buscar trabajo a menudo en otros sectores, como en la construcción.

14. **Fileteador:** 57 años; trabajando en la industria desde 1930; de joven trabajó como ayudante de carpintero, pero su padre fue tabaquero y su hermano fileteador en Por Larrañaga donde pudieron conseguirle un puesto; trabajó allí hasta 1939, cuando quedó cesante; encontró trabajo en una zapatería hasta que pudo ingresar en un taller y posteriormente de nuevo en Por Larrañaga en 1942; en lo adelante nunca más quedó cesante, aunque por semanas había trabajo sólo para unas cuantas horas al día.

Apéndice D
Documentos de archivo

1	Legislación tabacalera	288
2	La campaña anticomunista	297

1. LEGISLACIÓN TABACALERA

En 1934, con el gobierno de Grau, se introdujo la Ley Básica del Contrato de Trabajo que estipulaba que todos los negociaciones colectivas y contratos de trabajo debían registrarse en la entonces Secretaría del Trabajo. Desde ese período en adelante, hubo muchas leyes, Decretos Presidenciales, y Resoluciones del Ministerio del Trabajo en cuanto a salarios y condiciones de trabajo. Los más importantes pueden resumirse como sigue: i) salario mínimo; ii) salario igual para trabajo igual; iii) salario pagado en moneda legal; iv) seguro social, que incluía pago por retiro, asignación por muerte, jubilaciones, y seguro contra accidente, invalidez y enfermedad; v) jornada de 8 horas; vi) semana de 44 horas con pago de 48 horas; vii) un mes de vacaciones al año con sueldo; viii) todos los trabajadores y aprendices debían tener más de 14 años de edad; ix) pago igual para la mujer; x) 3 meses de licencia de maternidad con sueldo; xi) derecho al trabajo para todos los cubanos; xii) derecho a la sindicalización e ir a la huelga; xiii) desplazamiento del trabajo solamente con justa causa (que incluía ausencia injustificada, fraude, abuso de confianza, ineptitud, negligencia, embriaguez habitual, insubordinación, paros continuos, y acciones en contra de los intereses de la empresa, lo cual, a pesar de protestaciones al contrario, de hecho dio un margen de maniobra considerable). En 1941, también se promulgó la prohibición de trasladar una fábrica de una localidad a otra sin permiso official gubernamental.

Pude consultar copias de la legislación y los contratos de trabajo, mucho de ellos constantemente modificados a lo largo de los años en cada situación nueva que se presentaba, en el Archivo del Ministerio del Trabajo, y aquí he incluído aquí algunos ejemplos para ilustrar las complejidades y los controles que se aspiraba tener aunque no siempre se lograba sobre el sector.

I. Exp. 1428 – PH. Inscripto al No.796 Ministerio del Trabajo. Convenio entre: Urbano Alemán y el Sindicato de Torcedores de Güines. Marzo 20/37

CONVENIO DE TRABAJO ENTRE EL SINDICATO DE TORCEDORES DE GÜINES Y LA FIRMA URBANO ALEMÁN

PRIMERA: La firma Urbano Alemán reconoce plenamente la personalidad del Sindicato de Torcedores de Güines, y se compromete a no reconocer otro Sindicato análogo de dicha Villa.

SEGUNDO: La firma cumplirá las disposiciones vigentes en cuanto al estado sanitario del Taller, y todo lo demás se dispongan Las Leyes de la República.

TERCERO: La firma procurará que los materiales se encuentren en las mejores condiciones posibles para el trabajo y los operarios a su vez procurarán hacer la menor cantidad posible de picadura.

CUARTO: La firma procurará en cuanto le sea posible evitar las rebajas de operarios.

QUINTO: En caso de rebaja por falta de pedidos los operarios rebajados tendrán preferencias para ocupar sus puestos en el Taller.

SEXTO: En caso de paralización de labores por cualquiera de las dos partes excepto tratándose de fuerza mayor como Temporal y similares, es necesario que la parte que determine el paro avise a la otra con no menos de veinticuatro horas de anticipación.

SÉPTIMO: Los empleados de la firma quedan obligados a dispensar el debido respeto y consideración a los operarios.

OCTAVO: Los pagos se efectuarán los Sábados de cada semana, de dos a tres de la tarde.

NOVENO: Los precios de hechura son los que rigen actualmente (MEDIAS BREVAS A $5; BREVAS A $8; YAGUAS Y PETICETROS A $9; CAZADORES Y NACIONALES A $10; Y LAS MEDIAS BREVAS ENROLADAS A $3.50). Sólo podrán ser alterados estos precios por mutuo acuerdo.

DÉCIMO: El aprendizaje en los Talleres queda limitado al tres porciento del número de operarios de cada fábrica, renovándose los aprendices cada dos años. En caso de presentarse alguna vitola nueva, tendrá que ser estudiado por ambas partes para acordar su precio de hechura.

II. Exp.113 – PH. Inscripto al No.532. Ministerio del Trabajo. Convenio entre: Tabacalera Cubana y el Gremio de Obreras Despalilladoras de los Talleres de Despalillos y Tabaquerías de La Habana. Julio 18/36. Modificación abril 12/1949.

De una parte la entidad Patronal TCSA representada por el Sr. Armando Rivas, Administador de la Fábrica de Tabacos de Agramonte No.106, La Habana. Y de otra parte, el 'Sindicato de Despalilladoras de La Habana', representado por las Sras. Joaquina Vega, Secretaria General, Violeta García, Delegada ante los Organismos Oficiales y Patronales y Lila Llanes, Secretaria de Organización; asistiendo también a la firma del mismo para dar su conformidad las componentes del Comité de Taller, Sras. Mercedes Linares, Juana Álvarez, Blanca Cuéllar y Julia Linares, así como Florinda Rodríguez…

HAN CONVENIDO

Primero: Que habiendo actualmente un exceso de Despalilladoras en el Taller de la Fábrica de Tabacos de TCSA ya que la producción de tripa despalillada viene siendo muy superior a la consumida por los tabaqueros de la propia fábrica, se hace necesario para la Casa rebajar un número considerable de despalilladoras, cuyo desplazamiento se podrá evitar por el momento mediante un reparto de trabajo que se acuerda por este medio.-

Segundo: El citado reparto de trabajo funcionará en la siguiente forma: a) Las Despalilladoras que trabajan en este Taller de la Fábrica de Tabacos con anterioridad al año de 1942, que se denominarán en este convenio ANTIGUAS harán una tarea de catorce mil libras cada una durante cinco días a la semana a partir del día once de abril de mil novecientos cuarenta y nueve sirviendo la disminución que ellas aceptan de los presentes diez y ocho libras diarias a las catorces que van a despalillar para dar algún trabajo a las Despalilladoras NUEVAS durante la vigencia de este Convenio.-

b) Las Despalilladoras Nuevas, que son las que entraron a trabajar en mil novecientos cuarenta y dos y años subsiguientes, despalillarán catorce libras diarias durante cinco días de cada mes a partir del once de abril de mil novecientos cuarenta y nueve y hasta el día primero de julio siguiente, lo que hace un total de quince días de trabajo con la antes apuntada tarea de catorce libras. Este trabajo se efectuará los lunes y martes de las semanas primera y segunda de cada mes y el lunes de la tercera semana, exceptuando el mes de abril en que dichas tres semanas se contarán a partir del día once. Si con motivo de ausencias de despalilladoras al trabajo se obtuviera un sobrante de trabajo a despalillar durante la vigencia de este Convenio, se le dará el día o días extras de trabajo dicho exceso permita a las Nuevas, con la limitación expresa de que no se podrán despalillar más de cuarenta y dos tercios de tripa de tabaco por cada semana de vigencia de este Convenio.–

Tercero: Este convenio es provisional y regirá a partir del día once de abril del corriente año hasta el día primero de julio siguiente. Antes de dicha fecha ambas partes volverán a discutir la forma en que se seguirá trabajando y el número de Despalilladoras a trabajar sin que esto signifique que ninguna de las dos partes contratantes haga renuncia en este convenio al ejercicio de los derechos que le concede la legislación vigente.–

Cuarto: Las Despalilladoras 'Antiguas' del Taller de Despalillo de la Fábrica de Tabacos que tienen derecho preferente a trabajar en el mismo por el mero hecho de su antigüedad y por el reconocimiento que siempre han tenido ese derecho preferente se relacionan en el Anexo A que se une a este Convenio.–

Quinto: Las Despalilladoras 'Nuevas' del Taller de Despalillo de la Fábrica de Tabacos que tendrán que quedar excedentes a partir del nueve de abril del corriente año a no ser por el reparto de trabajo provisional que se establece en este Convenio se relacionan en el Anexo B que se une a este Convenio.

III. Exped.285. Visto el expediente número 118-42. Comisión del servicio de conciliación de la oficina provincial del trabajo en Las Villas, en unión del rollo número 391 de esta Comisión Nacional de Arbitraje. Ministerio del Trabajo.

Parte promovente: Los señores Pedro Rodríguez Ferrer, Feliberto Hernández Pérez, Modesto Calvo Montero y Abelardo Díaz Rodríguez.

Entidad patronal: Armando González, dueño de la fábrica de tabacos Aguiar en Remedios, provincia de Las Villas.

Conflicto que originó el procedimiento conciliatorio: El desplazamiento de los trabajadores promoventes.

Punto sometido a arbitraje en la segunda instancia: Por el señor Pedro Rodríguez Ferrer – La improcedencia a su juicio del Laudo dictado en la primera instancia en que se declara sin lugar la reclamación establecida.

Relación sucinta a los antecedentes:

Los cuatro trabajadores relacionados precedentemente iniciaron el procedimiento conciliatorio el 4 de agosto del corriente año con objeto de obtener su reposición como empleados de la fábrica Aguiar, se dispuso la reunión de la comisión; y posteriormente y antes de celebrarse la primera reunión se agregó al expediente una certificación del secretario de actas del Sindicato de Torcedores y Boncheros de Remedios, en que consta que el 23 de octubre último, se designó al Señor Pedro Rodríguez Ferrer para que asista con amplios poderes a cuantos actos y gestiones sean menester ante los organismos que conocen del conflicto surgido con motivo del desplazamiento de los cuatro trabajadores antes mencionados. En 5 de noviembre de 1942 se llevó a efecto la reunión de la comisión conciliatoria y en la misma se hizo constar que el conflicto originado por el desplazamiento surgió el 23 de diciembre de 1941.

Constituida la Comisión de arbitraje en primera instancia la que dictó el Laudo de fojas en que se declara sin lugar la reclamación establecida por los cuatro promoventes, notificándose del mismo, únicamente a la parte patronal y al señor Pedro Rodríguez.

El mencionado señor Rodríguez anunció su intención de apelar del mismo habiendo formalizado su apelación por conducta del señor Heriberto Romero Font, según escrito del Registro de Entrada número 1291. Señalada para la comparecencia el 18 del actual, en dicha oportunidad la representación del señor Rodríguez Ferrer y la del patrono expusieron lo que estimaron pertinente a su derecho.

FUNDAMENTOS DEL LAUDO

1. Del escrito de fojas en relación con el de fojas 4 y siguientes no puede inferirse en manera alguna que exista conflicto de carácter colectivo, por que se sustanció el expediente indebidamente, vulnerándose las normas contenidas en la Resolución número 534 de 1942.
2. Por otra parte se observa que según las manifestaciones de las partes contenidas en el acta de fojas 38 y 39, ratificadas en el acto de la comparecencia la fábrica Aguiar cerró sus puertas provisionalmente el 25 de diciembre de 1941 y las abrió de nuevo en enero del corriente año; consecuentemente de existir desplazamientos los trabajadores afectados debieron ejercitar el derecho que les reconoce el Artículo 71 del Decreto 798 de 1938, dentro de los treinta días subsiguientes a la reanudación de labores, norma de orden público de ineludible cumplimiento. De ahí que los reclamantes, al prescindir de esa regla e iniciar su promoción en el mes de agosto de 1942, carezcan de acción.

Por los precedentes razonamientos esta Comisión Nacional de Arbitraje acuerda dictar el siguiente:

LAUDO

Declarar sin lugar la apelación por el señor Pedro Rodríguez Ferrer y confirmar Laudo de la primera instancia en cuanto desestima la promoción a que alude el precitado número 118-42.

Comisión de la Oficina Provincial de Las Villas.

Lo pronuncian y firman los comisionados que suscriben en La Habana a los diez y nueve días del mes de noviembre de mil novecientos cuarenta y dos.

(Fdo.) Dr. José J. Chalona, Gustavo Angulo, José E. de Sandoval, Francisco Gómez Díaz, Roberto de Guardiola, Carlos Fernández, Carlos Z. Barrios.

Voto particular

Los comisionados obreros ante la Comisión Nacional de Arbitraje que suscriben, en total desacuerdo con la mayoría, inconformes con el acuerdo dictado en el rollo número 391-42, expediente número 118-42, Comisión del Servicio de Conciliación de la Oficina Provincial del Trabajo de Las Villas, formulan el presente Voto Particular por estimar que debió ser declarado con lugar el recurso interpuesto por los trabajadores reclamantes, ya que de acuerdo con la resolución dictada por el Subsecretario del Trabajo tenían derecho a ser reintegrados a sus puestos tan pronto reanudaron sus labores la fábrica Aguiar, la que cumplió la referida resolución, por lo que debió ordenarse la reposición de dichos trabajadores.

Salón de Sesiones de la Comisión Nacional de Arbitraje, a los diez y nueve días del mes de noviembre de mil novecientos cuarenta y dos.-

(Fdo.) Carlos Fernández R., Carlos Z. Barrios.

IV. Tarifas oficiales para el tabaco

	Clase			
	A	B	C	D
1. Torcido a mano (1940)				
Coronas largas o extra largas	$55	$52	$47	$42
Panatelas	$10	$10	$10	$10
2. Bonche (1940)				
Nacionales	$17	$15		
Corriente breva	$10	$9		

3. Escogida de tabacos (1940)
'Esta labor del escogedor se pagará teniendo en cuenta el envase que va a usarse para el tabaco, el precio de hechura y demás detalles que se indicará, pagándose por cada millar de acuerdo con lo siguiente:'

Grupo A envasado corriente	de $1,80 a $5,00
Grupo B envasado boite	de $1,90 a $3,30

        Grupo C amarrado corriente   de $2,00 a $5,00
        Grupo D amarrado especial   de $3,40 a $4,60

4. Fileteado (1940)
        Por el número de cajas según el tipo y calidad de la vitola.

5. Escogida de la hoja en Vuelta Abajo y Semi-Vuelta (1949)
        Por unidad de trabajo

        1ra categoría 12-18 clases   de $1,54 a $0,06
        2da categoría 8-11 clases   de $2,82 a $0,05
        3ra categoría 1-7 clases   de $1,28 a $0,10
        4ta categoría 1 clase   de $0,60 a $0,07

V. Resolución del Ministerio de Hacienda, septiembre 8 de 1945.

a) Comunicar a la Federación Tabacalera Nacional para que este a la vez lo haga a los Sindicatos, que los certificados que expidan para acreditar previamente la condición de torcedor en estado de desempleo, los extiendan por duplicado, consignando en la copia o duplicado: 'Para uso del Elaborador Privado'. Ambos certificados (el original y duplicado) una vez visados por la Comisión Nacional de Propaganda y Defensa del Tabaco Habano, serán remitidos por la propia Comisión, el original a la Sección del Impuesto del Empréstito de 35 millones como antecedente para que autorice la inscripción del elaborador privado de tabacos en el Registro de la Zona o Distrito Fiscal respectivo o para que tenga por renovado el anteriormente expedido para la subsiguiente adquisición de sellos, y el duplicado al elaborador privado, a los efectos que se expresan en el apartado b.

b) Comunicar a los Administradores de Zonas o Distritos Fiscales de la República que los elaboradores privados de tabacos, inscriptos en esas dependencias mantendrán su derecho a continuar adquiriendo sellos, mientras exhiban la copia o duplicado del certificado de torcedores en estado de desempleo del cual se aprecie que no ha vencido el trimestre para el que ha sido expedido; y que además, cada vez que un elaborador privado de tabacos se persona, en la Oficina Fiscal de su domicilio a adquirir sellos, se hará la anotación al dorso del certificado, de la cantidad y fecha de adquisición Fiscal, cuyas cantidades no podrán ser mayor de 5,000 sellos mensualmente. (...)

VI. Resolución del Ministerio del Trabajo, 19 mayo de 1949. Reglas sobre el movimiento del personal.

Artículo Primero.

Primera: Se establece para los torcedores de las fábricas de tabacos el escalafón por grupos denominados 'Parejo' y 'Figueredo'. Cada grupo se subdividirá en cinco denominaciones en la siguiente forma: Alta Regalía, Regalía, Media Regalía, Inferior Primera e Inferior Segunda, de acuerdo con los precios de hechuras de vitolas.

Segunda: Para determinar la denominación correspondiente a un torcedor, se tendrá en cuenta el promedio de los precios de hechura de las vitolas que hubiere estado trabajando durante los seis meses anteriores en la vigencia de esta Resolución. Los capataces ocuparán en el escalafón de torcedores el lugar que les corresponda (...).

2. LA CAMPAÑA ANTICOMUNISTA

I. Dos memorándums del Dr. Felipe Silva, abogado de la firma Tabacalera Cubana SA, a los gerentes de la American Tobacco Company en los Estados Unidos, sobre la situación laboral en Cuba en 1948. Los dos memorándums fueron encontrados en ANC, CNPDTH, TCSA, expedientes sin clasificar, y han sido traducidos del inglés al español.

Memorándum del 7 de enero de 1948

Los comunistas siempre han ejercido una gran influencia sobre el movimiento obrero cubano, pero no fue hasta la década de los años 1930 que lograron controlar la Confederación de Trabajadores de Cuba, la organización nacional oficial de los obreros.

Ese control se ha ejercido con gran efectividad durante los mandatos de los Presidentes Batista y Grau y ha permitido el crecimiento del Partido Comunista (ahora llamado Partido Socialista Popular) hasta su actual fuerza de 150.000 miembros, con tres senadores, alrededor de diez representantes y muchos consejeros locales de municipio.

No hay duda de que la gran mayoría de los trabajadores no son comunistas pero en sus asuntos laborales siempre han confiado en sus dirigentes como los que puedan mejorar sus condiciones de trabajo, sin prestar importancia a su formación y fines comunistas. En cierto modo es lógico que así sea, ya que no ha habido ningún otro partido obrero en Cuba y los comunistas tuvieron en cuenta esta oportunidad para representar a los trabajadores.

Ese control ejercido por los comunistas se logró como en muchos otros países, por las actividades de un grupo de dirigentes que organizaron sus mayorías, crearon un gran número de sindicatos para sus propios fines políticos y tuvieron el apoyo del Gobierno que, buscando una base entre los trabajadores, cedieron a los reclamos de los dirigentes comunistas.

El año pasado, el Gobierno decidió de repente cambiar de posición y empezó a fomentar un cambio de dirección en la Confederación de Trabajadores de Cuba. La convocatoria para el Congreso Obrero formulado por los viejos dirigentes comunistas se anuló y el Ministerio de Trabajo ordenó una revisión de las organizaciones obreras y sus representantes legales. Después de que se hiciera esa revisión, se celebró un nuevo Congreso y los obreros eligieron nuevos dirigentes para la Confederación, con el beneplácito del Gobierno.

El viejo grupo celebró su Congreso y sostuvo que el segundo carecía de validez, pero el Gobierno decretó que fue válido y el asunto está pendiente de decisión jurídica.

Luego, los nuevos dirigentes, la mayoría de ellos miembros del Partido Auténtico que está en el poder desde la elección de Grau en 1944, iniciaron una campaña para sustituir a los viejos dirigentes en las organizaciones obreras locales. Este proceso se está llevando a cabo, afectando, como es natural, las relaciones entre patronos y obreros.

Los grupos opuestos exigen al patrón, en cada caso, tramitar asuntos laborales con ellos, aconsejando a la vez que cualquier gestión con el otro sería un acto de agresión.

El asunto se complica más por el hecho de que el Ministerio de Trabajo determina cuales dirigentes son legalmente eligibles pero sus resoluciones están sujetas a apelación administrativa y jurídica. Por lo tanto, la parte que pierde (la comunista) siempre mantiene que el asunto todavía no está decidido, que el Gobierno está simplemente tratando de introducir miembros de su partido político en las organizaciones obreras y que ésta es una situación provisional ya que realmente ellos continúan con el apoyo de la mayoría de los trabajadores.

Los nuevos dirigentes sostienen que el Ministerio de Trabajo los ha reconocido (con frecuencia elegidos fraudulentamente) como los representantes legales de los trabajadores y también que los patronos no deben ya tratar con los viejos dirigentes.

Todavía no se sabe cual va a ser la actitud final de los trabajadores apolíticos, pero es evidente que muchos siguen apoyando a los viejos dirigentes, interpretando la acción del Gobierno como un ataque directo al trabajo.

Es importante señalar que estas controversias son continuas, con excepción de breves lapsos, aún cuando no hayan grandes aspectos que resolver entre la parte patronal y la parte obrera. Es algo que surge en cuanto a cualquier asunto de menor importancia que se tenga que discutir entre la gerencia y los trabajadores de una fábrica.

La nueva posición anticomunista del Gobierno se atribuye generalmente a acuerdos secretos de carácter internacional con los Estados Unidos y países de América Latina y es de suponer que, como tal, se mantendrá. Pero estamos en un año electoral y el Partido Socialista Popular busca una alianza electoral que pueda estar acorde con sus intereses y pueda resultar en una nueva posición gubernamental hacia los viejos dirigentes obreros sino hacia el comunismo.

De cualquier modo, el Gobierno no ha desencadenado una lucha abierta y frontal contra los comunistas. Todavía mantiene su partido, su periódico y su emisora radial para sus fines propagandísticos, así como senadores y representantes para intervenir en la situación política del país.

(fdo) Dr. Felipe Silva

Memorándum del 15 de marzo de 1948

La situación laboral, como la expliqué en mi memorándum del 7 de enero de 1948, se agravó considerablemente hacia finales de enero y en todo febrero, sobre todo en la fábrica de cigarros de la Compañía.

Los trabajadores de esta fábrica pertenecen a uno u otro de los dos sindicatos que abarcan a trabajadores similares en otras fábricas de cigarros: la Unión de Dependientes y la Unión de Obreros de la Industria Cigarrera.

Los dirigentes de ambas Uniones que pertenecían al grupo comunista fueron desplazados por nuevos dirigentes (Auténticos) cuya elección aparentemente por un grupo minoritario fue respaldada oficialmente por una Resolución del Ministerio de Trabajo.

Los nuevos dirigentes pidieron que la Compañía reconociera el hecho de que el resultado de las elecciones oficialmente confirmadas había sido apelado al Presidente de la República (lo cual es cierto) y que no surten efecto legal hasta la fecha. Este argumento se acepta generalmente como válido, pero es discutible ya que las Resoluciones en cuestión son de un carácter muy especial.

Es más, los nuevos dirigentes notificaron a esta Compañía, y a algunos otros fabricantes de cigarros, que los delegados obreros en los distintos departamentos de la fábrica habían sido sustituidos por nuevos que pertenecían a su propio grupo.

Los viejos dirigentes se nos presentaron dentro de las 24 horas con un documento firmado por la gran mayoría de los Dependientes afirmando que seguían apoyando a sus Delegados anteriores y que la Compañía tenía que seguir tratando con ellos.

Una solución pudo haber sido una nueva elección supervisada por un

Inspector del Ministerio de Trabajo pero ni el Ministerio ni los nuevos dirigentes estaban dispuestos a que se efectuara una elección honesta, a sabiendas de que todavía no tenían una mayoría entre los Dependientes.

Esta situación imposibilitó trabajar horas extras necesitadas para mantener el actual volumen de producción. Ha sido costumbre de que el Delegado llame a los obreros a que les corresponda trabajar horas extras según un escalafón, y los Delegados de ambos grupos insistieron en hacerlo, como asunto de gran importancia.

La situación se complicó de tal manera que la elevamos a la Asociación Nacional de Fabricantes de Cigarros. Los Señores Rafael Martínez, Isaac L. Muniains y yo asistimos a una reunión de la Asociación donde supimos que otros fabricantes afrontaban problemas similares pero que en ninguna otra fábrica fueron tan críticos como en la nuestra. Los fabricantes de dos de las principales marcas, El Cuño y Partagás, también fueron con sus abogados a la reunión, que hizo un total de cinco abogados presentes, incluyendo a los dos de la Asociación.

La única solución que se pudo encontrar fue la de elevar la situación al Ministro de Trabajo, y esa fue la decisión unánime.

La mañana siguiente, que fue un sábado, los fabricantes se reunieron con el Ministro de Trabajo que mostró un gran interés en el asunto. Hablando a nombre del Gobierno, enfatizó la opinión de que el cambio en la dirigencia de los sindicatos tenía que seguir llevándose a cabo y que los fabricantes no podrían no tomar partido en dicha situación ya que representaba una lucha contra el comunismo. Como un paso inmediato en aliviar la gran responsabilidad que enfrentaban los fabricantes, sugirió designar un oficial de su Ministerio en cada fábrica de cigarros, para que interviniera en los conflictos existentes. Los fabricantes insistieron en que se designaran oficiales para todas las fábricas. También solicitaron del Ministro que se estableciera la representación legal de los sindicatos, de manera que los fabricantes de punto de vista legal tendrían que tratar con la representación oficialmente reconocida, a pesar de una posible revisión en los tribunales que probablemente no sería hasta dentro de dos o tres años.

Durante la semana siguiente, varios fabricantes fueron visitados por oficiales del Ministerio de Trabajo quienes les notificaron de una Resolución por la cual se designaban cinco oficiales para todas las fábricas para intervenir en todos los conflictos laborales y particularmente para asegurar que los trabajadores los reconocieran como sus nuevos representantes legales. Los oficiales además notificaron a la parte patronal los nombres de los nuevos Delegados con quienes tendrían que tratar en todos los asuntos laborales.

Los viejos dirigentes y Delegados inmediatamente exigieron que la parte patronal tratara con ellos, haciendo caso omiso de la presencia en las fábricas de los oficiales del Gobierno, y sostuvieron que los nuevos dirigentes no representaban la mayoría de los trabajadores.

La situación se discutió en varias reuniones de la Asociación Nacional de Fabricantes y no hubo unanimidad en cuanto a los pasos que habrían que tomar ya que no fueron los mismos problemas en todas las fábricas. Hay dos fabricantes que todavía no han recibido funcionarios del Gobierno, debido al hecho de que los nuevos dirigentes no han podido establecer una representación completa en sus fábricas. No obstante se llegó a un acuerdo en una primera reunión sobre aceptar a la intervención de los funcionarios del Gobierno y pedir otra Audiencia al Ministerio de Trabajo con los propósitos siguientes:

1. Explicarle nuevas facetas de la situación.
2. Insistir en la resolución de la apelación administrativa de los viejos dirigentes.
3. Solicitar una Resolución por la cual el procedimiento de que el Delegado obrero llame a los trabajadores para que trabajen horas extras, se descontinúe y se sustituye por un sistema por el cual el capataz de cada departamento los llame, evitando así los conflictos creados por la existencia de dos grupos de Delegados.

La Audiencia se efectuó el lunes, primero de marzo, y el Ministro comentó los tres puntos arriba mencionados en la siguiente forma:

1. Que el proceso de sustituir a los viejos dirigentes comunistas continuaría porque fue la intención del Gobierno acabar con la influencia comunista sobre los sindicatos.
2. Que la apelación administrativa tendría que seguir su curso, después que todos los anteriores se habían examinado y se habían emitido los fallos correspondientes. No obstante, se interesaría en le Presidente hiciera un fallo lo más pronto posible.
3. Que pensó que era factible abolir el viejo procedimiento.

Luego el Ministro formuló varias preguntas en cuanto a que si fuera posible emplear nuevo personal. Mencionó que la idea era dejar entrar en las fábricas algunos hombres capaces de organizar el movimiento anticomunista desde adentro. Los fabricantes expresaron unánimemente que tenían un exceso de personal.

El Ministro de Trabajo convocó una nueva reunión para que los fabricantes discutieran con los nuevos dirigentes el acápite número 3, es decir, el llamado de horas extras hecho por el capataz.

La reunión se efectuó el viernes, 12 de marzo, y no llegó a ningún acuerdo porque los nuevos dirigentes insistieron en actuar con todas las facultades de sus predecesores. Se habló otra vez en esa reunión sobre la posibilidad de personal nuevo y otra vez los fabricantes se opusieron, por lo menos mientras no se había llegado a un fallo respecto a las apelaciones administrativas desde la Presidencia. Los representantes del Ministro en esa reunión ofrecieron que se llegara a un fallo durante la semana siguiente.

Mientras estas discusiones tomaban lugar, surgieron problemas continuos y fueron enfrentados en nuestra fábrica de cigarros. Algunos de esos problemas se eliminaron, pero otros quedaron pendientes porque no se encontró solución satisfactoria. Los Señores Rafael Martínez, Isaac Muniains y yo los hemos manejado en consultación con Dr. Ernesto Freyre de Rosales, Gorrín y Mañas siempre y cuando fuera posible y conveniente.

Nuestra posición se dificulta más debido a que la minoría de los trabajadores que apoya los nuevos dirigentes es más activa en nuestra fábrica que el grupo correspondiente en otras fábricas.

Aún así, la situación fue muy difícil en la fábrica El Cuño, que fue escenario de un motín cuando se dispararon dos tiros y un trabajador fue herido por otro con una herramienta de trabajo.

Una de las exigencias que nos impusieron los nuevos dirigentes fue trasladar cuatro hombres de la Unión de Empleados para la Unión de Dependientes, cuyo traslado los hombres en cuestión también pidieron y fue aceptado por la Unión de Empleados.

Durante las últimas dos semanas de febrero, cuando se conoció públicamente que los despalillos se cerrarían durante varios meses, surgieron nuevos problemas porque los nuevos dirigentes, encabezados por el Señor Ángel Cofiño, secretario general de la Confederación de Trabajadores de Cuba, exigieron que se obviara o pospusiera la medida. Aceptaron el punto de vista de la Compañía en cuanto a política económica pero apelaron desde un punto de vista humanitario y amenazaron con elevar el asunto al

Presidente Grau. Después de muchas discusiones se llegó a un acuerdo por lo cual los despalillos trabajarían cuatro semanas en marzo, dos en abril y dos en mayo, a razón de cuatro días por semana. Eso no fue ni lo que la Compañía necesitaba, ni lo que los trabajadores demandaban, sino un arreglo práctico. Se les informó que no se trabajará durante varios meses después de mayo, pero sabemos que lo mismo, aunque aceptado, traería nuevos problemas después del primero de junio, momento en que se elige un nuevo Gobierno. Recomendaríamos estar preparados con algún plan que no dará la impresión de un receso permanente o de larga duración en las operaciones de despalillo.

En este momento, parece que los comunistas quedarán sólos en las próximas elecciones del primero de junio. Se habla crecientemente de la decisión del Gobierno de acabar dentro de poco tiempo con su periódico y su emisora radial. Se dice que esto ocurrirá tan pronto que la Conferencia de Comercio y Empleo de la ONU en La Habana termine este mes. De ser así, la situación puede aliviarse, ya que los nuevos dirigentes probablemente podrán apoderarse más de los sindicatos y sabremos con quienes tratar. Problemas nuevos surgirán pero terminará la presente situación de incertidumbre.

Podremos decir que todo se ha suavizado en la fábrica de cigarros en las últimas dos semanas. Se ha trabajado de forma normal y no se ha producido ningún acto de violencia.

Todavía hay problemas menores en los despalillos en relación con la división sindical pero la situación parece estar bastante bajo control.

La fábrica de tabacos está tranquila por ahora pero tememos que surjan problemas cualquier día porque los torcedores continúan apoyando a sus viejos dirigentes. El nuevo grupo es pequeño y no ha sido muy activo hasta la fecha.

(fdo) Dr. Felipe Silva

II. Dos denuncias oficiales ante el Ministerio del Trabajo y el Buró Represivo de Actividades Comunistas de Cuba, 1956 y 1957

1. Asociación Cubana Pro-democracia

Al Sr. Ministro de Trabajo
Ministerio de Trabajo

Señor:-

JUSTO QUIJANO MARTÍNEZ, natural de La Habana, ciudadano cubano, mayor de edad, casado y vecino de la calle San Lázaro, No.473 (altos), en esta Ciudad en mi carácter de RESPONSABLE tabacalero de la Asociación Cubana Pro-democracia ante usted, respetuosamente, comparezco y como mejor proceda manifiesto:-

Que al amparo de las disposiciones legales dictadas y tendientes a evitar que los organismos sindicales se trasformen en aparatos al servicio de ideas y prácticas totalitarias y extranjerizantes, muy especialmente la evidente penetración COMUNISTA dentro de esos organismos, vengo por el presente escrito a solicitar la INTERVENCIÓN del COMITÉ EJECUTIVO de la llamada FEDERACIÓN TABACALERA NACIONAL, basada esta solicitud en los siguientes:-

HECHOS

PRIMERO:- Que es evidente y notoria la labor de penetración comunista que viene realizando el Señor Francisco Rosell, desde el cargo de SECRETARIO DE LA FEDERACIÓN TABACALERA NACIONAL, el que conjuntamente con el Señor PEDRO PÉREZ CRESPO, han organizado 'CÉLULAS BLANCAS COMUNISTAS' en la Unión de Dependientes del ramo del tabaco, aparatos que están desarrollando un trabajo organizado al servicio de esa ideología extranjerizante.-

SEGUNDO:- Que en la CIGARRERA COMPETIDORA GADITANA se ha organizado y se encuentra funcionando una llamada COOPERATIVA DE AHORROS, cuyo ejecutivo está integrado entre otros por los señores PEDRO PÉREZ CRESPO, FRANCISCO LLANI y JOSÉ ANIEROS, estos últimos militantes del Partido Comunista de Cuba, aparato que labora como 'NÚCLEO ECONÓMICO DEL PARTIDO' en sus labores de penetración y propaganda.-

TERCERO:- Que el Sr. Francisco Rosell, Secretario de Organización de la Federación Tabacalera Nacional ha cursado diversas comunicaciones al ejecutivo de la Unión de Cigarreros, pidiendo el ingreso de connotados líderes comunistas en ese organismo, documentos que pueden ser presentados si así se solicita.-

CUARTO:- Que es de público conocimiento el pacto firmado entre el Sr. Luis Serrano Tamayo, secretario general de la Federación Tabacalera Nacional, de una parte y el Partido Comunista de Cuba de otra por el cual ingresaron en el ejecutivo de la Federación Tabacalera Nacional, diversos y connotados líderes 'rojos' entre ellos FAUSTINO CALCINES, INAUDY KINDELÁN, DIEGO LEÓN y otros, componienda que levantó una inmensa protesta entre los trabajadores cubanos de esa organización obrera y que fue en parte conjurada por una Resolución Ministerial dictada al efecto por la que se dispuso la separación de los cargos de estos agentes comunistas, pero informaciones que obran en nuestro poder nos permiten asegurar que esta vieja componenda está en vigencia desde un punto de vista secreto.

QUINTO:- Que es de público conocimiento que el dirigente comunista DIEGO LEÓN, fue trasladado de su centro de operaciones en el término de Santa Clara, para el término Municipal de Artemisa bajo la protección del Sr. GILBERTO LIMA, miembro del ejecutivo de la Federación Tabacalera Nacional y delegado obrero a la caja de retiro tabacalero como parte de nuevas facetas del antiguo pacto que se encuentra en vigencia.

SEXTO:- Que es de público conocimiento que en reuniones celebradas en el local de la Federación Tabacalera Nacional en la que intervinieron entre los líderes 'rojos' EVELIO LUGO DE LA CRUZ, exsecretario general del sindicato de torcedores; INAUDY KINDELÁN ex-miembro del Comité Ejecutivo de la Federación; FERNÁNDEZ ROIG Jr., hombre de acción del Partido Comunista; se tomó el acuerdo de agredir físicamente a diversos líderes obreros, agresiones que se llevaron a cabo en las personas de José María Pino, y Generoso Barada, por los señores Kindelán, Fernández Roig, Isaac Michel Escalona y otros.

SÉPTIMO:– Que las propagandas comunistas, 'CARTA SEMANAL', 'DIABLO COJUELO', 'MAGAZIN MELLA', 'RESPUESTAL DEL PSP' se distribuyen libre y públicamente en casi todos los centros laborales con la anuencia del ejecutivo de la Federación Tabacalera Nacional en cumplimiento del pacto secreto de no-agresión que existe entre los líderes de la Federación Tabacalera Nacional y el PCC.

OCTAVO:– Que consideramos de gran importancia, por el evidente daño que realiza en la mente y pensamiento del trabajador tabacalero esta saturación de propaganda 'roja' y solicitamos independientemente de cualquier otra medida, la rápida intervención de las autoridades componentes para poner coto a esta situación.

NOVENO:– Que existe el trabajo organizado del Partido Comunista en los llamados 'COMITÉS CONTRA LA MECANIZACIÓN DEL TABACO TORCIDO' aparatos que en su inmensa mayoría son orientados y dirigidos por los comunistas y que entre otros fines son empleados para engrosar los fondos de propagandas, mediante colectas y 'derrames' entre los trabajadores, siendo empleados los fondos y así obtenidos en propaganda directa del comunismo cubano.

DÉCIMO:– Que en la PLENARIA PROVINCIAL celebrada recientemente en la ciudad de Santa Clara para la lucha contra la mecanización del tabaco torcido, se comprobó una vez más lo que denunciamos en esta exposición pues este acto se transformó con la anuencia del Sr. Ronaldo Santos, delegado provincial, en un verdadero mitin de propaganda comunista con la intervención destacada de los conocidos militantes INAUDY KINDELÁN, DAVID CONCEPCIÓN, MIGUEL REY, un tal PERDOMO y otros.

UNDÉCIMO:– Que sorprendió a los trabajadores cubanos allí presentes el desmedido elogio que a la persona del conocido comunista INAUDY KINDELÁN hizo el Sr. Vera Ayón, que presidia la Asamblea Plenaria y que ocupa destacados cargos dentro del movimiento obrero tabacalero.

DUODÉCIMO:– Que como parte del pacto existente entre la Federación y los líderes comunistas criollos se están gestando diversos golpes de mano con objeto de entregar algunos organismos obreros dirigidos por conocidos anti-comunistas a personas que gozan de la anuencia y protección de los líderes rojos cubanos.

POR TODO LO EXPUESTO

Al Señor Ministro del Trabajo suplicamos:– Que sea una vez admitido este escrito y comprobados los hechos en el relatado se sirva de disponer las medidas pertinentes y oportunas para lograr la erradicación de la vergonzosa situación existente y en evitación de que un organismo de reconocida influencia en la mentalidad del trabajador cubano se transforme definitivamente en un aparato al servicio del comunismo internacional.

Se remite copia a:– La CTC

La Habana, 9 noviembre 1956

Fuente: ANC, CNPDTH, TCSA expedientes sin clasificar.

2. Carta del Ministro del Trabajo al Sr. Vicepresidente, Director del BRAC (Buró Represivo de Actividades Comunistas).

Asunto: Investigación sobre actividades comunistas.
La Habana, enero 1957

Señor:

Con fecha 19 de enero se ha recibido en este Ministerio escrito del Sr. Eusebio Mujal Barniol, secretario general de la CTC, acompañando otro de fecha 16 del propio mes y año, que copiado literalmente dice:

SINDICATO DE TORCEDORES DE MARIANAO, Avenida 51, No.14019, Marianao, enero 16 de 1957. Compañero Eusebio Mujal Barniol, Secretario General de la CTC, Palacio de los Trabajadores de La Habana.

Estimado Compañero: Por medio de la presente me estoy dirigiendo a ti con el objeto de señalarte lo siguiente: Que de acuerdo con los últimos acontecimientos acaecidos en el país, y que han sido planeados y dirigidos por su mayoría por elementos comunistas, con el único fin de entorpecer la buena marcha en los distintos centros de trabajos es por el que a continuación te señalo los elementos significados y que reciben consignas comunistas, que son los siguientes:

En la fábrica de tabacos 'Beck'

Eladio Zulueta	Comunista	Responsable
Ángel Chacón	"	"
Rigoberto Marange	"	"
Jerónimo Flores	"	"
Samuel Morales Sablón	"	"
Luis Felipe Mantilla	"	"

OPOSICIONES QUE FUNCIONAN CON LOS RESPONSABLES COMUNISTAS
Jesús Colomé Gutiérrez, Roberto Herrera Cárdenas, Juan Antonio Rodríguez.

En la fábrica de tabacos José L. Piedra

José Ramón Cabrera	Comunista	Responsable
Felipe Suárez	"	"

Signifícote que los nombres antes mencionados son los elementos prestos en cualquier momento a perturbar el buen desenvolvimiento de estos centros de trabajo. Sin otro particular, quedo tuyo fraternalmente, BIENVENIDO HERNÁNDEZ, Secretario General.

Los que se transcribe a usted, por si tiene a bien disponer lo pertinente, en cuanto a los antecedentes y actividades denunciadas.

De Ud, muy atentamente,

(Fdo) Dr. José Suárez Rivas

Ministro del Trabajo

Fuente: ANC, CNPDTH, TCSA expedientes sin clasificar.

Notas

INTRODUCCIÓN: LA ECONOMÍA TABACALERA MUNDIAL EN CUBA

1. La historia de Duke se puede hallar en Gustavus Myers, *History of the Great American Fortunes*, Nueva York, 1937.
2. Esto parece ser realmente cierto de los británicos, en B. W. E. Alford, *W. D. and H. O. Wills and the Development of the UK Tobacco Industry, 1786-1965*, Londres 1973.
3. 'Tabak', *Handwörterbuch der Staatswissinscheften*, Vol. 7, Berlin, 1901.
4. *Flue curing* es un proceso artificial de resecado. Una hoja más suave y lustrosa se obtiene. De ahí el nombre de 'Virginia Bright'.
5. Alford (1973) menciona la máquina de 1867, pero no sus propietarios. Otros informes se refieren al éxito de la máquina de Susini en la Exposición de 1867. Es poco probable que existieran dos.
6. Citado en Richard B. Tennant, *The American Cigarette Industry*, New Haven, 1950, p.24.
7. Ver Myers, *History*, para relatos esclarecedores sobre el vertiginoso desarrollo de los monopolios norteamericanos, incluyendo la ATC, las primeras oposiciones que enfrentaron y la forma en que las contrarrestaron; Tennant, *The American Cigarette Industry*, para el caso en contra de la American Tobaco. El US Bureau of Corporations, 1909, analizó la historia completa de las grandes ganancias, emisiones inflacionarias de acciones, etc. y fue motivo suficiente para que la Corte Suprema fallara que el Trust estaba en franca violación de la Ley Sherman de 1890.
8. Un interesante paralelo fue la lucha entre Camel y Lucky en Estados Unidos. Para un divertido artículo, ver 'Camels of Winston-Salem', *Fortune*, 3:1, 1931, p.45.

9   Sobre el crecimiento de estas compañías, ver *Moody's*, 1916-1936.
10 En respuesta a las crecientes preocupaciones sobre el peligro a la salud atribuido al hábito de fumar y de las nuevas industrias en expansión de productos alimenticios y cosméticos, todos los monopolios tabacaleros rápidamente penetraron estas dos últimas. La ITC adquirió la HP Sauce Ltd (1967) y la National Canning Co. y la Ross Group (1978), cambiando su nombre por el de Imperial Tobacco Group Ltd. Resulta interesante que luego de más adquisiciones en este campo, la parte Wills del IT Group construyó una enorme planta en Bristol completamente equipada para efectuar los cambios pertinentes del tabaco a los alimentos cuando el momento así lo requería. El grupo de BAT adquirió Lentheric Ltd (1965), Morny (1966), y Yardley y el Germaine Monteuil Cosmetics Group (1968). En 1969 la ATC se convirtió en la American Brands al apoderarse de Sunshine Biscuits y otras compañías alimenticias. También Reynolds había penetrado el mismo sector alimenticio, al adquirir la Pacific Hawaiian Products Co. (1963), Penick Ford Ltd (1965) y Patio Foods Inc. (1967). Otras sucursales incluyen a la Filmco Corp. e Industrias Mclean.
11 Tennant, *The American Cigarette Industry*.
12 Ver 'Rufus Lenoir Patterson's cigar machine', *Fortune*, 1:2 (June 1930), p.56.
13 No siendo un país productor de tabaco, la ITC desarrolló corporaciones de ultramar para tabaco en rama. Un interesante estudio de la ITC es E. Twiston Davies, *Fifty Years of Progress: An Account of the African Organization of the Imperial Tobacco Company*, Bristol, 1958.
14 CNPDTH, *Nuestros mercados de tabaco, 1902-1930*, 1931.
15 Creada inicialmente por los gobiernos de Estados Unidos y Gran Bretaña como la Anglo-American Caribbean Commission, dejó de ser anglo-americana en 1945 cuando Francia y Holanda entraron a formar parte de la misma. Los países incluidos en su estudio fueron: Bahamas, Barbados, Guyana Británica, Honduras Británica, Curaçao, Guyana Francesa, Guadaloupe, Jamaica, Islas de Sotavento, Martinica, Puerto Rico, Trinidad y Tobago, Islas Vírgenes de Estados Unidos, Islas de Barlovento, Granada, Santa Lucía y San Vicente.
16 'Note on Cuban Revolution', *Fortune*, 1:2 (junio 1930), p.148.

1: DON TABACO, 1817-88

1   Para más información sobre la Factoría, ver José Rivero Muñiz, *Tabaco: su historia en Cuba*, La Habana, 1965.
2   Un interesante relato de este período completo puede hallarse en Manuel Moreno Fraginals, *El ingenio*, La Habana, 1964.
3   Samuel Hazard, *Cuba a pluma y lapiz*, La Habana, 1928 [1871].
4   Un detallado relato de la fábrica, además de comentarios en el libro de visitas sobre estos años, se incluye en *Projet définitif d'une fabrique de cigarettes (genre La Havanais) établie a St. Sebastien (frontière d'Espagne) avec la marque* LA HONRADEZ *(L'Honorabilité) de la Havane et funcionant avec les* MACHINES SUSINI *brevetées*, Paris, 1869.
5   *Balanza general del comercio de la Isla, 1859*, La Habana, 1861.

6   *Noticias estadísticas de la Isla de Cuba en 1862*, La Habana, 1864.
7   Una fuente sustancial de consulta para los finales del siglo XIX fueron los British Consul Trade and Shipping Reports, *British Parliamentary Papers, Blue Books* (BPP, BB).
8   Don Pedro López Trigo y Pezuela, *Estadística de exportación de la Isla de Cuba, 1890*, La Habana, 1892.
9   Los Conill, catalanes, fueron una importante familia en asuntos de negocios, finanzas y política. Juan Conill fue miembro fundador del banco La Alianza, asesor del Banco Español, miembro del Ayuntamiento de La Habana y de la Junta de Fomento. En sus últimos años de vida trasladó sabiamente sus intereses del tabaco al azúcar.
10 Antonio Bachiller y Morales, 'Memorias sobre la exportación del tabaco', in *Memorias de la Real Sociedad Patriótica de La Habana*, La Habana, 1839, pp.323-50.
11 Miguel Ferrer y Martínez, *El tabaco: su historia, su cultivo, sus vicisitudes, sus afamadas vegas en Cuba*, Madrid, 1851.
12 Rivero Muñiz, *Tabaco*, p.280. La solicitud de Susini pasó a estudio de José María de las Casas, quien informó que los razonamientos expuestos fueron 'tan sofísticos y tan contrarios a los buenos principios económicos, que no debían ser tomados en consideración.' El Superintendente General de Hacienda aprobó el dictamen de Casas y nada más hizo al respecto a lo solicitado por Susini.
13 Ramón de la Sagra, *Cuba 1860*, La Habana, 1831; reeditado en 1963.
14 BPP, BB, vol. 67, pp.803-18.
15 *Revista Económica*, 1878, p.237. La parte más pesada de la hoja es la vena central.
16 Los Bances eran una antigua familia asturiana de banqueros e industriales. En el Registro Mercantil de La Habana se consigna que don López Bances era propietario de la fábrica de cigarros El Africano y de los tabacos Partagás. Francisco Granda Bances era dueño de los tabacos Palma Real.
17 Texifonte Gallego y García, *Cuba por fuera*, La Habana, 1890.

2: LA PENETRACIÓN DEL CAPITAL MONOPOLISTA, 1888-1902

1   Información más completa sobre este y otros acontecimientos puede ser recogida en *Burdett's Official Intelligence* y en el *Registro Mercantil de La Habana*.
2   Para una discusión sobre el engranaje de los intereses agrícolas y manufactureros, ver capítulo 6.
3   No se encontró evidencia como para poder ubicar estas compañías relacionadas con las que se formaron la ITC, aunque por la fecha parecería indicar que el traspaso corresponde a los acuerdos entre ATC y la ITC en 1901.
4   Esto aparece en Philip Foner, *The Spanish-Cuban-American War and the Birth of US Imperialism*, New York, 1972, y en Karl Grismer, *Tampa*, Florida,

1950. La manufactura de Tampa fue posteriormente golpeada por la depresión de 1929 y por las grandes corporaciones norteñas que producían tabaco a máquina.
5   El informe completo de los manufactureros, de donde se cita la cláusula 6, y la respuesta del gobierno central constituyen una lectura elocuente y son incluidos en Vidal Morales y Morales, *Documentos relativos a la información económica de Madrid y al Comité Central de Propaganda de La Habana (1890)*, Colección Facticia Vol. 18. Una buena fuente para estos años son los dos folletos de Julio Le Riverend, 'Años terribles para la economía tabacalera', *Habano*, 3:1 y 3:2 (1941).
6   La cláusula 4 de la declaración de la Junta General de la Unión de Fabricantes de Tabacos, incluida en *Memoria de los trabajos más importantes realizados por la corporación desde 18 septiembre de 1890 hasta 5 de febrero de 1894 en defensa de los intereses generales de la industria que representa*, La Habana, 1894.
7   Manuel Valle y Fernández, presidente de la Unión de Fabricantes, al Ministro de Ultramar de España, incluido también en *Memoria* (1894).
8   Ibídem, p.91.
9   El informe de Bock incluido en Robert Porter, *Industrial Cuba. Being a study of the present commercial and industrial conditions with suggestion as to opportunities presented in the island for American capital and labour*, Nueva York y Londres, 1899.
10 Otros grandes monopolios que penetraron Cuba durante estos años fueron Bethlehem Iron, Havermeyer Sugar y United Fruit.
11 Oscar Pino Santos en *El asalto a Cuba por la oligarquia financiera yanqui*, La Habana, 1973, indica que las inversiones británicas continuaron siendo mayores que las norteamericanas hasta 1913-14 y que una tercera parte del capital británico en Cuba se invirtió durante el gobierno de José Miguel Gómez (1909-14). El verdadero asalto a la oligarquía financiera norteamericana que produjo singular rivalidad entre el capital norteamericano y británico en los ferrocarriles, vino posterior a 1914. Sin embargo, el tabaco parece haber sido una excepción.
12 Gustav Bock, *La verdad sobre la industria del tabaco habano*, La Habana, 1904.
13 José Aguirre ofrece un relato completo de las fábricas del Trust durante este período en su respuesta a Bock, titulada también *La verdad sobre la industria del tabaco habano*, La Habana, 1905.

3: LEGADO DE UNA PASADA PROSPERIDAD, 1902-24

1   Estas y las citas subsiguientes están tomadas de Rafael García Marqués, *Account of the grave situation of the tobacco industries, the causes of their decadence, and measures which are considered necessary to save them from the ruin that menaces them*, La Habana, 1900.
2   Tomado de la versión inglesa de L. V. Abad, *Statement to the Committee of Ways and Means*, Washington, 1900.

3   Paul Serre, *Le tabac de Cuba et les cigares de la Havane*, Paris, 1911.
4   *Trabajo presentado al Honorable Señor Presidente de la República por la Comisión nominada que le informara al Gobierno acerca de la actual situación del cultivo y de la industria del tabaco*, La Habana, 1910.
5   Rivero Muñiz, en *Tabaco* (1965), sostiene que la independencia modificó poco en cuanto a la propiedad española, aunque es difícil en este período distinguir a españoles de cubanos dado que las nuevas generaciones nacidas y residentes en Cuba continuaron en el negocio. La pregunta importante sería hasta qué punto hubo fuga de capital hacia España especialmente en las primeras décadas, pero esto tiene que dejarse a un lado por el momento.
6   Estas y otras informaciones sobre las compañías provienen del Registro Mercantil de La Habana.

4: MECANIZACIÓN Y RECESIÓN, 1925-33

1   Leland Jenks, *Our Cuban Colony*, New York, 1928.
2   *El Mundo*, diciembre 6, 1925.
3   *El Mundo*, marzo 19, 1926.
4   *El Mundo*, diciembre 9, 1925.
5   Tomado de información sobre la compañía Por Larrañaga en el Registro Mercantil de La Habana.
6   El contrato por 40.000 pesos fue transferible a sucesores legítimos de la compañía, pero no a la American Tobacco Company y/o sucursales, tampoco al Havana Trust.
7   Es interesante notar que los directores de la compañía Benito Santalla (director fundador de los cigarrillos Villaamil, Santalla y Cía.), José María Díaz Villaamil (de la misma), Enrique Berenguer Gisper y Row Hampton Nelson (del consejo de directores de Por Larrañaga) no tuvieron fuertes vínculos con la industria del torcido.
8   Para una discusión más completa de la lucha contra la máquina, ver capítulo 15.
9   Publicado completamente como 'De la Unión de Fabricantes de Tabacos y Cigarros de la Isla de Cuba. Exposición al Sr. Presidente de la Republica', *El Mundo*, 11 octubre 1926.
10 Dectreto Presidencial 266 de febrero 27. Un interesante aparte es que la presión ejercida contra Por Larrañaga parece haber causado divisiones internas. Actas de una reunión extraordinaria del consejo en 1927, citan a Alonso cuando dijo que el viejo consejo había renunciado 'para dejar en libertad de acción a las Antillas Cigar Corporation para la provisión de los mismos'. El nuevo consejo – posiblemente aceptable a Antillas – tuvo como presidente a Sydney Rothschild (posteriormente presidente de la Rothschild-Samuels-Duignan, tabaco en rama) y Benito Santalla como su vice. Alonso tenía especialmente vínculos fuertes con la industria del tabaco, surgió como aprendiz en la fábrica de Bock (1884) para convertirse en gerente de La Corona (1898), y gerente (1902) y director gerente (1906) de Partagás. Esto

al parecer pudo haber sido para presionarlo a que respaldara la máquina, y lo que es cierto es que estuvo de nuevo como director gerente en 1928 de Larrañaga luchando, aunque sin éxito, por la abolición del anillo adicional o por lo menos que aceptara el letrerito de 'hecho a máquina' escrito en el anillo habitual.

11 El texto de la ley que creó la CNPDTH en la *Gaceta Oficial*, agosto 1927, define el carácter y propósitos de sus actividades.
12 Dr Antonio Valverde y Mururi, 'Producción de tabaco', conferencia en la Escuela de Comercio de La Habana, marzo 26, 1929.
13 'Informe de la Unión de Fabricantes a la Comisión Nacional de Propaganda y Defensa del Tabaco Habano', *Boletín del Torcedor*, diciembre 1, 1929 (suplemento).
14 Según el 'Laudo impartido en el problema de Por Larrañaga', publicado en el *Boletín del Torcedor*, agosto 1, 1930, pp.18-19, ochenta marcas registradas en total no se podían hacer a máquinas.
15 *El Mundo*, enero 14, 1932.
16 Un indicador de la presión que el resto de los fabricantes ejercieron contra Por Larrañaga puede verse en una carta del director de la Henry Clay and Bock, Stuart Houston, dirigida a Gregg, vicepresidente de la Cuban Tobacco, el 18 de enero. Houston escribió: 'Los intereses que representa la Asociación de Fabricantes de La Habana me han solicitado que le explique los hechos anteriores con la esperanza de que le haga una advertencia (de ser posible verbalmente) a los funcionarios de la American Machine and Foundry Company, de si estamos en lo cierto de creer que la compañía controla la política de los intereses de Larrañaga aquí, respecto a los destructivos efectos de esta acción', Archivo Nacional de Cuba (ANC), CNPDTH, TCSA, expediente 291.
17 *El Mundo*, marzo 13, 1932.
18 ANC, CNPDTH, TCSA, expediente 291.
19 Ibídem.
20 'La Corona', *Fortune*, 7:3 (febrero 1933), p.74. Los tabacos tienen dos nombres: uno es el de la marca y el otro es el que designa la vitola. Existe una sola marca Corona, pero todos los tabacos de primera tienen una vitola 'Corona'.
21 ANC. CNPDTH, TCSA, expedientes 1 y 2.

5: UN NUEVO TRATO PARA EL TABACO, 1934-58

1 'Cuba tiene en su tabaco un monopolio natural', *Habano*, abril 1935, p.18.
2 'Tobacco: monthly comments', *Cuba Importadora e Industrial*, febrero 1936, p.44.
3 'Pasado y futuro del tabaco habano', *Cuba Importadora e Industrial*, mayo 1936, p.73.
4 *El Mundo*, enero 6, 1927.
5 En la provincia de Las Villas, la General Cigar Company of Cuba Ltd operaba grandes talleres de despalillo en Camajuaní, Cabaiguán, Remedios, La Esperanza y Santa Clara; Rothschild-Samuels-Duignan en Placetas y

Camajuaní. En la provincia de Pinar del Río, H. Duys and Co. en Santiago de las Vegas, Ruppin en San Antonio de los Baños, Cuban Land en Santiago de las Vegas, etc. Ver *Primer censo de los obreros de la industria tabacalera*, La Habana, 1947.
6   Lee Samuels, 'Duras realidades', *Habano*, mayo 1935, p.21.
7   'Otra restricción en proyecto: la tabacalera', *Cuba Importadora e Industrial*, noviembre 1936, p.25. Aunque aprobado por el Senado, el proyecto de Garriga fue rechazado en la Cámara por 90 votos contra 4. La Asociación de Fabricantes de Tabacos de Estados Unidos recibió con agrado tal oposición. La Ley de Defensa del Tabaco decía: 'perjudicaría la estrecha relación de interdependencia de que ahora gozamos la cual, durante muchos años, ha sido ventajosa para los intereses tabacaleros cubanos y norteamericanos'.
8   'El embullo intervencionista: un nuevo intento de restricción tabacalera', *Cuba Importadora e Industrial*, junio 1939, p.29.
9   Leslie Pantin (entonces presidente de la Asociación de Comerciantes y Cosechadores de Tabaco), 'El clamor del sector tabacalero', *Cuba Importadora e Industrial*, diciembre 1939, p.29.
10 Manuel Rodríguez López, 'Hay que fomentar la exportación de cigarrillos', *Habano*, febrero 1935.
11 'Un criteria erroneo', *Tabaco*, abril 1935, p.1.
12 Ricardo A. Casado, 'En torno a nuestra industria cigarrera', *Habano*, diciembre 1939, p.60.
13 'No resistiría la industria cigarrera ningún aumento del actual impuesto', *Habano*, abril 1941, p.21.
14 'Magno desfile frente al palacio para pedir protección para el tabaco', *Habano*, abril 1942, p.6.
15 'Criterios en discrepancia sobre la suspensión de la cuota de Cuba en los Estados Unidos', *Habano*, mayo 1945, p.11.
16 Ibídem.
17 José Perdomo y Jorge Posse, *Mecanización de la industria tabacalera*, La Habana, 1945.
18 López del Castillo, 'Más sobre el Fondo de Estabilización Tabacalera', *Cuba Económica*, noviembre 1951, p.15.

6: EL MODO DE PRODUCCIÓN PERIFÉRICA

1   Oscar Pino Santos, 'Un siglo económico: la corona, el águila y esta libertad', *Cuba*, número especial, 1968.
2   Fernando Ortiz, *Contrapunteo cubano del tabaco y el azúcar*, 1947, p.61.
3   El demógrafo cubano Juan Pérez de la Riva sostuvo que la escasez de mano de obra fue uno de los más importantes factores subyacentes en la historia cubana del siglo XIX.
4   Aun cuando no se ha querido entrar en el debate de la esclavitud en Cuba sobre este particular – mis hallazgos son limitados y el tema no está enfocado en el presente estudio – vale la pena llamar la atención sobre la necesidad de efectuar más trabajos sobre el asunto. Ortiz estaba equivocado

en realidad cuando afirmó que el tabaco fue cultivado por blancos 'aparte de esclavos temporales' y que aunque el trabajo duro en torno a las fábricas era realizado por negros, esclavos libres y chinos, el torcido del tabaco lo hacían los españoles. Y su obra ha influido en obras más recientes como Herbert S. Klein, *Slavery in the Americas: A Comparative Study of Virginia and Cuba*, Londres, 1967, y Franklin W. Knight, *Slave Society in Cuba during the Nineteenth Century*, Madison, 1970.

5   *Noticias Estadísticas* (1864).
6   H. Friedlaender, *Historia económica de Cuba*, La Habana, 1944, p.64.
7   *Censo* fue el sistema por el cual los cosecheros cedían un porcentaje de las utilidades; *contrato de partido* era un contrato en el que se estipulaban condiciones de los cosecheros; *arrendamiento* era una forma de renta de la tierra bajo condiciones específicas.
8   Incluido en Antonio Bachiller y Morales, *Recortes de periódico, 1880-1881*.
9   R. P. Porter, *Industrial Cuba*, Nueva York y Londres, 1899.
10 Alberto Arredondo, *Cuba: tierra indefensa*, La Habana, 1945, p.257.
11 *Censo Oficial*, La Habana, 1899, y *Estadística Agropecuaria*, La Habana, 1929.
12 *Problems of the New Cuba*, Nueva York, 1935.
13 Manuel Fabián Quesada, 'La crisis del tabaco, causas y soluciones', *Carteles*, octubre 27, 1935.
14 Carlos M. Raggi Ageo, *Condiciones económicas y sociales de la República de Cuba*, La Habana, 1944; Julián Alienes y Urosa, *Características fundamentales de la economía cubana*, La Habana, 1950; CNPDTH, *Primer censo...* (1947); *Memoria del censo agrícola nacional de 1946*, La Habana, 1947.
15 Lowry Nelson, *Rural Cuba*, Minneapolis, 1950. Es interesante notar que hay evidencia también de una creciente preferencia por el control indirecto de los talleres de escogidas en la década de 1940. Al entrevistar a viejos trabajadores supe que Kaffemburg Brothers, dueño y administrador de unos 12 talleres de escogidas en Santa Clara, 10 en Cabaiguán y 10 en Camajuaní, además de algunas cuantas en el resto de la provincia de Las Villas, les ofreció la opción de comprar los talleres de escogida en esa época. De esta forma la compañía mantuvo su control sobre el tabaco mientras no tuviera que arriesgarse en los años de malas cosechas.
16 Incluido en José Rivero Muñiz, 'El tabaco en la poesía', manuscritos inéditos (1946) en la biblioteca del Instituto de Historia.
17 Valentín Pardo y Betancourt, *Informe ilustrado y estadístico* (La Habana, 1863) hace un listado de 15.000 cigarreros en La Habana, 19.600 a través de la Isla. Las cifras de Hacienda para 1862 mencionan solamente 7.700 y 13.000 para un número igual de talleres. La única razón aceptable para tamaña discrepancia es que en la primera relación se incluyó la mano de obra esclava.
18 *Projet definitif...* (1869).
19 *Album de La Corona: Obsequio a sus favorecedores*, La Habana, 1898.
20 Estas y otras cifras, a no ser que se señale lo contrario, provienen del ANC, CNPDTH, TCSA, expedientes sin clasificar.
21 El trabajo al detalle trajo consigo la departamentalización de las grandes fábricas, manteniéndose ese estilo hasta el presente. La rama se manipula en la planta baja y el torcido, despalillo, escogida, fileteado, y anillado en los

pisos superiores. El lugar donde actualmente se realiza el torcido se conoce como galera. La palabra procede de las galeras de las prisiones.

22 El editorial continúa: 'Hablando en términos generales el desenvolvimiento de la industria tabacalera, fuera de la capital y dos o tres pueblos del interior de la Isla, si alguna característica ofrece es de miseria, constreñida a suplir las necesidades locales y debatiéndose en una perpetua agonía que se agudiza aún más por la absurda competencia desleal que mantienen entre sí los dueños de los talleres radicados en casi todas las poblaciones, grandes, medianas y pequeñas de la nación, y por la total carencia de escrúpulos que macula a gran parte de tales propietarios', en *Tabaco*, agosto 1939.
23 BANFAIC [Banco de Fomento Agrícola e Industrial de Cuba] *Industrial Directory*, quoted in *Investment in Cuba: Basic Information for US Businessmen*, Washington, 1956.
24 James O'Connor, 'Industrial organization in the old and the new Cubas', *Science and Society*, 19:2 (1966).

7: CAMPESINADO Y PROLETARIADO

1 A medida que aumentaba la calidad y la variedad de los tabacos, aumentaba igualmente la demanda de diferentes tipos, de ahí que se escogiera la hoja del tabaco. En realidad existen muchos grados, en los cuales la hoja varia en calidad y tamaño, según las diferentes regiones de Cuba y las distintas partes de la planta. Las hojas del centro son las mejores porque son las más grandes. Las de la parte inferior son de la peor calidad. Algunos grados típicos son: Dieciochena (hoja de mejor calidad para tabacos superiores, pero demasiado pequeña para utilizarse como capa); Diecisietecena (mucho más pequeña aún, pero muy buena para tripa) ; Octava (hoja de Remedios de pequeño tamaño y color claro que se utiliza en la mezcla nacional y como tabaco de exportación). Es tarea del escogedor saber diferenciar estos grados.
2 El despalillo – diestro proceso manual por el cual se arranca parte de la vena o nervio central de la hoja del tabaco que el operario enrolla en el dedo, quedando dos bandas o semihojas. Fue introducido para la exportación en 1878.
3 Un listado completo de los nombres de los operarios en las fábricas, talleres, escogidas y despalillos puede hallarse en CNPDTH *Primer censo...* (1947).
4 Las estadísticas de la CTC para la industria del tabaco son citadas exhaustivamente por Felipe Zapata en los apéndices a los *Esquemas y notas para la historia de la organización obrera*, La Habana, 1952. Se puede hacer útiles comparaciones con el censo de 1947 de CNPDTH.
5 El torcedor moldea la tripa dándole forma y tamaño apropiado en la palma de su mano y la enrolla hasta darle la apariencia de un tabaco. La capa es cotada hábilmente con la chaveta y torcida alrededor de la tripa empezando por el extremo donde se enciende, o boquilla, y terminando en el otro que se lleva a la boca para fumarlo, llamado perilla. Un toque de goma especial se usa para asegurar la hoja a la perilla, una pequeña cabecita de la hoja

restante, y se pega de gorro. El tabaco se corta parejo a un largo uniforme usando una pequeña máquina manual. Un torcedor experimentado termina toda la operación en cuestión de minutos.
6 Hazard, *Cuba*, p.75.
7 Rivero Muñiz, *Tabaco*, p.280.
8 Verena Martínez-Alier, *Marriage, Colour and Class in Nineteenth-century Cuba*, Cambridge, 1974. Ella cita a un sastre que comentó que pertenecer a un oficio como el suyo donde habían bastantes de color libres inferioriza a los blancos que se dedican a este quehacer, y a otro artesano que argumentó que en virtud de su pobreza y oficio de mecánico no podía casarse con una mujer blanca de su clase, (p.153).
9 Esto está tratado con más detalles en capítulos 9 y 10.
10 Los tabacos se clasifican de acuerdo a la marca, vitola, color, etc. El color varía desde el maduro basta el claro por medio de 80-100 variaciones de matices. Sólo un ojo experimentado puede notar las finas distinciones que esto entraña. Algunas de las más conocidas vitolas desde finales del siglo XIX son: Británica, Británica Fina, Victoria, Victoria Fina, Victoria Especial, Victoria Chica, Corona, Imperial, Excepcional, Media Regalía Fina, Reina María, Reina Fina, Reina, Londres, Londres Chico, Princesa, Princesita, Patriota, Liliputano.
11 Citado por Antonio Gordon y Acosta, *El tabaco de Cuba*, La Habana, 1897, p.5.

8: ¿ARISTÓCRATAS DEL TRABAJO?

1 Dos artículos particularmente largos fueron escritos en la publicación *Juriprudencia* sobre este tema: 'La libreta de los tabaqueros' por José Ignacio Rodríguez (1859), y 'La Libreta de los tabaqueros. Debe suprimirse ó conservarse ó extenderse a los demás obreros?' por el doctor Nicolás Azcarate (1869). Este último trata más sobre los problemas políticos y morales envueltos en controlar el trabajo 'libre'; el otro es particularmente informativo y sustenta completamente los puntos de la autora del presente estudio.
2 Rivero Muñiz, *Tabaco*, Vol.11, pp.307-8.
3 Ibídem, p.308.
4 Rivero Muñiz (1965) y Gaspar Jorge García Galló, *El tabaquero cubano*, La Habana, 1936.
5 Panfleto sin fecha ni título sobre el gobierno de Estrada Palma y las instituciones sociales y políticas, aunque se supone haya sido escrito alrededor de 1904-05.
6 Zapata, *Esquemas y notas*....
7 Abad, *Statement*....
8 Manuel Rodríguez Ramos, *Siembra, fabricación e historia del tabaco... con el manual del tabaquero*, La Habana, 1905.
9 García Galló, *El tabaquero cubano*, p.23.
10 'Después de la jornada', *Tabaco*, agosto 1939.

11 'Hechos y comentarios del mes', *Cuba Económica y Financiera*, abril 1951, p.15.
12 Benjamín Estrada y Morales, *Obreros distinguidos*, La Habana, 1892.
13 *Tabaco*, noviembre 1936, p.29.
14 Gaspar Jorge García Galló, *Biografía del tabaco habano*, La Habana, 1961, p.52.
15 *Libro de Cuba*, 1952, p.846.

9: MILITANCIA Y EL CRECIMIENTO DE LOS SINDICATOS

1 Rivero Muñiz cubre esto ampliamente, en *Las tres sediciones de vegueros en el siglo XVIII*, La Habana, 1962, y *Tabaco*, Vol.I.
2 Rivero Muñiz escribió una serie de artículos informativos sobre la historia de los gremios y posteriores uniones en cada sector en *Tabaco*, 1933-4.
3 *La lectura*, el capítulo 10 también toca este tema. Ver a Rivero Muñiz, *La lectura en las tabaquerías*, La Habana, 1951.
4 Es interesante señalar que de acuerdo con el censo 1899 los tabaqueros representaban el 40% de los que sabían leer y escribir en La Habana.
5 García Galló, *Biografía*....

10: INICIOS DEL REFORMISMO Y ANARCOSINDICALISMO

1 La escuela se creó en 1838 y en un par de años habían 178 aspirantes a torcedores. Para llegar a ser un tabaquero de primera, un aprendiz necesitaba de dos a cuatro años.
2 La importancia de la lectura en el sector tabacalero se ha tratado en muchos estudios. Los gérmenes de la idea al parecer arribaron a Cuba con un viajero español, Jacinto Soler y Quiroga, quien estimaba que sería un modo de aliviar el trabajo de los esclavos en las plantaciones azucareras, cafetaleras y otras.
3 Un trabajo que ilustra esto es José Antonio Portuondo, *La Aurora*, La Habana, 1961.
4 Esta y las subsiguientes cifras fueron tomadas de una colección de documentos y notas inéditas y sin catalogar compiladas por Rivero Muñiz, en la biblioteca del Instituto de Historia.
5 Los círculos culturales fueron también importantes. En 1881, el Círculo de Artesanos de San Antonio de los Baños se estableció luego de un incidente recogido com sigue por Diego González en su *Historia de San Antonio de los Baños*: 'Un incidente, nacido al ser criticado un hijo del pueblo decente y bien portado, pero tabaquero de oficio, por haber asistido a un baile dado por los elementos aristocráticos de la Villa, movió a los elementos obreros a reunirse a crear una sociedad cuya necesidad se dejaba sentir en la clase media y obrera.' Los objetivos del círculo fueron en gran medida educacionales y recreativos y se incluían clases de educación para adultos,

diáologos públicos, una biblioteca y una escuela para los hijos de los trabajadores.
6 Esto se aclara en las biografías de *Obreros distinguidos*, Estrada y Morales (1892).
7 Para más detalles de la huelga ver Antonio González y Acosta, *Reflexiones económico-político-sociales y memoria de la huelga de los tabaqueros de La Habana*, La Habana, 1887. Movimientos anteriores fueron rápidamente reprimidos.
8 Estas y las citas subsiguientes fueron tomadas de la excelente colección de documentos de Aleida Plascencia: *El Productor*, La Habana, 1967.
9 Martínez bien pudo haberse identificado más con los manufactureros de su época. Este líder obrero de 1888 estaba representando en 1891 a la Cámara de Comercio, Industria y Navegación en una comisión del gobierno central de España.
10 Gallego y García, *Cuba por fuera*, p.9.
11 González y Acosta, *Reflexiones*....
12 Estrada y Morales, *Obreros distinguidos*.
13 José Martí mantuvo que las autoridades coloniales apoyarían a los anarco-sindicalistas como una táctica divisionista.

11: NACIONALISMO REVOLUCIONARIO A LA VUELTA DEL SIGLO

1 La Federación de Fabricantes Norteamericanos de Tabacos envió una comisión a Cuba a principios de la década de 1890 para hacer ofertas a los trabajadores para que emigraran a Tampa y Cayo Hueso. Consta de que fueron tantos los que partieron de San Antonio de los Baños que el pueblo quedó virtualmente sin la industria. La razón que esgrimieron los manufactureros fue la escasez de mano de obra, pero se ha señalado que en 1893 se reclutaron 800 rompehuelgas para neutralizar el apoyo de los tabaqueros al Partido Revolucionario Cubano.
2 Zapata (1952), apéndice xxv, 'La cuestión del 75%'.
3 Rivero Muñiz, 'La primera huelga general obrera en Cuba republicana', *Islas*, 3:3 (mayo-agosto 1961).
4 En septiembre de 1899, el general William Ludlow proclamó 'Al pueblo de La Habana' que: 'El obrero de La Habana está siendo inducido a dar un paso fatal que si llega a realizarse retardará el ejercicio de la libertad y el disfrute de los derechos individuales por tiempo indefinido. Se le está impulsando a una huelga general, o sea a una total paralización de sus tareas habituales, de los trabajos esenciales en la vida cotidiana de la cual depende la existencia de los pueblos... Las autoridades saben que sólo una pequeña porción de obreros simpatizan con el movimiento y que una gran mayoría está dispuesta a no consentirlo. Ahora, precisa no ignorar el resultado. El orden será mantenido y cualquier violencia, o tumulto quedará suprimido,

y si fuese necesario se aplicará una corrección radical, tomándose todas las medidas indispensables para conservar la paz y la seguridad de la población'.

5   Esto es citado en diferentes fuentes, incluyendo Foner, *The Spanish-Cuban-American War*. Foner plantea también que la Liga tenía unos 10.000 miembros de los primeros días, pero que se redujo a unos 300.
6   Sociedad de Escogedores, 'A los Compañeros de la industria del tabaco y obreros en general', junio 15, 1902, en Zapata (1952), apéndice XXVIII, 'La cuestión de los aprendices'.
7   Ibídem, apéndice XXVI, 'Huelga general de 1902'.
8   ANC, SCR, Senado: Secretaría de Actas, Segunda Legislatura, 1902. Expediente iniciado a virtud de un proyecto de Ley proponiendo el amparo a la clase obrero en las fábricas y talleres, no. 47.
9   El Crédito, un pequeño chinchal al frente del cual estaba Calixto y Faustino Rodríguez Maurí, creció tan rápidamente durante los meses del paro que se dice que sus tabacos eran los preferidos de los consumidores.
10 Carlos Baliño, 'Independencia económica', *La Discusión*, La Habana, julio 5, 1902.
11 Carlos Baliño, *Verdades socialistas*, La Habana, 1905, p.20.
12 Carta de Baliño a Miranda de febrero 9, 1909, en Rivero Muñiz, *Carlos Baliño*, La Habana, 1962, p.30.
13 Carta de Baliño a Miranda de febrero 25, 1909, en Ibídem, p.32.

12: LOS TORCEDORES A LA DEFENSIVA

1   Serre, *Le tabac de Cuba*, p.36. El señalaba que Bock fue muy paternalista respecto a los trabajadores y que tenía en marcha todo tipo de planes sociales. Añade que ello era a expensas del Trust y que esto fue una de las principales razones para que el Trust lo conminara al retiro cuando se enfermó.
2   *Trabajo presentado...*, La Habana, 1910.
3   Ibídem.
4   Zapata, *Esquemas y notas para una historia de la organización obrera en Cuba*, La Habana, 1952.
5   Citado por Carlos del Toro, *El movimiento obrero cubano en el año 1914*, La Habana, 1969.
6   León Primelles, *Crónica cubana 1919-1922*, La Habana, 1958. Ver 1919 bajo 'Proletariado'.
7   Citado por Olga Cabrera, *El movimiento obrero cubano en el año 1920*, La Habana, 1969, p.65. Sobre este asunto los tabaqueros entraron en conflicto con sus colegas en Tampa. En abril, la Federación de Torcedores de La Habana y Pinar del Río estipularon que los tabaqueros que regresaban a Cuba tenían que presentar el carné oficial del sindicato. Sin embargo, los tabaqueros de Tampa constituyeron su propia Sociedad de Torcedores de Tampa no queriendo pertenecer a la Internacional de Tabaqueros 'porque no es posible ir con ella convencidos como están de que muchos hermanos nuestros viven encarcelados y otros expulsados por sus líderes, y ellos como

nosotros, no desconocimos sus procedimientos cuando la guerra europea, poniéndose al lado del Gobierno y la Burguesía'. Ver Tranquilo Martínez, 'A los torcedores', *La Opinión*, 17 abril 1920.
8   Cabrera, *El movimiento obrero*, p.70.
9   Entrevista con Octavio Mesa, Universidad Central de Las Villas, 1966.

13: EL LEÓN DESPIERTA

1   Martín Duarte Hurtado, *La máquina torcedora de tabaco y las luchas en torno a su implantación en Cuba*, La Habana, 1973, p.41.
2   'Laudo impartido en el problema de Por Larrañaga', *Boletín del Torcedor*, agosto 1930, pp.18-19.
3   Zapata, *Esquemas y notas*.
4   Eduardo Plochet, 'Las máquinas torcedoras de tabacos', *Boletín del Torcedor*, noviembre 1929, p.31.
5   'Informe de la Comisión de Reorganización al Comité Central de la FNT de Cuba', *Boletín del Torcedor*, febrero 1930, p.24.
6   Según el estudio del Trust, para el año de 1929 un total de 3.539.535 cigarrillos habían sido fabricados por obreros sindicalizados y 1.987.868 por los que no lo estaban. En La Habana, solamente 9 de un total de 16 fábricas empleaban obreros sindicalizados. En 1918, según se atestiguó, la producción total fue realizada por obreros sindicalizados.
7   Estos rompehuelgas fueron posteriormente sindicalizados en la Unión Federativa Obrera Nacional, de Juan Arévalo, en oposición a la FNT.
8   Los cupones decían: 'Pueblo – La Guillotina de los trabajadores son los truses. Los cigarros Aguilitas, Bock, Susini, Bellamar, Bellamarcitos, Bellamar Número Cinco, Dos Ríos y Superfinos Liborio pertenecen a un Trust americano. No la fumes aunque te los regale pues ayudan a la destrucción de ochocientos hogares cubanos. Unión de Obreros de la Industria de Cigarrería, Unión de Dependientes del Ramo del Tabaco, Unión de Cigarreros y Similares. No arroje esta tarjeta a la vía pública.'
9   ANC, CNPDTH, TCSA, expedientes 291 y 292.
10 Ibídem.
11 'Note on Cuban Revolution', *Fortune*, 1:2, p.148.
12 'La Corona', *Fortune*, 7:3
13 *El Mundo*, septiembre 1, 1931.
14 ANC, CNPDTH, TCSA, expedientes 291 y 292.
15 'La Corona', *Fortune*, 7:3

14: LA UNIDAD SINDICAL DE 1936-48

1   'Informe de la Comisión de Reorganización al Comité Central de la FNT de Cuba', *Boletín del Torcedor*, febrero 1930, p.24.

2   'Memoria al Congreso (Sancti Spíritus), *Boletín del Torcedor*, marzo 1930.
3   José Beltrán, 'No retrocedemos, progresamos', *Boletín del Torcedor*, junio 1930, p.9.
4   'Circular de la Federación Nacional de Torcedores de Cuba a la opinión publica y a los torcedores en particular', *Boletín del Torcedor*, abril 1930, p.6.
5   'A nuestros lectores', *Boletín del Torcedor*, mayo 1929, p.11.
6   Guillermo Gener, 'Banzay', *Boletín del Torcedor*, mayo 1929, p.33.
7   Teodoro Cabrero, 'El triunfo de un compañero', *Boletín del Torcedor*, junio 1929, p.13. Los cuentos y las obras de trato a menudo eran como se puede suponer, melodramáticas, aunque la moral era constante: el sufrimiento de la clase obrera y el papel que la educación y la cultura pueden desempeñar en la lucha.
8   'Manifiesto a la opinión pública y a los tabaqueros en particular', en *Tabaco*, noviembre 1933.
9   'Tribuna obrera', *Tabaco*, diciembre 1933, p. 9.
10 Entrevista en 1966 con José Alejandro Reyes, Universidad Central de Las Villas.
11 Entrevista en 1966 con Pedro Arboláez, Comisión de Activistas de Historia del Partido Comunista de Cuba (PCC).
12 ANC, Fondo Especial (FE).
13 Ibídem.
14 *Memoria del Congreso Nacional de Tabaqueros*, La Habana, 1938.
15 Entrevista en 1966 con Reinaldo Fundora, Comisión de Activistas de Historia del PCC.

15: LA MÁQUINA Y EL ASALTO A LOS SINDICATOS

1   'Manifiesto del Comité contra la máquina a las autoridades, el pueblo y los tabaqueros de La Habana', reproducido por Duarte, *La máquina torcedora*, p.245.
2   'Traición y maquinas' en Duarte, p.212.
3   Desarrollos paralelos en el sector campesino fueron las asociaciones de cosecheros – en el caso del tabaco la Asociación Nacional de Cosecheros de Tabaco – y una nueva Confederación Nacional Campesina.
4   El informe Truslow de 1950 señala la gran brecha entre la dirigencia y las filas obreras, al comentar la poca participación obrera que tenían los sindicatos carentes de una base democrática fuerte.
5   ANC, CNPDTH, TCSA, expedientes sin clasificar.
6   Ibídem.
7   Ibídem.
8   Ibídem.
9   *Hoy*, febrero 13, 1948.
10 *Hoy*, abril 24, 1948.
11 Ibídem.
12 ANC, CNPDTH, TCSA, expedientes sin clasificar.
13 'Máquinas, monopolios y desempleo en masa', *Fundamentos*, 95 (1950), p.566.

14 Entrevista en 1969 con Manuel Duke Linero realizada por la autora.
15 Citado por Duarte (1923), pp.239-41.
16 Entrevista en 1966 con Vicente Avelado realizada por la Comisión de Historia del PCC.
17 ANC, CPDTH, TCSA, expedientes sin clasificar.
18 *Libro de Cuba* (1952), p.58.
19 Los registros del Ministerio del Trabajo incluyen correspondencia que atestiguan esto: una de estas cartas del secrtario general de la CTC Eusebio L. Mujal, del 16 de enero de 1957, denuncia a seis comunistas del Sindicato de Torcedores de Marianao y dos de la fábrica de tabacos José L. Piedra. Otra carta anterior del 9 noviembre de 1956 era de la sección de tabaco de la recalcitrante y anti-comunista Asociación Cubana Pro-democrática denunciando a los ejecutivos de la FTN nacional y de Santa Clara por pactos de no-agresión con los comunistas y un número de comunistas en puestos sindicales, al lado de la abierta distribución de 'propaganda comunista' en fábricas y la reciente plenaria provincial de la FTN en Santa Clara que se opuso a la máquina.
20 *Revolución* (publicación oficial del clandestino Movimiento 26 de Julio), septiembre 1958.

EPÍLOGO: UNA NUEVA VUELTA

1 Estas cifras y las subsiguientes fueron tomadas de Adelfo Martín Barrios, *La ANAP: 20 años de trabajo*, La Habana, 1982.
2 Un artículo informativo es Brian Pollitt, 'The transition to socialist agriculture in Cuba: some salient features', *Institute of Development Studies Bulletin*, 13:4, 1982.
3 Ver *Memorias del V Congreso de la ANAP*, La Habana, 1978.
4 Cifras de la ANAP.
5 Archivo del Ministerio del Trabajo, expedientes de la General Cigar Company.
6 Ibídem.
7 El sistema de Planificación y Dirección de la Economía y el papel del movimiento obrero se plasmaron en las Resoluciones del Primer Congreso del Partido de 1975.
8 Estas y otras cifras fueron tomadas del *Anuario Estadístico de Cuba* para los correspondientes años.
9 Entrevista con el director de Tabacalera SA, 'En España decir "puro" quiere decir Habano', *Cubatabaco International*, 6 (1982), p.62.
10 Citado en 'A magnificent harvest in quality and quantity', *Cubatabaco International*, 1 (1980), p.29.
11 Carl Avery Werner, *Tobaccoland*, Nueva York, 1922, p.13.

Bibliografía

1. FUENTES DE ARCHIVO

Archivo Nacional de Cuba, La Habana
Fondo de la Comisión Nacional de Propaganda y Defensa del Tabaco Habano (CNPDTH). Sin catalogar, aunque algunos expedientes tienen antiguos números de clasificación. Este fondo comprende el viejo archivo de la Tabacalera Cubana, SA (1932-58), filial de la American Tobacco Company y contiene mucha información sobre esta y otras empresas tabacaleras, huelgas y acción industrial.

Fondo Especial (FE). Sin catalogar, pero está en proceso de inventario por año. Este fondo incluye valiosos manifiestos del movimiento obrero.

Fondo de Donativos y Remisiones. Catalogado por el autor y no por materia y, por lo tanto, difícil de trabajar. No obstante, este fondo contiene una variada e importante documentación.

Fondo de Audiencia

Fondo de Tribunales de Urgencia. Casos de los tribunales catalogados cronológicamente, pero no por materia.

Fondo de Senado y Cámara de Representantes. Sin catalogar. Se encontraron algunos debates sobre asuntos tabacaleros.

Registro Mercantil de la Habana
Libro de Sociedades. Tomos con índice general por compañía de los cuales proviene la mayor parte de la información sobre el giro.

Archivo del Banco Nacional de Cuba, La Habana
Sección de seguros. Catalogada por firma. Contiene información sobre firmas tabacaleras que en gran parte duplica la información en el Registro Mercantil.

Archivo de Seguro Social, La Habana
Catalogado por sector y por firma y contiene una información completa sobre empleo, salario y horario de trabajo

Archivo del Ministerio del Trabajo, La Habana
Este vasto archivo tiene los expedientes de cada trabajador en Cuba. Existe una sección que está clasificada por compañía y contiene convenios colectivos de trabajo.

Archivo de la Fábrica La Corona, La Habana
Contiene todas las nóminas de la antigua fábrica, 1950-60.

Archivo de Santa Clara
Se encontraron reglamentos de los viejos gremios y folletos de interés.

Comisión de Activistas de Historia del Partido Comunista de Cuba, La Habana
Colección especial de fuentes orales sobre la historia del Movimiento Obrero, 1920-58.

Universidad Central de las Villas, Santa Clara
Departamento de Historia. Colección especial de fuentes orales sobre la historia del Movimiento Obrero, 1920-58.

2. COLECCIONES IMPRESAS DE DOCUMENTOS, CENSOS Y PUBLICACIONES ESTADÍSTICAS

Anuario Estadístico de Cuba, La Habana, 1946-82
Anuario del Tabaco Habano, La Habana, 1944 y 1945
Bachiller y Morales, Antonio, *Recortes de periódicos, 1880-1881*, Colección Cubana, Biblioteca Nacional José Martí, La Habana
Balanza general de comercio de la Isla de Cuba, 1859, La Habana, 1861
British Parliamentary Papers, Blue Books, Cuban Consular Commercial Reports, London-Havana Trade and Shipping, 1850-1890, British Museum, Londres
Burdett's Official Intelligence, Londres, 1888-1933
Censos Oficiales de Cuba: Report on the Census of Cuba, 1899, Washington, 1900; *Censo de la República de Cuba, 1907*, Washington, 1908; *Censo de la República de Cuba* (1919, 43 y 53), La Habana
Comisión Nacional de Propaganda y Defensa del Tabaco Habano
  Nuestros mercados de tabaco, La Habana, 1931
  Primer censo de obreros de la industria tabacalera, La Habana, 1947
  Producción agrícola tabacalera de Cuba, 1929-56, La Habana, 1957
  Comercio exterior tabacalero, 1952-58, La Habana, 1959
  Resumen analítico de las exportaciones de tabaco, 1950-1959, La Habana, 1960
  Informes del mercado tabacalero, 1951-59, La Habana, 1960
  Estimado general de la cosecha de tabaco, 1951-59, La Habana, 1960
Cuadro estadístico de la siempre fiel Isla de Cuba, correspondiente al año de 1846, La Habana, 1847
Documentos de Carlos Baliño, Biblioteca Nacional José Martí, La Habana, 1964

Documentos del IV Congreso Nacional Obrero de Unidad Sindical, La Habana, 1934
Erenchum, Félix, *Anales de la Isla de Cuba: diccionario administrativo, económico, estadístico y legislativo*, 5 vols, La Habana, 1861-5
Estadística agropecuaria, La Habana, 1929
Ferrara y Marino, Orestes, *Anuario estadístico*, La Habana, 1914
García de Arboleya, José, *Manual de la Isla de Cuba: compendio de su historia, geografía, estadística y administración*, La Habana, 1852
Handworterbuch der Staatswissenschaften, Berlin, 1901
Informations Internationales, Paris, 1960-70
Memoria de los trabajos presentados al Congreso Nacional Obrero de La Habana, La Habana, 1915
Memoria del Congreso Nacional de Tabaqueros, La Habana, 1938
Memoria del censo agrícola de 1946, La Habana, 1947
Memorias de la Real Sociedad Patriótica de la Habana, Biblioteca Nacional José Martí, La Habana
Memorias de la Sociedad Económica de Amigos del País, Biblioteca Nacional José Martí, La Habana
Moody's Industrial Manual, Nueva York, 1901-58
Morales y Morales, Vidal, *Documentos relativos a la información económica de Madrid y al Comité Central de Propaganda de la Habana (1890)*, Colección Facticia, Vol. 18, Colección Cubana, Biblioteca Nacional José Martí, La Habana
Noticias estadísticas de la Isla de Cuba en 1862, La Habana, 1864
Pardo y Betancourt, Valentín, *Informe ilustrado y estadístico*, La Habana, 1863
Pezuela y Lobo, Jacobo de la, *Diccionario geográfico, estadístico, histórico de la Isla de Cuba*, 4 vols, Madrid, 1863-6
Pichardo, Hortensia, *Documentos para la historia de Cuba*, 4 vols, La Habana, 1973-81
Plascencia, Aleida, *El Productor*, Biblioteca Nacional José Martí, La Habana, 1967
Primelles, León, *Crónica cubana 1919-1922*, 2 vols, La Habana, 1955 y 1958
Primer Anuario Comercial de Cuba, La Habana, 1953
Saco, José Antonio, *Colección de papeles científicos, históricos, políticos y de otros ramos sabre la historia de Cuba ya publicados, ya inéditos*, Paris, 1858-9
UN Food y Agriculture Organization, *Tobacco*, Commodity Series Bulletin 20, Rome, 1952
United Nations, *Statistical Yearbook*, 1948-60

3. DIARIOS NACIONALES CUBANOS

El Mundo
El País
Diario de la Marina
Hoy (órgano oficial del Partido Social Popular)

4. PUBLICACIONES PERIÓDICAS

Boletín del Torcedor (órgano de los tabaqueros de La Habana y después de la Federación Nacional de Torcedores)
Carteles
Cuban Foodstuff Record (1926-27)
Cuba Importadora e Industrial (1928-44)
Cuba Económica y Financiera (1944-56)
Cubatabaco International
El Cigarrero
El Tabacalero
Fortune (Nueva York)
Fundamentos (órgano oficial del Partido Social Popular)
Gaceta de la Habana (publicación oficial jurídica del gobierno colonial español y del gobierno provisional militar de 1898-1902)
Gaceta Oficial de la República de Cuba después de julio 1902
Habano (órgano de los fabricantes)
Revista Económica
Tabaco (inicialmente el órgano oficial de la Alianza Tabacalera)
Trabajo (órgano del Ministerio del Trabajo)

5. FOLLETOS Y NARRATIVAS DE LA ÉPOCA

A los trabajadores de Cuba. Informe al Senado de la República que presentan sobre la cuestión social en Cuba, La Habana, 1919
Abad, L. V., *Statement submitted to the Committee of Ways and Means of the House of Representatives*, Washington, 1900
Aguirre, José C., *La verdad sobre la industria del tabaco habano*, La Habana, 1905
Album de la Corona: Obsequio a sus favorecedores, La Habana, 1898
Álvarez, Celestino, 'La industria del Tabaco', *Diario de la Marina*, Edición Extraordinaria, agosto 1918
Asociación de Almacenistas y Cosecheros de tabaco de Cuba, *Nuestro problema tabacalero*, La Habana, 1941
Baliño, Carlos, *Verdades socialistas*, La Habana, 1905
Bock, Gustav, *La verdad sobre la industria del tabaco habano*, La Habana, 1904
Cárdenas, Fernando, *Memoria: sobre la gran importancia que tienen en la riqueza nacional cubana, la industria y negocio del tabaco en rama*, La Habana, 1934
Carvajal, Leopoldo, *Respuesta que da cierto oficio de la dirección general de rentas estancadas sobre algunos particulares de la contrata de tabacos para la península*, La Habana, 1885
Casado, Ricardo A., *Nuestro tabaco*, La Habana, 1939
Cuestionario relativo a la producción, elaboración y exportación del tabaco en Cuba, La Habana, 1909
Dana, Richard H. Jr., *To Cuba and back: a vacation voyage*, Boston, 1859
Estrada y Morales, Benjamín, *Obreros distinguidos [tabaqueros]*, La Habana, 1892

Ferrer y Martínez, Miguel, *El tabaco: su historia, su cultivo, sus vicisitudes, sus afamadas vegas en Cuba*, Madrid, 1851
Gallego y García, Texifonte, *Cuba por fuera*, La Habana, 1890
García Marqués, Rafael, *An account of the tobacco industries, the causes of their decadence and measures which are considered necessary to save them from the ruin that menaces them*, La Habana, 1900
González y Acosta, Antonio, *Reflexiones económico-político-sociales y memoria de la huelga de los tabaqueros de la Habana*, La Habana, 1887
Gordon y Acosta, Antonio, *El tabaco en Cuba*, La Habana, 1897
Hazard, Samuel, *Cuba a pluma y lápiz (1871)*, La Habana, 1928
Kimball, Richard Burleigh, *Cuba and the Cubans: comprising a history of the island of Cuba and its present social, political and domestic condition; also its relations to England and the United States*, Nueva York, 1850
Madden, Richard Robert, *The Island of Cuba*, Londres, 1849
Mas y Otzet, Francisco, *El tabaco y la industria tabacalera en Cuba*, La Habana, 1886
Projet définitif d'une fabrique de cigarettes (genre La Havanais) établie a St. Sebastien (frontière d'Espagne) avec la marque LA HONRADEZ (L'Honorabilité) de la Havane et funcionant avec les MACHINES SUSINI brevetées, Paris, 1869
Rodríguez Acosta, Rafael, *Album de la fábrica de cigarros, la Belleza*, La Habana, 1892
Rodríguez Ramos, Manuel, *Siembra, fabricación e historia de tabaco con el manual del tabaquero*, La Habana, 1905
Sagra, Ramón de la, *Historia económica-política y estadística de la isla de Cuba*, La Habana 1831; segunda edición 1963
 Cuba en 1860 ó sea cuadro de sus adelantos en la población, la agricultura, el comercio y las rentas públicas, Paris, 1863
Tellería, Evelio, *Los congresos obreros de Cuba*, La Habana, 1973
Trabajo presentado al Honorable Señor Presidente de la República por la Comisión nominada para que le informara al Gobierno acerca de la actual situación del cultivo y de la industria del tabaco, La Habana, 1910
Unión de Fabricantes de Tabaco de la Habana, *Memoria de los trabajos más importantes realizados por la corporación desde 16 septiembre 1890 hasta 5 de febrero 1894 en defensa de los intereses generales de la industria que representa*, La Habana, 1894
Villaverde, Cirilo, *Excursión a Vueltabajo*, La Habana, 1861

6. LIBROS Y ARTÍCULOS

Águilar, Luis E, *Cuba 1953; Prologue to Revolution*, Nueva York, 1972
Alba, Victor, *Historia del movimiento obrero en America Latina*, México, 1964
Alexander, R. J. *Communism in Latin America*, New Brunswick, 1957
 Organized labour in Latin America, Nueva York, 1965
Alford, W. B. E., *W. D. and H. O. Wills and the Development of the UK Tobacco Industry, 1786-1965*, Londres, 1973
Alienes y Urosa, Julián, *Características fundamentales de la economía cubana*, La Habana, 1950

Economía de post-guerra y desempleo, La Habana, 1949
American Tobacco Company, *The American Tobacco Story*, Nueva York, 1960
Arcos, Juan, *El sindicalismo en América Latina*, Bogotá, 1964
Arnault, J., *Cuba et le marxisme*, Paris, 1962
Arredondo, Alberto, *Cuba: tierra indefensa*, La Habana, 1945
Azcarate Rosell, Rafael, *Nicolás Azcarate el reformista*, La Habana, 1939
Barbarrosa, Enrique, *El proceso de la República: análisis de la situación política y económica de Cuba bajo el gobierno provisional de Ramón Estrada Palma y José Miguel Gómez, con datos e informaciones estadísticas*, La Habana, 1911
Blackburn, Robin, 'Prologue to the Cuban Revolution', *New Left Review* 21 (1963)
Bonnell Philips, Ulrich, *American Negro Slavery*, Nueva York, 1952
Cabrera, Olga, *El movimiento obrero cubano en el año 1920*, La Habana, 1969
Caribbean Commission, *The Tobacco Trade of the Caribbean*, Washington, 1949
Carr, Raymond, *Spain 1808-1939*, Oxford, 1966
Cepero Bonilla, Raúl, *Azúcar y abolición*, La Habana, 1948
Chapman, Charles Edward, *A History of the Cuban Republic*, Nueva York, 1927
Chía Garzón, Jesús, *El monopolio del jabón y el perfume en Cuba*, La Habana, 1977
Comisión Nacional de Economía, *El programa económico de Cuba*, La Habana, 1955
   Cuba: Economic and Commercial Condition, HMSO, Londres, 1954
Davies, I. D. and Miranda, S. de, 'The working class in Latin America; some theoretical problems', in John Saville and Ralph Milliband (eds), *Socialist Register*, Londres, 1967
Deschamps Chapeaux, Pedro, *El negro en la economía habanera del siglo XIX*, La Habana, 1971
Deschamps Chapeaux, Pedro, and Pérez de la Riva, Juan, *Contribución a la gente sin historia*, La Habana, 1974
Duarte Hurtado, Martín, *La máquina torcedora de tabaco y las luchas en torno a su implantación en Cuba*, La Habana, 1973
Dumoulin, John, 'Monocultivo y proletarización: dos ejemplos de Las Villas', *Ciencias Sociales*, 1 (1965)
   Azúcar y lucha de clases 1917, La Habana, 1980
Ely, Roland, *Comerciantes cubanos del siglo XIX*, Bogotá, 1961
Fitzgibbon, Russell, *Cuba and the United States, 1900-1955*, Menasha, 1935
Foner, Philip Sheldon, *A History of Cuba and its Relations with the United States*, 2 vols, Nueva York, 1973
   The Spanish-Cuban-American War and the Birth of American Imperialism, 2 vols, Nueva York y Londres, 1972
Franco, José Luciano, *Ensayos históricos*, La Habana, 1974
Friedlaender, Heinrich, *Historia económica de Cuba*, La Habana, 1944
Furtado, Celso, *Obstacles to Development in Latin America*, Berkeley, 1964
Galeano, Eduardo, *Open Veins of Latin America*, Nueva York, 1974
García Galló, Gaspar Jorge, *El tabaquero cubano: psicología de las profesiones*, La Habana, 1936
   Biografía del tabaco habano, La Habana, 1961
Grismer, Karl, *Tampa*, Florida, 1950
Grobart, Fabio, 'El movimiento obrero cubano de 1925 a 1933', *Cuba Socialista*, 60 (1966)
Guerra y Sánchez, Ramiro, *En el camino de la independencia; estudio sobre la*

rivalidad de los Estados Unidos y la Gran Bretaña en sus relaciones con la independencia de Cuba, La Habana, 1930
Guerra de los diez años, 1868-1878, La Habana, 1960
Azúcar y población en las Antillas, La Habana, 1961
Manual de historia de Cuba, La Habana, 1964
Guerra y Sánchez, Ramiro, et al., *Historia de la nación cubana*, 10 vols, La Habana, 1952
Gunder Frank, André, *Capitalism and Underdevelopment in Latin America*, Nueva York y Londres, 1969
Lumpenbourgeoisie, Lumpendevelopment, Nueva York, 1972
Gutierrez, Gustavo, *Presente y futuro de la economía cubana*, La Habana, 1952
Halper, S. A., y Sterling, J. H., *Latin America: Dynamics of Social Change*, Londres, 1972
Hennessy, C. A. M., 'The roots of Cuban nationalism', *International Affairs*, julio 1963
Hidalgo, Ariel, *Orígenes del movimiento obrero y del pensamiento socialista en Cuba*, La Habana, 1976
Hobsbawm, Eric, *Primitive Rebels*, Londres, 1959
Labouring Men, Londres, 1964
Bandits, Londres, 1968
Captain Swing, Londres, 1969
'The labour movement and military coups', *Marxism Today*, octubre 1974
Huberman, Leo, y Sweezy, Paul M., *Cuba: Anatomy of a Revolution*, Nueva York, 1961
Ibarra, Jorge, *Historia de Cuba*, La Habana, 1965
Ideología Mambisa, La Habana, 1967
José Martí, dirigente político e ideológico revolucionario, La Habana, 1980
Imperial Tobacco Company (of GB and Ireland) Ltd, *The Imperial Tobacco Company 1901-1951*, Bristol, 1952
International Bank for Reconstruction and Development (IBRD), *Report on Cuba*, Washington, 1950.
Investment in Cuba. Basic Information for US businessmen, Washington, 1965
Jenks, Leland, *Our Cuban Colony*, Nueva York, 1928
Klein, Herbert S., *Slavery in the Americas. A Comparative Study of Cuba and Virginia*, Londres, 1967
Knight, Franklin W., *Slave Society in Cuba during the Nineteenth Century*, Madison, 1970
Lenin, V. I., *El desarrollo del capitalismo en Rusia*, Moscú, 1950
El imperialismo, fase superior del capitalismo, Moscú, 1966
Le Riverend Brusone, Julio, 'Años terribles para la economía tabacalera', *Habano*, 3:1 y 3:2 (1941)
Historia económica de Cuba, La Habana, 1965
La República, dependencia y revolución, La Habana, 1966
Libro de Cuba, La Habana, 1952 y 1953
Libro de la vida nacional, La Habana, 1931
López Segrera, Francisco, *Cuba: capitalismo dependiente y subdesarrollo (1510-1959)*, La Habana, 1972
Lugo de la Cruz, Evelio, 'La industria del tabaco torcido y sus perspectivas', *Cuba Socialista*, 21 (1963)

MacGaffey, Wyatt, y Barnett, Clifford Robert, *Twentieth Century Cuba, the Background of the Castro Revolution*, Nueva York, 1965
Magdoff, Harry, *The Age of Imperialism*, Nueva York, 1969
Marrero y Artiles, Levi, *Geografía de Cuba*, La Habana, 1955
Martí, Carlos, *Catalanes en America (Cuba)*, La Habana, 1921
Martí, José, *Obras completas*, La Habana, 1979
Martín Barrios, Adelfo, *La ANAP: 20 años de trabajo*, La Habana, 1982
Martínez-Alier, Juan y Verena, *Cuba: economía y sociedad*, Paris, 1972
Martínez-Alier, Verena, *Marriage, Class and Colour in Nineteenth-century Cuba*, Cambridge, 1974
Memorias del V Congreso de la ANAP, La Habana, 1978
Moreno Fraginals, Manuel, *El ingenio: el complejo económico-social del azúcar*, 2da ed., 3 vols, La Habana, 1978
Myers, Gustavus, *History of the Great American Fortunes*, Nueva York, 1937
Nelson, Lowry, *Rural Cuba*, Minneapolis, 1950
Nun, José, *Latin America. The Hegemonic Crisis and the Military Coup*, Berkeley, 1969
O'Connor, James, 'The foundations of Cuban socialism', *Studies on the Left*, 4:4 (1964)
    'The Political economy of pre-revolutionary Cuba', tesis inédito, Columbia University, 1964
    'Industrial organisation in the old and the new Cubas', *Science and Society*, 19:2 (1966)
    'The labour force, employment and unemployment in Cuba', *Social and Economic Studies*, junio 1966
    'The organised working class in the Cuban Revolution', *Studies on the Left*, 6:2 (1966)
    The Origins of Socialism in Cuba, Cornell University Press, 1970
Ordoquí, Joaquín, *Elementos para la historia del movimiento obrero en Cuba*, Santa Clara, 1961
Ortiz, Fernando, *Contrapunteo cubano del tabaco y del azúcar*, La Habana, 1940
Perdomo, José E., *Brief History of Tobacco*, CNPDTH, La Habana
Perdomo, J. E., y Posse, Jorge, *Mecanización de la industria tabacalera*, La Habana, 1945
Pérez de la Riva, Juan, *El barracón y otros ensayos*, La Habana, 1975
Petras, James, y Zeitlin, Maurice, *Latin America: Reform or Revolution*, Greenwich, Conn., 1968
Pino Santos, Oscar, *Historia de Cuba: aspectos fundamentales*, La Habana, 1964
    'La Corona, el águila y esta libertad', *Cuba*, no. especial, 1968
    El asalto a Cuba por la oligarquía financiera yanqui, La Habana, 1973
Poblete Troncoso, Moises, *The Rise of the Latin-American Labour Movement*, Nueva York, 1960
Pollitt, Brian, 'Estudio acerca del nivel de la vida rural en la Cuba prerevolucionaria', *Teoría y Práctica*, noviembre-diciembre 1967
    'The transition to socialist agriculture in Cuba: some salient features', *Institute of Development Studies Bulletin*, 13:4 (1982)
Portell Vila, Herminia, *Historia de Cuba en sus relaciones con los Estados Unidos y España*, 4 vols, La Habana, 1941
Porter, Robert P., *Industrial Cuba. Being a study of present commercial and*

industrial conditions with suggestions as to opportunities in the island for American capital enterprise and labor, Nueva York y Londres, 1899
Portuondo, Fernando, *Estudios de la historia de Cuba*, La Habana, 1973
Portuondo, José A., *La Aurora*, La Habana, 1961
Poyo, Gerald E., 'Cuban émigré communities in the United States and the Independence of their homeland, 1852-1895', University of Florida tesis doctoral, 1983
    'José Martí, architect of social unity: class tensions in the Cuban émigré communities of the United States, 1887-1895 ', *Occasional Paper* No. 5, Caribbean Migration Program, Center for Latin American Studies, University of Florida, 1984
Problems of the New Cuba, Nueva York, 1935
Quintero-Rivera, A. G. 'Socialist and cigarmaker: Artisans' proletarianization in the making of the Puerto Rican working class', *Latin American Perspectives*, 10: 2 y 3 (1983)
Raggi y Ageo, Carlos M., *Condiciones económicas y sociales de la República de Cuba*, La Habana, 1944
Ravelo, Sergio N., 'Algunos comentarios sobre la industria tabacalera cubana', *Comercio Exterior*, julio-septiembre, 1965
Rivero Muñiz, José, 'El tabaco en la poesía', La Habana, 1946 (inédito)
    'Pequeña antología del tabaco', La Habana, 1946 (inédito)
    La lectura en las tabaquerías, La Habana, 1951
    Los cubanos en Tampa, La Habana, 1958
    'La primera huelga general obrera en Cuba republicana', *Islas*, 3:3 (mayo-agosto 1961)
    El movimiento obrero durante la primera intervención: apuntes para la historia del proletariado en Cuba, Santa Clara, 1961
    El movimiento laboral cubano durante el período 1906-1911: apuntes para la historia del proletariado en Cuba, Santa Clara, 1962
    El primer partido socialista: apuntes para la historia del proletariado en Cuba, Santa Clara, 1962
    Las tres sediciones de vegueros en el siglo XVII, La Habana, 1962
    Tabaco: su historia en Cuba, 2 vols, La Habana, 1965
Roca, Blas, *Por la consolidación de la república democrática y los avances obtenidos*, La Habana, 1939
    Por la defensa nacional y el progreso de Cuba, La Habana, 1941
    Tabaco y economía de post-guerra, La Habana, 1945
    Los fundamentos del socialismo en Cuba, La Habana, 1961
Roig de Leuchsenring, Emilio, *La Habana, apuntes históricos*, 3 vols, La Habana, 1964
    Los Estados Unidos contra Cuba Republicana, 2 vols, La Habana, 1964
Scheer, Robert, y Zeitling, Maurice, *Cuba: An American Tragedy*, Londres, 1964
Seers, Dudley, *Cuba, the Economic and Social Revolution*, Chapel Hill, 1964
Serre, Paul, *Le tabac de Cuba et les cigares de la Havane*, París, 1911
Serviat, Pedro, *40 aniversario de la fundación del Partido Comunista*, La Habana, 1965
Shurcliffe, Alice W., *Labour in Cuba*, Washington, 1957
Smith, Robert E., *The US and Cuba: Business and Diplomacy, 1917-1960*, Nueva York, 1960

Background to Revolution: The Development of Modern Cuba, Nueva York, 1966
Stokes, W .S., 'The Cuban Parliamentary system in action, 1940-7', *Journal of Politics*, mayo 1949
Tabares del Real, José A., *La revolución del 30*, La Habana, 1971
Tennant, Richard B., *The American Cigarette Industry: A Study in Economic and Public Policy*, Yale University Press, New Haven, 1950
Thomas, Hugh, *Cuba, or the Pursuit of Freedom*, Londres, 1971
Thompson, Claudia, *The Tobacco Industry of the Philippines and its Relations to the United States*, Washington, 1946
Thompson, E. P., *The Making of the English Working Class*, Londres, 1963
Toro, Carlos del, *El movimiento obrero cubano en el año 1914*, La Habana, 1969
Touraine, Alain, 'Mobilité sociale, rapports de classe et nationalisme en Amerique Latine', *Sociologie du Travail*, 1965
    'Industrialisation et conscience ouvrière a Sao Paulo,' *Sociologie du Travail*, 41 (1961)
Trelles, Carlos Manuel, *El progreso (1902-1905) y el retroceso (1906-1922) de la República de Cuba*, La Habana, 1923
Truslow Report on Cuba, La Habana, 1950
Twiston Davies, E., *Fifty Years of Progress. An account of the African organization of the Imperial Tobacco Company*, Bristol, 1958
Varona, Enrique, *De la colonia a la república*, La Habana, 1919
Vega Cobellas, Ulpiano, *Los doctores Ramón Grau San Martín y Carlos Saladrigas Zayas*, La Habana, 1944
Veliz, Claudio (ed.), *The Politics of Conformity in Latin America*, Londres, 1967
    Latin America and the Caribbean: a Handbook, Londres, 1968
    Obstacles to Change in Latin America, Oxford, 1970
Vivó, Hugh, *El empleo y la población activa de Cuba*, La Habana, 1950
Wade, Richard, *Slavery in the Cities: the South, 1820-1860*, Oxford, 1967
Wallich, Henry Christopher, *Monetary Problems of an Export Economy: the Cuban Experience, 1914-1947*, Cambridge, Mass., 1950
Werner, Karl Avery, *Tobaccoland*, Nueva York, 1922
Williams, Eric, *From Columbus to Castro. A History of the Caribbean, 1492-1969*, Londres, 1971
Wood, Dennis B., 'The long devolution. Class relations and political conflict in Cuba, 1868-1968', *Science and Society*, 34:1 (1970)
Wright, Philip Green, *The Cuban Situation and our Treaty Relations*, Washington, 1931
Zanetti, Oscar, y García, Alejandro, *United Fruit Company: un caso de dominio imperialista en Cuba*, La Habana, 1976
Zapata, Felipe, *Esquemas y notas para una historia de la organización obrero en Cuba*, La Habana, 1952
Zeitlin, Maurice, 'Labour in Cuba', *The Nation*, 20 octubre 1962
    'Political generations in the Cuban working class', *American Journal of Sociology*, 1966
    'Economic insecurity and political attitudes of Cuban workers', *American Sociological Review*, febrero 1966
    Revolutionary Politics and the Cuban Working Class, Princeton, 1967

Índice temático

Agrupación Comunista, 168
Agrupación Socialista, 157-8, 168
Águila de Oro, 29. 36, 143, 155
Aldama, 27, 36
Alemania 3-4, 9, 21, 22-3, 33
Alerta, 152
Alianza Obrera, 144-5, 149
Alianza Tabacalera, 190-1
Álvarez, Julián, 25, 29
Álvarez, Segundo, 142-3
American Cigar Co., 5, 31, 181; *ver también* American Tobacco Co.
American Machine and Foundry Co., 7, 51; *ver también* American Tobacco Co.
American Tobacco Co. (ATC): crecimiento en EEUU de, 5; fusión con Imperial Tobacco Co., 6; mecanización del torcido en EEUU, 7-8; desarrollo mundial de, 9-10; desarrollo en Cuba de, 12, 30-6; rivalidad con los 'independientes' de, 41-2; mecanización del torcido en Cuba, 50-9; producción cigarrera de, 62; cultivo del tabaco en Cuba, 74-5; modernización en Cuba, 80, 161-2; posición antiobrera de, 177-8; descontento obrero en, 126, 152, 154-6, 177; huelgas de 1930-3 en, 178, 181-6; ocupación obrera de 1947 en, 205;

ver también Bock, Cuban Land and Leaf Tobacco Co., Havana Tabacco, Henry Clay, La Corona, Tabacalera Cubana SA
anarcosindicalismo, 13, 122, 123-4, 129, 165, 168; en los 1880, 135-47
anilladoras de tabacos, **97**
anarquismo, 13, 122, 123-4, 152-3, 158, 164, 174, 177; en los 1880, 135-47
antimperialismo, 125, 129, 174, 187
aparcería, 71-8, 87
aprendizaje, 88, 103, 141-2, 143, 153-5
aranceles, *ver* protectionism
Asociación de Tabaqueros de La Habana, 118, 131, 132
Asociación Nacional de Cosechadores y Comerciantes del Tabaco en Rama, 39, 62, 63
Asociación Nacional de Agricultores Pequeños (ANAP), 218, 219, 220

Baliño, Carlos, 123, 149-50, 157-9, 165, 168
Bances, 27, 29
Bock, compañía, 74; *ver también* Henry Clay
Bock, Gustav, 21, **22**, 29, 34, 36, 156; rivalidad con los 'independientes', 41-2
Boletín del Torcedor, 165, 168, 174-6, **175**, 189-90, 193

335

Bravo, José, 123, 165-8
British American Tobacco Co., 6, 10; ver también American Tobacco Co., Imperial Tobacco Co.

Cabañas, Francisco, 21
Cabañas y Carvajal, compañía, 27, 31, 34, 35, 74-5; huelgas en, 134, 154, 156, 162; ver también Hija de Cabañas y Carvajal
Calixto López, **46**
canarios, **88-9**
Caribbean Commission, 11
Cayo Hueso: éxodo cubano a, 24; huelgas de los 1880 en, 149
Central de Trabajadores de Cuba (CTC), 227
Cifuentes, compañía, 43, 51, 75-6, 83; ver también Partagás
Cifuentes, Ramón, 43
cigarreros, 91, 99, 110, 118-19, 178, 196-7, 198
clubes patrióticos, 150
Collado, Gonzalo, **207**
comercio: mundial, 2-4, 6, 9-12; ver también bajo Francia, Alemania, Holanda, Reino Unido, Estados Unidos
Comisión Nacional de Propaganda y Defensa del Tabaco Habano (CNPDTH), 10, 49, 52-3, 60, 77, 202
comunismo, 13, 123-38, 146, 174, 188, 191-2; y los sindicatos 1936-48, 196-8; y el asalto a los sindicatos 1947-8, 201-7
Compañía Arrendataria de España, 6, 32
Confederación de Trabajadores de Cuba (CTC), 123, 128, 194, 196, 197, 227; el asalto de 1947-8, 203-4, 209, 210
Confederación de Trabajadores de Cuba (CTK), 204, 209, 210, 215, 217
Confederación Nacional de Obreros de Cuba (CNOC), 128, 168, 177, 187, 188, 190, 193-4, 198
congresos campesinos, 219, 220
congresos obreros: Congreso de 1887, 143; Congreso de 1892, 124, 146; Congreso de 1914, 162, 163; Congreso de 1920, 165-7; Congreso de 1926, 171; Congreso de 1934, 125; Congreso de 1938, 194-6; Congreso de 1939, 197; Congreso de 1973, 227
Conill, 23
control de exportaciones, 23-4, 62-9
cooperativas agrícolas, 218-19, 221, 227
control de cosecha, 62-9
Cuban Land and Leaf Tobacco Co., 31, 34, 59, 77, 83, **208**; ver también American Tobacco Co., Havana Tobacco Co.
Cuban Tobacco Co., 31, 181; ver también American Tobacco Co., Cuban Land and Leaf Tobacco Co., Havana Tobacco Co.
cultivo del tabaco: mundial, 3, 4, 10; Cuba, **xxxiv**, 12, 17, 61-9; modo de producción cubano, 71-8

chinchalería, ver trabajo casero

despidos: EEUU, 8; Cuba, 54, 120-1, 201-2, 203
despalilladoras, 89, 90, 93; como trabajo de la mujer, 98-9, **109**; condiciones de, 107-8; sindicalización de, 118, 123-4, 127; desempleo de, 161, 192-3, 197, 198; huelga de 1948 de, 210; ver también Gremio de Despalilladoras
despalillo: EEUU, 8; Cuba, 12, 78
Duke, 1, 4-5, 7, 35; ver también American Tobacco Co.

El Cigarrero, 215
El Cuño, 44, **45**, 76, 80; ver también Menéndez
El Obrero, 135
El Productor, 135, 141, 144, 150
El Tabacalero, 215
emigración a EEUU, 24-5, 31-4, 149-50
esclavitud, abolición de, 103, 139, 140
escogedores: de hoja, 89-90, **95**, 109-10, 197; del torcido, **96**, 107, 140; sindicalización de, 118-19, 127-8, 191-2; aprendizaje de, 141-6, 153-4; ver también Sociedad de Escogedores de La Habana

escogida: EEUU, 8; Cuba, 12, 78
España: producción en, 2, 3, 7, 9; monopolio tabacalero en Cuba, 17; antagonismos con Cuba sobre el tabaco, 21, 32-3, 38-9, 60; huelga de la moneda de, 105; ideología obrera en, 135-6; comercio revolucionario con, 226
Estación Experimental, 69, **70**
Estados Unidos; crecimiento tabacalero de, 1-11; exportaciones cubanas a, 19-20, 22-3, 24, 26, 53, 61, 64, 66-7, 74, 104-5; inversiones monopolistas en Cuba, 29-36, 60-1; industria cubana bajo la ocupación norteamericana, 37-40; la retirada norteamericana del tabaco en Cuba, 53-8; el tabaco torcido cubano en, 149-50; mecanización del torcido en, 169-70; injerencia política en Cuba, 187, 188, 201; nacionalización de los intereses norteamericanos en Cuba, 217, 220-1; el bloqueo a Cuba, 219-20, 225; *ver también* Cayo Hueso, Tampa, Trenton
exportación de tabaco en rama: mundial, 3, 10-11; Cuba, siglo XIX, 12, 23-7, 31-4; Cuba, siglo XX, 37-42, 45-7, 59-63, 66, 68-9
exportación de tabaco torcido; mundial, 3, 10; Cuba, siglo XIX, 12, 17, 18-27, 30-4, **229**; Cuba, siglo XX, declive, 37-42, 43-7, 49-58, 59, 66
Exquisitos, **45**

Factoría, 17
Federación Cubana de Obreros, 149
Federación de Torcedores de La Habana y Pinar del Río, 127, 165, 167
Federación de Torcedores de Las Villas, 127
Federación de Torcedores de Santa Clara, 167
Federación Nacional de Torcedores (FNT), 56; y la máquina, 171-7; en la huelga de 1932, 182-6; organización sindical de, 189-90

Federación Obrera de La Habana (FOH), 128
Federación Tabacalera Nacional (FTN), 123, 128, **207**; y la máquina torcedora, 195, 201-3, 209-10; membresía de, 195; lucha por la sindicalización, 197-203; reclamo por la nacionalización, 222
Fernández Roig, Miguel, 204, 209, 227
Filipinas, 3, 9, 11
Francia, 6, 18, 21-2, 225-6
Fundamentos, 211-12

garantía, sellos de **84**
García Marqués, Rafael, 27, 37-40, 104; *ver también* La Belinda
Gato, Hidalgo, 32, 149-50
Gener, 27, 44, 63, 74
General Cigar Co., 8, 61, 90
género, 93, 98-100, 123-4, 196; *ver también* mujeres
granjas estatales, 218-9, 221
Grecia, 9
Gremio de Dependientes de Tabaco, 118
Gremio de Despalilladoras, 118
Gremio de Escogedores de La Habana, 118, 154; *ver también* Sociedad de Escogedores de La Habana
Gremio de Fabricantes de Tabacos, 25-6, 139-40
Gremio de Fileteadores de La Habana, 118
Gremio del Ramo de Tabaqueros, 134-5
Gremio de Tabaqueros de Cienfuegos, 118
Gremio de Tabaqueros de Santa Clara, 118
guerras de independencia: tabaco como factor en, 25, 34; especulación de la American Tobacco Co. en, 12, 34; inversiones extranjeras durante, 74; apoyo obrero para, 124, 126, 139, 146-7, 149-51

Havana Cigar and Tobacco Factories Ltd, 30, 31; *ver también* American Tobacco Co.

Havana Commercial, 30-1
Havana Tobacco Co., 31, 34, 41; *ver también* American Tobacco Co.
Henry Clay: compañía, 25-6, **26**, 27, 29, 30-1, 35-6, 54, 74-5, 80, 99-100; tierras de, 74-5; actividad obrera en, 142, 145, 152, 178, 183, 185-6, 191; *ver también* American Tobacco Co., Havana Tobacco Co., Tabacalera Cubana SA
Hija de Cabañas y Carvajal, 21, 31; *ver también* Cabañas, Francisco; Cabañas y Carvajal
Hill, George Washington, 8, 55-7, 162, 181-3
Holanda, 3-4, 10-11, 226
huelgas, 35, 119-20, 124, 125, 127, 135, 161, 162, 164-5, **172**, **182**, 193, 196-7; huelga de Cabañas de 1886, 134; huelgas de finales de los 1880 en Cuba, 140-7; huelgas de finales de los 1880 en Cayo Hueso, 149; huelgas de 1902, 151, 154-8; 1907 huelga de la moneda de 1907, 43; huelga de Por Larrañaga de 1925, 170-1, **172**; huelgas de 1931-3, 54, 177, 178-86, 190, 191; 1935 Huelga General 188-9, 198

imitaciones de tabacos, 23, 43, 51, 202-3
Imperial Tobacco Co., 6, 10, 34
impuestos, *ver* proteccionismo
'independientes', fábricas, 36, 41-2, 43-4, 50-1, 75, 80, 82; actividades obreras en, 119, 156-7, 183
inmigrantes españoles, 13, 96-7, 135, 165
International Cigar Machine Co., 8; *ver también* American Tobacco Co., American Machine and Foundry Co.

Junta Central de Artesanos, 134-5, 144
Justicia, 168

Key West, *ver* Cayo Hueso

La Aurora, 132, **133**, 134-5

La Belinda, 37, 44, 104, 140
La Carolina, **36**
La Competidora Gaditana, 44, **45**, 76, 80, 178, 205
La Corona: fábrica, 21, 27, 34, 36, **58**, 225; retirada de la producción para la exportación, 55-8; condiciones en, 79; gerente de, 104; actividades obreras en, 162, 164, 178, **182**, **208**, 209-10, 227; *ver también* American Tobacco Co., Bock, Henry Clay
La Escepción, **48**
La Honradez, **19**; *ver también* Susini
La Legitimidad, 27, **30**, 34, 79, 143
La Razón, 134-5
latifundismo, 73-7
lectura, 121-2, 132-4, **136-8**
legislación laboral, 187
Ley McKinley (de tarifas), 31, 32, 37-8
Ley Sherman (anti-Trust), 6
libres de color, 93, 95-6, 145
libretas, 101
Liga Agraria, 42
Liga General de Trabajadores Cubanos, 152

Manuel López, **73**
manufactura de cigarrillos: mundial, 3-7, 8; Cuba, 18-20, 64-5, 68, 78-80; *ver también* máquina cigarrera, cigarreros
manufactura de tabaco torcido: desarrollo mundial de, 1-13; desarrollo cubano del siglo XIX, 18-27, **230**; control monopolista norteamericano de, 29-36; declive cubano del siglo XX, 37-69; modo de producción en Cuba de, 78-83; situación revolucionaria de, 221-8; *ver también* máquina torcedora, torcido de tabaco, torcedores, trabajo casero
máquina cigarrera, 4, 7-8, 27, **110**
máquina torcedora: inventada por American Tobacco Co., 7-8; intentos de introducir en Cuba, 36, 68; oposición a, 51-3, 82-3, 118-19, 120-1, 169-74, 180-3, 201-5, 208-14; retirada de la American

Tobacco por, 54-9, 180-3; en cuanto a la mujer, 98-9; posición revolucionaria sobre, 224
Martí, José, 122, **151**
Martínez Ybor, Vicente, 32, 149, 150
Martínez, Saturnino, 122-3, 132, 135, 144
mecanización, see máquina cigarrera, máquina torcedora
Menéndez, 45, 76-80, 83; ver también El Cuño, Upmann
mujeres, 87, **97**, 98-100, **109**, 169, 181, 184, 193, 221, 224; ver también despalilladoras
Murías, 27-34, 36, 74; ver también American Tobacco Co., Havana Tobacco Co.

nacionalismo, 13, 125, 126, 129; nacionalismo revolucionario de los 1900, 149-59; ver también bajo máquina torcedora
nacionalización, 217, 222-4
negros, 95-8, 100, 123-4; ver también esclavitud, trabajo esclavo
Nueva Aurora, 166

ocupaciones de fábricas de 1947-8, 210-11
oficio, concepto de, 98-101, 110
Ortiz, Fernando, 71-2

Partagás, compañía, **28**, 29-30, 44, **63**, 74-5, 80, 83, 104, 226; Saturnino Martínez en, 132; lectura en, 132-3; manifestación obrera en, 161; traslado de producción en, 185; boicot sobre, 191; despidos en, 215
Partagás, Jaime, **21**
Partido Auténtico, 188, 201, 202-3, 204, 206, 207, 209
Partido Comunista, 125, 168, 211-12; ver también comunismo
Partido Obrero de la Isla de Cuba, 157
Partido Revolucionario Cubano, 150
Partido Socialista Cubano, 152
Patterson, Rufus Lenoir, 7, 8
Peña, Lazaro, 123-4, **188**, 194, 195, 196, 197, 217, 227
Por Larrañaga: fundación de la fábrica, 21; introducción de la maquinaria en, 51-4, 170, 172, 180, 184, 201; Eustaquio Alonso, gerente de, 104; huelga en, **172**
producción monopolista: mundial, 1-10; Cuba, 29-36
proteccionismo, 10, 25, 31, 32, 34-5, 38, 61-9, 131-2
Puerto Rico, 6, 9, 10, 61

raza, **73**, 94-8, 100; ver también negros, trabajo esclavo
rebajas salariales, 105, 110, 120, 177, 183-6
reforma agraria, 217-18
reformismo, 123-5, 135-9, 145, 146
Reino Unido: mercado para el tabaco cubano, 2, 3, 22, 23, 53, 60, 225, 226; crecimiento de la manufactura tabacalera en, 5-6, 7, 9; inversiones británicas en el tabaco cubano, 12, 29, 31, 34
Rhodesia, Imperial Tobacco Co. en, 10
Rivero Muñiz, José, 24, 73, 87, 102, 103
Robaina, Alejandro, **345**
Roig San Martín, Enrique, 123, 130, **135**, 144, 146, 150-1
Romeo y Julieta, **44**, 83, 225; protesta obrera, **202**

Sagra, Ramón de la, 24
sector informal, ver trabajo casero
seleccionando, hoja, **95**
Sindicato de Obreros de Maquinistas Elaboradores de Tabacos y sus Anexos de La Habana, 214
Sindicato de Torcedores de La Habana, 175, 203, 204, 210
Sindicato Nacional de Obreros de la Industria Tabacalera, 193
socialismo, 13, 122-4, 125, 126, 127, 129, 139, 146; ver también comunismo
Sociedad de Anilladoras y Envolvedoras, 190
Sociedad de Escogedores de La Habana, 153, 190
Sociedad de Fileteadores, 190
Sociedad Económica de Amigos del País, 23, 42, 132
Sumatra, 9-10, 11

Susini: máquina cigarrera, 4, **20**; compañía, 27, 78
Susini, Luis, 24
Susini y Rioseco, José, 18

Tabacalera Cubana SA, 54-9, 83, 185, 205, 210; *ver también* American Tobacco Co., Bock, Cuban Land and Leaf Tobacco Co., Havana Tobacco Co., Henry Clay, La Corona
Tabaco, 114, 191
Tampa: desarrollo del tabaco cubano en, 31-3; regreso de tabaqueros cubanos de, 97-8, 119; éxodo a, 99, 144, 157, 184; actividades obreras en, 149-50, 181; apoyo para los obreros cubanos de, 155; traslado de producción de, 181
tarifas, *ver* proteccionismo
torcedores, 12, **81**, 91-100, **102**, **103**, **106**; artistocracia del trabajo de, 101-8; acción y sindicalización de, 117-29; reformismo y anarquismo entre, 140-7; nacionalismo revolucionario de los 1900, 149-59; a la defensiva, 161-8; movimiento contra la máquina en los 1920, 169-86; sindicatos de los 1930, 188-99; movimiento contra la máquina de los 1940, 201-15; situación revolucionaria de, 222, 224, 226, 227; *ver también* torcido de tabaco, trabajo casero
torcido de tabaco, 12, 18, 51-2, 80-1, **81**, 93, 97, 132-3, 224, 225; *ver también* torcedores, máquina torcedora, manufactura de tabaco torcido, trabajo casero
trabajo casero, 71, 78-82, 87, 106-7
trabajo de niños, 87-8
trabajo esclavo, 72, 78, 87-8, 94, 95, 103, 145
trabajo por contrata, 78, 83, 88, 93-4; *ver también* trabajadores chinos
trabajores chinos, **93**, 94; *ver también* trabajo por contrata
tratados comerciales, 32, 41, 49, 61, 62-3, 67

traslado de producción: de Cuba a EEUU, 11-12, 31-3, 54-8; de Tampa a Nueva York, 181; de La Habana a zonas de mano de obra barata, 105; legislación cubana contra, 195-6
Trenton, Nueva Jersey: traslado de American Tobacco Co. a, 54-8, 181, 184-5
Trinidad y Hermanos, **64**; crecimiento de, 63, 80, 83; aristocracia obrera en, 99, 110-11; tarifas y acuerdos sindicales de los 1930, 179; lucha por la sindicalización en, 198; armonía laboral en, 214, 215
Trust, *see* American Tobacco Co., Bock, Cuban Land and Leaf Tobacco Co., Cuban Tobacco Co., Henry Clay, Havana Tobacco Co., Tabacalera Cubana SA, etc.
Turquía, 9

Unión de Camioneros y Carreros, 127
Unión de Dependientes del Ramo del Tabaco, 190, 208
Unión de Fabricantes de Tabacos de La Habana, 139-40, 142, 143
Unión de Fabricantes de Tabacos y Cigarros de la Isla de Cuba, 37-42, 139-40, 177, 201, 205, 207
Unión de Obreros de la Industria de la Cigarrería en General, 118, 177, 208
Unión de Rezagadores de La Habana, 118, 190
Unión Obrera, 144, 146
Upmann, H., 21, **28**, 45, 63, 80, 81, 215, 225

Valdés, Inocencia, 123, **192**, 193
vegueros, 87-9, **88-9**, 90
vendedores callejeros, **100**
Villaamil, Santalla y Cia, 45, 76, 80, 83
Virginia Bright, 4-5, 11
Vuelta Abajo, 17, 31, 69, 79
Vuelta Arriba, 17

Wills, 5

Publicaciones sobre el tabaco por Jean Stubbs

Tobacco in Global Perspective: Trade, Knowledge and Labour, 1780-1960 (co-eds Alexander van Wickeren y William Gervase Clarence-Smith), New York & London: Palgrave Macmillan, 2024

Handbook of Commodity History (co-eds Jonathan Curry-Machado, William Gervase Clarence-Smith y Jelmer Vos, New York: Oxford University Press, 2023

'Introduction' (co-autor Jonathan Curry-Machado) en Curry-Machado et al. (eds), *Handbook of Commodity History*, 2023

'Tobacco in the Iberian Empires' (co-autores Santiago de Luxán Meléndez, João Figueirôa-Rêgo y Vicent Sanz Rozalén) en Curry-Machado et al. (eds), *Handbook of Commodity History*, 2023

Tabaco en la periferia: el complejo agro-industrial cubano y su movimiento obrero, 1860-1958 (nueva edición), Londres: Amaurea Press, 2023

Tobacco on the Periphery: A Case Study in Cuban Labour history, 1860-1958 (nueva edición expandida), Londres: Amaurea Press, 2023

'Revisiting Caribbean Labour', en David Sutton y Deborah A. Thomas (eds), *Changing Continuities and the Scholar-Activist Anthropology of Constance R. Sutton*, Kingston: Ian Randle, 2022, pp.24-31

'Los monopolios ibéricos del tabaco (ss.XVI-XIX)' (co-autores Santiago Luxán Meléndez y João Figuerôa-Rêgo), Dossier Especial de *Millars*, XLIX, 2020/2, pp.9-18, http://www.erevistes.uji.es/index.php/millars/issue/view/334

'Cuba-Canaries Havana Cigar Connections: A Hemispheric, Transatlantic and Global History', en Santiago de Luxán Meléndez, João Figuerôa-Rêgo y Vicent Sanz Rozalén (eds), *Grandes vicios, grandes ingresos: el monopolio del tabaco en los imperios ibéricos, Siglos XVII-XX*, Madrid: Centro de Estudios Políticos y Constitucionales, 2019, pp.253-292

'Beyond Iberian Atlantic Spaces: Trans-imperial and Trans-Territorial Entanglements in Havana Cigar History (1756-1924)', en Santiago de Luxán Meléndez y João Figuerôa-Rêgo (eds), *El tabaco y la esclavitud en la rearticulación imperial ibérica/O trabalho e a esclavagem na rearticulação imperial ibérica (s.XVI-XX)*, Evora: CIDEHUS (Centro Interdisciplinar de História, Culturas e Sociedades), Universidade de Evora, 2018, pp.389-426

'Política e sapere: come si e globalizzato el sigaro avana?/Política y saber: cómo se globalizó el habano', en Laura Mariottini y Alessandro Oricchio (eds), *El Habano: Lingua, storia, societa di un prodotto transculturale. Lengua, historia, sociedad de un producto transcultural*, Roma: Edizioni Efesto, 2017, pp.67-105

'Transnationalism and the Havana Cigar: Commodity Chain Transfers, Networks, and Circuits of Knowledge', en Catherine Krull (ed.), *Cuba in a Global Context: International Relations, Internationalism, and Transnationalism*, Gainesville: University Press of Florida, 2014, pp. 227-42

'El Habano: The Global Luxury Smoke', en Jonathan Curry-Machado (ed.), *Global Histories, Imperial Commodities, Local Interactions*, Basingstoke: Palgrave Macmillan, 2013, pp. 248-276

'El Habano: The Global Luxury Smoke', *Commodities of Empire Working Paper* 20, 2012, https://commoditiesofempire.org.uk/publications/working-papers/working-paper-20

'Cuban Counterpoint: Tobacco and Sugar (Fernando Ortiz)', en Alan West-Duran (ed.), *A Cuba Encyclopedia*, Michigan: Gale Group, 2011, pp.69-73

'*El Habano* and the World it Has Shaped: Cuba, Connecticut, and Indonesia', *Cuban Studies* 41, 2010, pp.39-67

'Reinventing Mecca: Tobacco in the Dominican Republic, 1763-2007', *Commodities of Empire Working Paper* 3, 2007, ver https://commoditiesofempire.org.uk/publications/working-papers/working-paper-3

'Reflections on Class, Race, Gender and Nation in Cuban Tobacco: 1850-2000', en Constance Sutton (ed.), *Revisting Caribbean Labor: Essays in Honour of O. Nigel Bolland*, Kingston: Ian Randle, 2005, pp.118-136

'Tobacco in the Contrapunteo: Ortiz and the Havana Cigar', en Mauricio A. Font y Alfonso W. Quiroz (eds), *Cuban Counterpoints: The Legacy of Fernando Ortiz*, Lanham: Lexington, 2004, pp.105-123

'Havana Cigars and the West's Imagination', en Sander L. Gilman y Zhou Xun (eds), *Smoke: A Global History of Smoking*, London: Reaktion Books, 2004, pp. 134-139

'Turning Over a New Leaf? The Havana Cigar Revisited', *New West Indian Guide* 74: 3 & 4 (diciembre 2000), pp.235-255

'Cuba y Jamaica en el camino del tabaco', *Del Caribe* 26, 1997, pp.81-93

'Political Idealism and Commodity Production: Cuban Tobacco in Jamaica, 1870-1930', *Cuban Studies* 25, 1995, pp.51-81

'Women and Cuban Smallholder Agriculture in Transition', en Janet Momsen (ed.), *Women and Change in the Caribbean*, London/Indianapolis/ Kingston: James Currey/Indiana Press/Ian Randle, 1993, pp.219-231

'Social Equity, Agrarian Transition and Development in Cuba, 1945 1988', en Christopher Abel y Colin Lewis (eds), *Welfare, Equity and Development in Latin America*, Londres: Macmillan, 1993, pp.281-295

'State vs Grass Roots Strategies for Rural Democratisation: Recent Developments among the Cuban Peasantry', *Cuban Studies* (primavera 1991), pp.149-168

Tabaco en la periferia: El complejo agro-industrial cubano y su movimiento obrero 1860-1959, La Habana: Ciencias Sociales, 1989

'Gender Constructs of Labour in Prerevolutionary Cuban Tobacco', *Social and Economic Studies*, Institute of Social and Economic Research, University of the West Indies, 37: 1 & 2 (March & June, 1988), pp.241-269

'Gender Issues in Contemporary Cuban Tobacco Farming', en Andrew Zimbalist (ed.), *World Development*, Oxford, Vol. 5, No. 1, 1987, y *Cuba's Socialist Economy Toward the 1990s*, Boulder & Londres: Lynne Rienner Publishers, 1987, pp.41-65

'Women on the Agenda: The Cooperative Movement in Rural Cuba' (co-autora Mavis Álvarez) en Carmen Diana Deere y Magdalena Leon (eds), *Rural Women and State Policy*, Boulder & Londres: Westview Press, 1987, pp.142-61

'La mujer campesina y la cooperativización agraria en Cuba', en Magdalena León y Carmen Diana Deere (eds), *La situación de la mujer rural en América Latina y el Caribe y las políticas del estado*, Ciudad México: Siglo XXI-ACEP, 1986, pp.83-100

'Labour and Economy in Cuban Tobacco, 1860 1958', *Historical Reflections* (diciembre 1985), pp.449-467

Tobacco on the Periphery: A Case Study in Cuban Labour History, 1860 1958, Cambridge: Cambridge University Press, 1985

'Dandy or Rake? Cigar Makers in Cuba, 1860 1958', *Collected Seminar Papers* 29, Caribbean Societies, Vol. 1, Institute of Commonwealth Studies, University of London, 1982, pp.17-25

Sobre la autora

Una foto inusitada de *Jean Stubbs*, no fumadora de toda la vida, cogida por la cámara en 2001 aceptando un tabaco torcido por el veguero cubano Alejandro Robaina, después de entrevistarlo en su vega

Investigadora adjunta al Centro de Estudios Latinoamericanos y Caribeños de la Universidad de Londres y al Instituto de las Américas de la University College Londres; Profesora Emérita de la Universidad Metropolitana de Londres.

Jean Stubbs fue a Cuba por primera vez en 1968 para realizar su trabajo de investigación para su doctorado (Universidad de Londres, 1975). Allí se casó, tuvo dos hijos, y vivía y trabajaba en La Habana hasta 1987. Cuando regresó a Londres, se dedicó a los estudios del Caribe y Latinoamérica, y ha servido como Presidenta de la Society for Caribbean Studies del Reino Unido y la Asociación de Estudios del Caribe en la región. En 2009, se le otorgó la medalla Toussaint Louverture de la UNESCO por combatir el racismo en los campos políticos, literarios y artísticos, y en 2012 fue elegida como miembro correspondiente extranjero de la Academia de Historia de Cuba.

Ha publicado extensivamente sobre Cuba, con un interés especializado en tabaco, clase, raza, género, nación y migración. Su trabajo fundacional sobre el tabaco cubano, y especialmente el Habano, le llevó a trazar los perfiles del comercio, cultivo, manufactura, mano de obra y consumo a un nivel regional y mundial, entrelazando las historias de mercancía y migración, con enfoques sociológicos, antropológicos y agronómicos, además de históricos, utilizando fuentes orales y de archivo. Su trabajo sobre la emigración cubana contemporánea se deriva de explorar cómo se interconecta con el imaginario y el mercadeo de la nación, y su interés en las conexiones con la historia medioambiental le llevó a co-producir el documental *Cuba: Vivir entre ciclones* (2019).

Tambien publicado por Amaurea Press

Amaurea Press también ha publicado los siguiente libros relacionados con Cuba:

Jean Stubbs, *Tobacco Counterpoints: Cuba and the Global Habano*

Jonathan Curry-Machado, *Cuba: Vivir entre ciclones (clima, mercancías y sostentabilidad)*

Jonathan Curry-Machado, *Cuba: Living Between Hurricanes (climate, commodities and sustainability)*

Anna Lidia Vega Serova, *Sideways Glance*

Anna Lidia Vega Serova (poemas, con fotos por Gonzalo Vidal), *Un Jardín en Miniatura (A Minature Garden)*

Por más detalles sobre estas y otras publicaciones por Amaurea Press, visita www.amaurea.co.uk.

www.ingramcontent.com/pod-product-compliance
Lightning Source LLC
Chambersburg PA
CBHW052106280426
43661CB00117B/1485/J